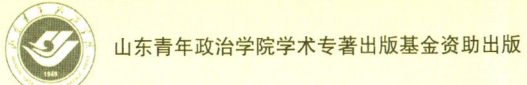
山东青年政治学院学术专著出版基金资助出版

Analysis of Chinese Outward Direct Investment Based on Location Selection and Institutional Factors

中国对外直接投资

——基于区位选择和制度因素的分析

王亚丽 ◎ 著

经济管理出版社
ECONOMY & MANAGEMENT PUBLISHING HOUSE

图书在版编目（CIP）数据

中国对外直接投资：基于区位选择和制度因素的分析/王亚丽著. —北京：经济管理出版社，2019.1
ISBN 978-7-5096-6312-7

Ⅰ.①中… Ⅱ.①王… Ⅲ.①对外投资—直接投资—研究—中国 Ⅳ.①F832.6

中国版本图书馆 CIP 数据核字（2019）第 017404 号

组稿编辑：梁植睿
责任编辑：梁植睿
责任印制：司东翔
责任校对：张晓燕

出版发行：经济管理出版社
　　　　　（北京市海淀区北蜂窝 8 号中雅大厦 A 座 11 层　100038）
网　　址：www.E-mp.com.cn
电　　话：（010）51915602
印　　刷：北京玺诚印务有限公司
经　　销：新华书店
开　　本：710mm×1000mm/16
印　　张：14.5
字　　数：228 千字
版　　次：2019 年 3 月第 1 版　2019 年 3 月第 1 次印刷
书　　号：ISBN 978-7-5096-6312-7
定　　价：55.00 元

·版权所有　翻印必究·
凡购本社图书，如有印装错误，由本社读者服务部负责调换。
联系地址：北京阜外月坛北小街 2 号
电话：（010）68022974　　邮编：100836

前 言

伴随着经济全球化,我国的对外直接投资(Outward Direct Investment, ODI)取得了相对瞩目的成绩,因此对我国企业海外投资问题的研究也相对成熟起来,区位选择便是其中一个重要研究课题。同时,针对传统对外投资理论对我国企业海外投资行为解释力不足的现象,多数学者认为缺乏制度因素分析是造成这一现象的主要原因。本书根据上述两个问题,提出了一个基于区位选择和制度因素分析的ODI理论框架:一方面,从投资区域、产业和企业结构三个层面分析了我国对外直接投资的区位选择问题;另一方面,本书建立了影响对外直接投资的制度体系,既包括母国和东道国的制度因素,也包括两者之间的制度差距与关系。本书旨在为我国企业对外直接投资相关政策制定和企业的海外投资活动提供参考依据和科学方法。

本书的创新性工作和特色主要包括以下六个方面:

第一,近些年来,随着新兴经济体的快速发展,我国在新兴经济体的投资份额也在逐年增长,本书将以金砖国家为主要研究对象,在总结金砖国家整体经贸关系和我国与其他金砖国家合作现状的基础上,结合实际数据进行实证检验。同时,随着"一带一路"倡议的推进,我国企业与"一带一路"沿线国家的经贸往来也越来越频繁,中国企业对"一带一路"沿线国家的直接投资状况也是本书的研究重点之一,由于我国在"一带一路"沿线国家投资历史比较短,数据不易获得,因此,无法进行实证分析。

第二,所有制结构是我国企业特有的属性特征,国有企业和私有企业在投资行为、投资动机和区位选择方面都存在着不同。与私有企业相比,国有企业相对来说会厌恶在政治风险高的东道国投资,倾向于在政府干预较多的国家投资,对东道国的外汇汇率更为敏感，更容易被拥有丰富自然资源的东道国吸引而进行海外投资。此外，对拥有制造子公司的跨国企业来说，它们更愿意去劳动力成本低、市场规模大的东道国进行投资；对拥有非制造子公司的跨国企业来说，市场因素是其对外投资的主要因素，包括市场规模和市场发展潜力。

第三，在产业结构方面，结合采矿业、制造业和服务业的企业投资数据进行实证分析，结果表明中国采矿企业更愿意在自然资源丰富的国家进行投资；中国制造企业更倾向于向市场前景广阔、战略性资产丰富的国家投资；为服务中国"走出去"的实体经济，中国服务企业的对外投资也属于寻求市场和寻求战略性资产的类型。然而无论哪种产业，中国企业在"走出去"过程中极易受到东道国政治风险因素的影响，相对来说更愿意在政治风险较低的国家投资。

第四，从投资母国制度视角来看，企业性质、社会资本和企业融资能力都是影响我国对外投资的重要制度因素，而政府对产业的扶持作用不太明显；从东道国制度视角来看，良好的政治、经济和法律制度环境都会吸引我国的对外直接投资。

第五，结合管制距离（区分方向）和文化距离两个指标来分析制度距离对企业对外投资的影响，实证结果表明东道国和我国正向管制距离与我国在东道国的对外投资倾向是一种非线性的正"U"形关系；负向管制距离对中国跨国企业的对外投资影响被弱化，负向管制距离的增加不会抑制我国企业的对外投资；不区分方向的管制距离增加对中国跨国公司的对外直接投资影响具有不确定性。同时，东道国与中国的文化距离会抑制中国跨国公司在东道国的直接投资，两国文化差异越大，中国对东道国的投资越少；而且与管制制度质量低的东道国相比，文化距离的增加对我国企业进入管制制度质量较高国家的抑制作用会更大。

第六，除了投资双方的制度环境，两国之间的合作关系也影响着企业的对外投资，以双边投资协定（Bilateral Investment Treaties，BIT）为例，结果表明BIT的签订会明显促进我国对东道国的投资，而且在政治风险较高的国家投资时BIT对制度质量的替代作用明显强于在政治风险较低的国家投资时BIT对制度质量的互补作用。

本书系山东青年政治学院学术成果。

目 录

第一篇 概述

第一章 绪 论 ··· 003

　　一、研究背景、研究目的和意义 ··· 003

　　二、主要研究内容与创新点 ·· 005

　　三、研究思路与方法 ··· 007

　　四、本书结构 ·· 008

第二章 中国对外直接投资相关理论与文献综述 ······························ 009

　　一、现存对外直接投资理论比较分析 ······································· 009

　　二、对外直接投资区位选择的经典理论 ···································· 011

　　三、制度影响下中国对外直接投资理论 ···································· 013

　　四、中国企业对外直接投资区位选择的文献研究 ······················· 018

　　五、制度因素对中国企业对外直接投资影响的文献研究 ·············· 019

　　六、本章小结 ·· 022

第三章 中国对外直接投资现状及存在的问题 ································· 023

　　一、中国对外直接投资现状 ·· 023

　　二、中国对外直接投资的特点及发展趋势 ································· 029

三、中国对外直接投资存在的结构性问题 …………………………… 031

四、本章小结 …………………………………………………………… 038

第二篇　对外直接投资区位选择

第四章　中国对外直接投资的区位选择分析
——基于投资区域层面 …………………………………………… 041

一、中国企业对发达国家直接投资 …………………………………… 042

二、中国企业对金砖国家直接投资 …………………………………… 046

三、中国企业对"一带一路"沿线国家直接投资 …………………… 060

四、本章小结 …………………………………………………………… 082

第五章　中国对外直接投资的区位选择分析
——基于企业结构层面 …………………………………………… 083

一、国有企业改革 ……………………………………………………… 083

二、国有企业对外投资 ………………………………………………… 085

三、私有企业对外投资 ………………………………………………… 087

四、企业结构层面区位选择的实证检验 ……………………………… 092

五、本章小结 …………………………………………………………… 098

第六章　中国对外直接投资的区位选择分析
——基于产业结构层面 …………………………………………… 99

一、采矿业对外直接投资 ……………………………………………… 99

二、制造业对外直接投资 ……………………………………………… 100

三、服务业对外直接投资 ……………………………………………… 103

四、产业结构层面区位选择的实证检验 ……………………………… 105

五、本章小结 …………………………………………………………… 123

第三篇　影响我国对外直接投资的制度因素分析

第七章　投资母国与东道国制度环境对中国 ODI 的影响 ·················· 127
　一、传统理论的中国适用性分析 ·· 127
　二、中国对外直接投资的母国制度环境 ······································ 129
　三、母国制度对我国对外直接投资影响的实证检验 ······················· 131
　四、东道国制度对对外投资影响的理论分析 ································ 137
　五、正式制度对我国对外直接投资影响的实证检验 ······················· 140
　六、本章小结 ·· 148

第八章　制度距离对中国对外直接投资的影响 ······························· 150
　一、制度距离的含义、构成及测量 ·· 150
　二、制度距离与对外直接投资的理论分析 ··································· 152
　三、制度距离对对外直接投资影响的文献综述 ····························· 155
　四、制度距离对中国对外直接投资影响的实证检验 ······················· 157
　五、本章小结 ·· 169

第九章　国际制度环境对中国对外直接投资的影响
　　　　——以双边投资协定为例 ·· 170
　一、双边投资协定概述 ·· 171
　二、BIT 对 FDI 作用的文献综述 ·· 175
　三、BIT 对中国 ODI 作用的实证分析 ·· 178
　四、本章小结 ·· 189

第四篇　总结与未来研究展望

第十章　总结与展望 …… 193

一、主要研究结论 …… 193

二、政策建议 …… 195

三、未来研究展望 …… 196

参考文献 …… 198

第一篇 概述

第一章 绪 论

一、研究背景、研究目的和意义

(一) 研究背景

随着经济全球化进程的进一步深入,国际范围内对外投资活动规模越来越大,影响程度也越来越深,越来越多的企业将跨国投资作为增加企业利润、解决战略性问题的一个重要途径。在我国经济结构战略性调整、国有经济改革进入关键阶段的大格局下,我国企业开始直面国际竞争,外资并购和海外并购势头十分强劲。早在20世纪80年代我国对外投资初期阶段,以中化、首钢为代表的企业开始了海外投资活动的尝试。1986年,中信加拿大公司出资4700万加元,占股50%与加拿大鲍尔公司共同收购了加拿大赛尔加纸浆厂。目前,中国企业的跨国经营已经初具规模,对外投资正在逐年增加。

我国从"十一五"规划开始就将"走出去"作为一项国家发展战略实施,"十二五"期间更对其做出了详细说明。要求按照市场导向和企业自主决策原则,引导各类所有制企业有序开展境外投资合作。深化国际能源资源开发和加工互利合作。支持在境外开展技术研发投资合作,鼓励制造业优势企业有效进行对外投资,创建国际化营销网络和知名品牌。扩大农业国际合作,发展海外工程承包和劳务合作,积极开展有利于改善当地民生的项目合作。逐步发展我国大型跨国公司和跨国金融机构，提高国际化经营水平。做好海外投资环境研究，强化投资项目的科学评估。提高综合统筹能力，完善跨部门协调机制，加强实施"走出去"战略的宏观指导和服务。加快完善对外投资法律法规制度，积极商签投资保护、避免双重征税等多项双边协定。健全境外投资促进体系，提高企业对外投资便利化程度，维护我国海外权益，防范各类风险。"走出去"的企业和境外合作项目，要履行社会责任，造福当地人民。"十三五"期间，我国更要将此战略提到一个新高度，全面提升我国企业的国际竞争力。

联合国贸发会议（UNCTAD）《世界投资报告2015》的数据显示，2014年全球外国直接投资流量1.35万亿美元，存量25.87万亿美元，分别占全球当年流量和存量的9.1%和3.4%，其中投资流量连续三年居第3位，占比较上一年提升1.5个百分点，存量居第8位，排名较上一年前行3位。

虽然我国的对外直接投资已经取得了举世瞩目的成就，然而在投资区域、产业类别和企业结构方面都存在明显的不足之处，只有充分了解这些不足，才能为企业的海外投资提供宝贵的政策建议。另外由于多种原因，中国企业海外并购的成功率并不高，总成功率约为40%，但仍然高于全球25%的平均水平。导致这一现象的主要原因是企业并购时面对极其复杂的制度环境，既包括我国的制度环境，也包括东道国的制度环境，还有投资所处的国际大环境，只有全面把握这些制度因素，才能为我国的企业海外投资提供有效信息。

（二）研究目的和意义

引进外资和对外直接投资对于世界上最大的发展中国家——中国来说，都是利用外资的重要形式。加强对外直接投资更是中国当前及今后相当长时期内，在扩大对外开放过程中必须坚持的一项长期基本战略，一个国家拥有较多的跨国公司数量和较大的规模，不仅说明这个国家经济实力雄厚和国际竞争力强劲，更会使该国赢得国际竞争优势，获取支配全球资源权利的重要工具。中国必须在真正意义上选择较优的对外投资区位，才能更加主动地利用两种资源和两个市场。

越来越多的中外学者开始探讨中国企业的ODI区位选择问题，但这些研究大多以国家层面的宏观数据为基础，主要分析中国企业在不同类型东道国投资时所依赖的区位因素，较少地结合中国特有的产业特性和企业特性分析不同产业和不同企业类型的企业区位选择问题。

传统的对外直接投资理论从企业国家化过程中的方方面面进行了分析，对可能涉及的微观决定因素都进行了理论与实证分析，但还是很难圆满解释我国企业的对外投资活动呈现出的特征，也许是存在着一个显著的制度视角缺陷，因此，我们提出要从制度这一宏观视角来考察中国企业的对外直接投资行为。对于任何一个跨国企业来说，在对外投资时都会面对三种制度环境：第一种是东道国制度环境，在该国进行投资的所有投资者都同样面临这种制度环境所带来的风险，风险程度主要是与东道国本国政治制度相关；第二种是来自投资母国的制度风险，与投资母国的制度环境密切相关；第三种是只针对东道国和投资母国的，主要源于两国的政治关系。越来越多的学者通过理论和实证研究已经意识到制度因素是中国企业区位决策时的重要因素。因此，本书的研究目的是研究我国企业对外直接投资过程中的区位选择行为和制度因素的影响机制。

本书的主要研究意义体现在以下三个方面：首先，本书的实证研究补充了现有的中国企业对外投资区位选择研究，特别从企业特性和产业特性两个角度进行实证分析，更加充实了现有研究的不足；其次，在分析制度因素对中国企业"走出去"的影响时，不仅对东道国和母国的制度因素进行了实证分析，分析了两国制度距离对投资的影响，还强调了双边关系对中国进行投资的重要性，以及对不同东道国政治风险的替代作用；最后，本书的实证结果也在一定程度上支持了国家"走出去"战略所依托的政策支持，促进更多的中国企业"走出去"，参与国际化竞争。

二、主要研究内容与创新点

结合研究目的，本书的主要研究内容包括两个部分，共七项具体内容：

第一部分是对中国ODI区位选择问题的研究，主要包括以下三个方面：第一，在投资区域方面，现有文献大多基于我国对发达国家的投资进行实证分析，但对新兴经济体的投资研究还相对较少，特别是金砖国家，因此本书采用实证分析的方法介绍了我国在金砖国家的投资状况。此外，在"一带一路"倡议的指导下，我国的投资格局也会发生新变化，本书第四章重点介绍中国在"一带一路"沿线国家的投资，沿着"沿线国家基本情况—中国与主要国家的合作基础—沿线国家投资需求—中国在沿线国家投资总体情况—中国对沿线国家投资区域分布"的研究思路来进行。第二，在企业所有制结构方面，企业所有制结构是我国企业特有的属性特征，国有企业和私有企业在投资行为、投资动机和区位选择方面都会存在着不同。结合微观企业的投资数据，利用 Logit 模型实证分析国有企业和私有企业的对外投资区位选择问题。第三，在产业结构方面，选取采矿业、制造业和服务业的企业投资数据，利用泊松回归模型验证产业特性下的对外投资区位选择问题。

第二部分是对影响我国对外直接投资的制度因素进行分析，主要包括四个方面：第一，从母国制度的视角，选择政府扶持力度、社会资本和企业融资能力三种制度因素，建立一般的回归模型，验证母国制度因素对企业对外投资的影响。第二，从东道国制度的视角，选择正式制度因素，建立投资引力模型分析东道国的政治、经济和法律制度对我国企业对外直接投资的影响。第三，从两国制度距离的视角，选择管制距离（区分方向）和文化距离两个指标建立回归模型分析制度距离对企业对外投资的影响。第四，除了投资双方的制度环境，两国之间的合作关系也影响着企业的对外投资，因此选取双边投资协定，分析 BIT 在投资时对东道国制度因素所起到的作用。

总的来说，本书的主要研究内容是对我国对外直接投资的区位选择和制度因素的全面系统分析，区位选择方面包括了宏观、中观和微观三个层面，制度因素方面既考虑东道国和投资母国两国各自的制度环境，也考虑了两者之间的差异（制度距离）与关系（以双边投资协定为代表），这不仅为企业的投资实践提供了一定的借鉴意义，还为国家和政府制定相关"走出去"政策提供了重要的参考依据。

三、研究思路与方法

结合本书研究的主要内容，研究思路与方法如下：

第一，一直以来，很多学者对中国海外投资的区位分析都是集中在不同投资区域的研究之上，在这些研究基础上，本书将简要回顾我国企业在传统发达国家投资的特点，由于类似文献非常多，不再做详细的实证分析。近些年来，随着新兴经济体的快速发展，我国在此类国家中的投资份额也在逐年增长，本书以金砖国家为例，在总结金砖国家整体经贸关系和我国与其他金砖国家合作现状的基础上，结合实际数据进行实证检验。最后，随着"一带一路"倡议的提出，我国企业与"一带一路"沿线国家的经贸往来也越来越频繁，因此，中国企业对"一带一路"沿线国家的直接投资状况分析将是本书的一个重点和难点。由于我国在"一带一路"沿线国家投资历史比较短，数据不易获得，因此，无法进行实证分析。本书关于此部分的定性分析主要包括以下六项内容："一带一路"倡议的提出、沿线国家的基本情况分析、我国与沿线主要国家的合作基础、"一带一路"沿线国家投资需求、我国对"一带一路"沿线国家投资总体状况以及我国对"一带一路"沿线国家投资区域分布。

第二，针对企业所有制结构和产业结构方面区位选择的分析，本书将选用微观投资数据进行分析，在此基础上分别建立 Logit 模型和泊松回归，模型对具有不同所有制性质和产业结构性质的中国企业在对外直接投资时的不同表现进行实证分析。

第三，在制度因素方面，采用宏观经济数据进行实证分析。其中，在母国制度方面，选择政府扶持力度、社会资本和企业融资能力三种制度因素，建立一般的回归模型；以东道国制度的视角，选择正式制度因素，建立投资引力模型分析东道国的政治、经济和法律制度对我国企业对外直接投资的影响；以两国制度距离的视角，选择管制距离（区分方向）和文化距离两个指标建立回归模型分析制度距离对企业对外投资的影响；在双边投资协定方面，选用面板数据模型分析 BIT 在投资时对东道国制度因素的作用。

四、本书结构

本书包括四篇，总共十章，写作思路和结构安排具体如下：

第一篇是概述，即第一章、第二章和第三章。第一章论述本书的选题背景、研究目的和现实意义，并通过第二章中对对外直接投资相关理论和文献的回顾，总结现有研究已经取得的成果以及不足之处，给出本书研究的主要内容、创新点、特色以及结构安排。第三章不仅总结了我国对外直接投资现状、特点及发展趋势，还从区域、企业和产业三个层面指出了我国对外直接投资存在的结构性问题。

第二篇是对外直接投资区位选择，包含第四章、第五章、第六章，分别从区域、企业和产业三个层面进行实证分析，验证了我国对外直接投资相关区位选择问题。在投资区域层面，首先回顾了我国在传统发达国家的投资状况；其次，以金砖国家为例，实证分析我国在金砖国家的投资状况；最后，在"一带一路"倡议背景下分析我国对沿线国家的投资特点。

第三篇是影响我国对外直接投资的制度因素分析，包括第七章、第八章和第九章。其中，第七章主要实证分析了投资母国制度因素和东道国制度因素对企业对外投资的影响；第八章实证研究了两国制度距离对我国对外直接投资产生的作用；第九章针对国家制度环境，以双边投资协定为例，研究其对对外投资的影响作用机理。

第四篇即第十章，是对全书内容的总结与未来研究的展望。

第二章 中国对外直接投资相关理论与文献综述

本章的主要内容是对中国对外直接投资相关的理论以及现有文献进行回顾，首先对现存的对外直接投资理论进行了比较分析。其次对有关对外直接投资区位选择的经典理论进行阐述，包括区位理论三大学派、国际生产折衷理论和对外投资过程论。这些理论的产生与发展都是基于发达国家的跨国企业，而对我国的对外直接问题进行研究时解释力较弱，因此，有学者提出必须要在制度视角下分析中国的对外直接投资问题。因此，在第三部分我们提出了制度影响下的中国对外直接投资理论，包括修正后的国际生产折衷理论、资源基础理论、制度基础理论和小规模技术理论。最后对关于中国对外直接投资区位选择问题和制度因素影响作用的相关文献进行归纳总结。

一、现存对外直接投资理论比较分析

伴随着国际对外投资数十年的发展，对外直接投资理论也取得了巨大的发展，产生了多种具有代表性的理论。但是面对每个国家的差异化环境，在分析特定情形下的对外直接投资时，应一分为二地看待现有的对外投资理论。

早在1959年Penrose就从企业的组织学习、内部化成长、竞争优势来源方面解释了企业的海外经营活动，并建立了对外直接投资的资源基础观。但是，他并没有提及企业为什么不选择国内多元化发展而选择对外扩展，这种扩张是通过内部化实现还是通过市场行为实现。

在对外投资理论中具有代表性的是 Hymer 在 1960 年提出的垄断优势理论，他认为最终产品市场结构不完善是企业进行海外投资的主要动机。无论是在不同国家的同类企业，还是同一产业的不同企业，当具有生产某种产品的竞争优势时，就会出现跨国公司和对外直接投资。但该理论缺乏动态分析，不能解释为什么企业会选择对外直接投资而不是传统的出口和技术转移方式来获取海外市场。

基于垄断优势理论，1966 年 Vernon 提出了国际产品生命周期理论，首次将时间因素和动态分析引入跨国公司的研究中来，并将国际贸易和 FDI 综合起来，考察两者的相互关系，即便如此，该理论仍然不能解释发展中国家对发达国家的直接投资是如何产生的。

首次比较全面地解释对外直接投资相关问题的理论是 1976 年 Dunning 提出的国际生产折衷理论，该理论运用了大量变量来分析和解释企业的对外直接投资问题，还兼顾了海外投资的前提条件和投资方式问题。但是该理论的缺陷在于无法解释即便企业没有明显的垄断优势也没有节约交易成本动机的时候，企业还是会为了扩张海外市场进行对外投资的现象。此外，该理论还不恰当地认为企业的对外投资活动不会受国家政府的干预。之后的 1981 年，Dunning 又建立了投资发展周期理论，提出企业的对外投资行为与该国经济发展阶段相一致的观点，但这个观点仍然不能解释即便是一些低发展阶段的国家也会进行海外投资，而经济最发达的国家并不一定是对外投资最多的国家。

随后，1980 年 Rugman 以发达国家跨国公司为研究对象，提出了对外直接投资的内部化理论，该理论认为由于行业、地区、国别和企业特定因素组成的内部化机制，加上市场的不完全，只能通过外部市场来实现利润最大化的目标，也就是用企业内部的管理机制来代替外部市场机制，以降低交易成本实现跨国经营的内部化优势。但这一理论并不能很好地解释跨国公司的区位选择问题，而且未能给出国内的市场内部化与跨国的市场内部化之间有什么区别。

二、对外直接投资区位选择的经典理论

(一) 区位理论三大学派

区位理论是研究经济行为的空间选择及空间经济活动的组合理论,从最初关注跨国公司如何选址,逐步形成成本、市场和行为学派。成本学派的基本思想就是认为跨国企业进行海外投资和经营活动的主要目标是成本最小化、利润最大化,代表人物是 Thunen (1826 年,农业区位论) 和 Weber (1909 年,工业区位论)。成本学派认为,影响跨国企业海外投资区位选择的主要因素有运输成本、劳动力成本和集聚因素。以 Christaller (1966) 和 Losch (1940) 为代表的市场学派认为企业在区位选择时更关注的是如何更接近市场和满足消费者需求,即如何通过服务目标市场来获得利润,这一思想对解释跨国企业的区位选择有着重要意义。与成本学派和市场学派不同,行为学派着重考虑决策者因素的影响,按照已有的区位选择理论,发现许多企业的选址并非最优,因为随着绝对成本和相对成本的下降,最优选择发生了变化,因此,还要将相关政策、政治风险、制度环境等相关因素考虑进来。

(二) 国际生产折衷理论

1976 年由 Dunning 提出的国际生产折衷理论 (Eclectic Theory of International Production) 对研究跨国企业的区位选择最具有指导意义,后来 Dunning 又多次撰文对该理论进行了扩展 (1980, 1981, 1995, 1998, 2000)。国际生产折衷理论的主要中心思想是所有权优势—区位优势—内部化优势范式 (Ownership Advantages-Location Advantages-Internalization Advantage Paradigm, OLI),也就是说,企业必须同时具备上述三种优势才能进行对外直接投资。所有权优势,即竞争优势或垄断优势,是由企业拥有特殊技术、品牌所产生的优势以及来自规模经济的

优势；区位优势是指由于东道国廉价的原材料成本和劳动力成本、良好的制度环境、两国间较高的运输成本等因素促使企业采取海外直接投资模式而非出口贸易形式；内部化优势是指企业在市场失灵情况下，通过内部自身所具备的所有权优势带来的优势，这一优势有效解决了不需要通过外部市场转让，就能通过内部市场来转移其优势资产的问题。国际生产折衷理论的贡献就在于引入区位优势阐明了其他理论没有解决的区位选择问题，其高度概括性和综合性使之成为研究当代西方 FDI 和跨国公司问题的主流理论。但由于最初的国际生产折衷理论忽视了制度因素，在随后的修正理论中纳入了对制度因素的探讨，这更有助于深入理解新兴市场跨国企业的对外直接投资行为。

（三）对外投资过程论

由 Johanson 和 Vahlne（1977，1990）提出的跨国企业对外直接投资"过程论"认为，企业的国际化是一个对国外市场逐渐提高承诺的渐进过程。该理论的主要思想之一是用"心理距离"（Psychic Distance）来解释跨国企业区位选择的渐进性，即跨国企业在区位选择时遵循心理距离由近到远的原则，在国际化初期会选择市场条件、文化制度背景和母国相似的国家；主要思想之二是用"市场知识"（Market Knowledge）来解释跨国企业进行海外投资时进入模式选择的渐进性，即进入模式的选择取决于企业对国际化知识以及海外市场的知识和经验的获得情况。虽然该理论认为企业的对外直接投资过程是"连续"和"渐进"的，但是这种过程理论对寻求市场的对外直接投资有较强的解释能力，对于寻求自然资源和战略资产的对外直接投资解释能力较弱。

除了上述三种理论视角之外，产品生命周期理论、寡头垄断理论、风险分散理论和集聚经济理论都对企业对外直接投资区位选择提供了有益的观点，而且这些理论多应用于有关经济因素对跨国企业区位选择影响的研究。

三、制度影响下中国对外直接投资理论

企业对外直接投资的研究理论在很多情况下、在面对中国企业的海外投资行为时解释力不足，主要原因是忽略了中国企业成长背后的制度环境。当企业行为出现与政府宏观政策相一致和不相一致的行为时，它们的海外投资进程将会是不一样的景象，因此，在研究中国企业的对外投资时，制度因素是不可缺少的一个重要因素。本书认为，研究影响中国企业对外直接投资的制度理论主要包括修正后的国际生产折衷理论、资源基础理论、制度基础理论和小规模技术理论。

（一）修正的国际生产折衷理论

Dunning 于 1976 年首次提出国际生产折衷理论，并认为内部化优势、所有权优势和区位优势是一个企业进行国际化扩张的必备条件，三者缺一不可。随后，在 1981 年 Dunning 对此理论进行了修正，认为具有不同优势的企业选择国际化的方式会有所不同。在企业仅拥有所有权优势的情形下，可进行技术转让或专利转让；加上内部化优势，便可选择出口贸易；若同时拥有了区位优势便可实现对外直接投资。

显然，Dunning 的国际生产折衷理论对企业能力有着相当高的要求，认为只有效率最高的企业才有资格进行海外投资。而且理论中提出的三种企业优势又是相互依存、相互融合的，所有权优势必须通过内部化来实现，内部化是获得区位优势的前提条件。这一理论首次结合了宏观理论和微观理论来揭示企业的对外直接投资，对一般意义上市场中的企业国际化行为有着较强的解释能力，因此，无论是对企业决策还是国家政府调控都有着重要意义。但实践证明，并非同时拥有这三种优势的企业才能进行对外直接投资，在历年来的投资过程中，已经出现了不少来自发展中国家的跨国企业，即使不同时拥有以上三种垄断优势也已经开始了对外直接投资，甚至是对发达国家进行投资，这些企业的海外投资大多表现为寻求市场、技术、自然资源等类型，这就说明 Dunning 所强调的三种垄断优势必须同时具备才能进行对外直接投资的观点不一定适合所有的企业。

对于这一现象的产生，可以从下面几个方面来解释。首先，这说明 Dunning 所提出的三种垄断优势并不是绝对的，即便没有这些优势企业也能开展对外投资，同时也说明并不是所有"走出去"的企业都同时拥有这三类垄断优势。其次，对于企业来说，这三种优势的获得并不是一蹴而就的，可以是一个动态的过程，可在对外投资的过程中由于竞争市场环境的变化不断获得。最后，由于 Dunning 的国际生产折衷理论认为企业经营活动不会受到政府干预，这种对外投资不受制度因素影响的观点对解释发达国家企业的投资行为有效，但对发展中国家企业行为解释力不够。因此，我们必须要对该理论进行以下三个方面的扩展和修正。

第一，发展中国家企业可以凭借某一项或某两项竞争优势便可实现对外直接投资，也就是说三种竞争优势可以相互替代。对于中国典型的寻求自然资源类型对外直接投资来说，即使企业没有所有权优势和区位优势，企业也会将内部化优势发挥到极致，甚至完全替代其他两种优势进行海外投资。第二，企业对外直接投资的竞争优势应该是相对的，特别是对中国的很多企业来说，即使它们面对国外很多竞争对手来说，拥有的垄断优势并不明显，但相对于国内的企业来说这种优势也许会特别明显，这也是在我国"走出去"战略指导下，这类企业率先"走出去"的原因所在。第三，企业在成长过程中，这三种竞争优势的获得应该是一个动态的过程，可以不断地获取和补充竞争优势。特别是针对一些发展中国家的企业，随着合作伙伴的国际化，自己也就不得不为了走向国际市场而进行对外直接投资。

（二）资源基础理论

与国际生产折衷理论相似的垄断优势理论，都强调进行对外直接投资的企业必须拥有垄断优势，否则将无从谈起海外投资，而这一观点对发展中国家来说并不合适，于是在此基础上产生了资源基础理论。其实，早在 Stephan Hymer (1960) 提出垄断优势理论之前，Pennose 在 1959 年便提出了资源基础理论，之后 Wemerfelt（1984）等对该理论进行了丰富完善，并最终形成了资源基础理论。

资源基础理论认为企业是由一个内部资源和外部机会构成的资源集合体，企业的竞争优势就来源于两者之间的差异，也就是说内生因素成为企业扩张的关键因素。这种观点对即使没有内部化优势、所有权优势和区位优势的发展中国家企业来说，也可以通过对外直接投资过程中获得其他资源来解决竞争优势缺失的问题。但对资源基础理论的认识还应进行以下三个方面的拓展：

第一，企业从事海外经营活动应整合全球范围内各个行业相关资源。特别注意那些可以为企业带来竞争优势的资源，同时还应与现有资源产生协同效应，这样才能使资源发挥最大作用。另外，在海外扩张时还应横向扩张和纵向扩张并重，仅关注横向资源，往往会陷入原有的生产模式中难以实现生产线转移，而纵向一体化则是我国企业海外投资最明显的不足之处。第二，跨国公司的跨境经营要注重整合母国和东道国资源，将这些资源高效利用，才能使资源间的协同效应成为可能，因此，要注意母公司和子公司之间的资源转移。第三，应当拓宽对资源的认识，除了一般性的自然资源和创造性资源，制度和外部机会都属于资源。各个国家基于自己的发展历程和当局者的执政理念，形成一定的政策目标，在这些目标激励下，各级政府会对经济做出一定的干预活动，这就形成了不同的制度环境。这些制度环境渗透到企业经营的各个方面，我国企业应当善于识别这些制度资源，并充分利用有利的制度资源，通过对外投资扩大自己在国际市场上的份额。与制度一样，资源基础理论应该将资源扩展到外部机会，这也是企业发展的一种重要的外部资源。只有抓住这些机会，才可能成功地走向国际市场，特别是针对我国的民营企业来说，这样的外部机会更是值得珍惜的。此外，与国际生产折衷理论相似，对资源基础理论来说，我们应该从动态的角度来认识资源，只有在生产经营中不断地将各类资源重新组合实现资源价值再创造利用，才能形成新的竞争优势。同时，还要加强组织学习，在全球范围内搜索有利条件，使得相关资源在企业内部和外部起协同作用，最终实现企业的动态成长。

（三）制度基础理论

后经济危机时代，各国开始主张政府应当积极干预经济，这使制度因素再次受到重视，很多学者也开始将制度环境纳入经济学分析框架中，于是产生了新制度经济学。最初以 North 为代表的制度基础理论学派认为经济增长的关键在于制度是否给市场参与者提供了足够的激励；而 Trebbi 等认为，制度是内生于经济的，健全的产权制度和法律体系是经济发展的重要决定因素，正是政府制度之间的差异造成了生产效率差异，最终导致了各国之间经济绩效的差异。对微观企业来说，制度影响着企业所有权优势、内部化优势和区位优势，进而影响着企业对外投资进程。

在制度环境影响企业内部化优势方面，首先，企业自身制度会影响交易成本，从而间接影响内部化优势，特别是在对外直接投资时，不同企业制度给企业带来的特有的"与国际制度接轨成本"，会对企业内部化过程中的询价、谈判等产生影响。其次，投资母国宏观制度也影响着企业的内部化优势。投资母国的宏观制度大致可以分为两类：一类是规定性母国的制度影响，比如对市场准入、资本途径等方面的规定性制度将会对企业的对外直接投资产生显著影响；另一类是促进型的母国制度措施，比如金融支持、保险支持和财政支持，这些促进措施也将会加快企业内部化优势的发挥。再次，投资东道国的制度环境，特别是那些与投资、贸易相关的政策更是显著影响企业的内部化优势。比如东道国的贸易一体化组织，将会促进国外企业更多地选择在东道国进行投资。最后，国际制度环境有关投资自由化的双边和多边协定也会影响企业的内部化优势发挥。这些协定内容不仅会降低交易成本，还会减少企业对外资本输出风险，从而有效促进企业内部化优势的形成与发挥。

制度环境影响企业所有权优势主要是通过企业制度和政府政策环境来影响的。首先，企业制度影响着企业的人力资源状况、技术状况和规模效益，提高企业效率。现代企业制度不仅推动企业吸收专业人才、重视员工培训，还激励现有人员自主提高自身技能；明确的产权制度激励企业保护自己的知识产权，积极参与研发活动，提高自己的技术技能；合理的决策机制使得企业在追求利润最大化的目标下选择合适的生产经营规模；现代企业制度将人、物等资源有效结合，形成合理的企业架构，提高企业生产效率。其次，政府政策影响着企业的人力资源状况、技术水平、资本状况和市场结构。政府对人才培养的鼓励政策激励企业积极开展合适的人才培养机制；技术促进政策积极推动企业参与研发，提高自身技术水平；本国发达的资本市场会给企业发展提供完善的资金支持；政府政策导向直接影响产业的市场结构，从而进一步影响企业生产效率。

在制度环境影响区位优势方面，经济体的政治制度、法律制度、经济制度和非正式制度都会影响企业海外投资的区位优势。首先，国家的政治体制直接影响着市场准入、市场拓展、股权结构等方面，这些必然会对企业的对外投资产生影响。其次，规范企业行为的相关法律法规会提高对"走出去"企业的要求，迫使它们在海外投资过程中产生"制度逃离"，而那些针对企业国家化的法律法规的完善与实施，将为企业的对外直接投资提供政策引导。再次，企业在对外投资过程中会首先考虑经济体制的影响，只有依照市场进行资源配置的经济体制才会给企业带来更大的自主权，因此政府干涉相对较少，企业的区位优势更为明显。最后，与以上三种制度不同，类似社会舆论、风俗习惯等非正式制度也影响着企业的对外投资进程。与在非正式制度差异较大的国家投资相比，在差异较小的国家投资时企业的区位优势会更为明显。

（四）小规模技术理论

传统的国际直接投资理论无法解释发展中国家对外投资现象，而 Wells 提出的小规模技术理论从理论上论证了发展中国家对外直接投资的可能性，即使这些国家的技术优势和生产规模都不具有明显优势，但仍然可以利用已有的技术积累、市场特点形成竞争优势。该理论认为发展中国家企业有着相对独特的比较优势：具有可以满足需求量有限的小规模市场需求生产技术；其产品拥有价格优势；其跨国公司可以高效地实现在投资东道国的本土化。我国现有状况比较符合该理论的要求，因为我国企业对外投资呈现出投资动机多样化、技术构成多层次性、参与主体多元化的特点。这些比较优势也决定了我国企业的对外投资区域既可以是发达国家，也可以是一般的发展中国家。

四、中国企业对外直接投资区位选择的文献研究

随着我国对外投资的迅猛发展,国内外学者也开始对中国对外直接投资问题进行研究,这些研究多偏重于对政策、投资区位及产业分布等问题的研究。学者们主要考察中国企业对外直接投资的决定因素,包括母国因素和东道国因素,但更加严谨地说,母国因素构成了企业对外直接投资的动机,而东道国因素才是解决我国企业对外投资区位选择的重点。因此,对企业对外投资区位选择的研究,就要从东道国的角度出发,研究东道国的哪些特征可以吸引我国的跨国企业。

Buckley 等(2007)利用 1984~2001 年我国企业在 49 个国家和地区的投资流量分析了影响企业对外投资的区位影响因素,研究发现,市场规模大的东道国最受青睐,而东道国具有的资源禀赋和专利注册对区位选择的影响并不显著。Cheng 和 Ma(2008)利用投资引力模型对 2003~2006 年我国企业在 90 个国家和地区的对外投资流量和存量进行分析,结果表明中国企业会更愿意在市场规模较大、与中国地理距离较近的东道国进行投资。Cheung 和 Qian(2009)利用 1991~2005 年我国在 31 个东道国的投资数据进行分析,发现市场规模大、工资水平低、自然资源丰富的东道国是我国跨国企业海外投资的首选。Ramasamy 等(2010)运用泊松回归模型对 2006~2008 年我国的跨国企业进行分析,实证结果表明,我国的国有企业倾向于在自然资源丰富、政治关系紧密的东道国投资,而私有企业则主要是寻求较大市场规模。国内学者在总结和修正西方相关研究的基础上也对我国企业的对外直接投资区位选择问题进行解释。程惠芳和阮翔(2004)运用投资引力模型对我国企业在 32 个国家和地区的投资进行分析,得到东道国的人均国民收入水平、经济规模以及两国之间的贸易往来与投资区位选择息息相关的结论。何本芳和张祥(2009)同样使用投资引力模型,分析了 2004 年和 2005 年我国的对外投资数据,计量结果表明贸易往来、地理距离、劳动力成本和国家类别是影响企业区位选择的重要因素。项本武(2009)采用 GMM 估计,发现东道国

市场规模、双边贸易往来、汇率对我国2000~2007年的对外投资有着显著影响。总的来说，现有对我国对外直接投资的实证研究大多是基于投资引力模型理论和国际生产折衷理论，选择不同的变量进行分析，因此得到的研究结论也不尽一致。在这种情况下，有些学者开始尝试从投资动机的视角来分析企业对外投资的区位选择问题，也得到了一些不同的结论，如市场寻求型投资（Buckley et al.，2007；Buckley et al.，2008；Taylor，2002；Schuller & Turner，2005；Amighini et al.，2010；Cheng & Stough，2007）、资源寻求型投资（Buckley et al.，2007；Cheng & Ma，2008；Morck et al.，2008；Cheung & Qian，2009；Deng，2003；Frynas & Paolo，2007；Kolstad & Wigg，2012；李磊、郑昭阳，2012）、效率寻求型投资（Dunning，2001；Buckley et al.，2007；Cheung & Qian，2009）、战略资产寻求型投资（Child & Rodrigues，2005；Luo & Tung，2007）、资本市场寻求型投资（Morck et al.，2008；Buckley et al.，2008；Hong & Sun，2004；Woo & Zhang，2006；Globerman & Shapiro，2009）。

无论从哪种视角进行分析，总体来说，影响我国企业对外直接投资区位选择的因素主要包括东道国的市场规模和市场发展潜能（Buckley et al.，2007；Sanfilippo，2010；Cheng & Stough，2007）、自然资源禀赋（Koll & Pinkse，2005）、技术禀赋（Kogut & Chang，1991；Luo & Tung，2007）、基础设施条件、工资水平、外资开放程度、汇率水平（Aliber，2008）、双边贸易往来（Markuson & Maskus，2001）以及地理距离（Flores & Aguilera，2007）。

五、制度因素对中国企业对外直接投资影响的文献研究

我国对外直接投资的快速增长引起了国内外学者的研究兴趣，主要原因在于我国的跨国企业并不具备传统投资理论所提出的竞争优势和所有权优势，但还是出现了许多传统理论无法解释的现象，比如侧重于在发达国家寻求战略性资产的

投资、就近选择地理或文化距离较近发展中国家投资（李凝、胡日东，2011）、倾向于向高风险国家的投资（Buckley，2007）、国有企业在西方发达国家的投资屡屡受挫等。因此，学者们认为在研究中国企业的对外直接投资时，仅仅考虑相关产业理论和企业资源是不够的，必须将制度环境纳入研究体系中来。North（1990）认为制度环境才是导致经济组织效率差异的决定性因素，一个国家的制度环境由正式制度和非正式制度两方面构成，两者在影响对外投资中都起着极其重要的作用。此后，国内外学者在研究新兴经济体的对外直接投资中，特别是对中国企业的研究中，都将制度作为一个重要影响因素。Peng（2008）就提出制度环境是一个非常重要的考量因素，它不仅作为一个投资背景，还会影响企业国家化战略的定位和实施，因此在企业对外直接投资的制度研究中，要同时注重投资母国和东道国的制度因素研究。

　　投资母国的制度环境会对企业的对外直接投资产生重要影响。针对我国企业来说，企业在海外投资过程中的许多行为都会受到制度因素的影响，比如政策支持、行政审批、外汇管制、金融支持等多个方面，现有的文献也对此问题进行了不少的研究。Buckley（2007）等在研究中国企业的海外投资时发现，企业的投资动机和能力取决于母国的各种制度因素，制度因素影响着企业的资源和能力，进而影响了企业的投资动机。阎大颖、洪俊杰、任兵（2009）将政府扶持力度、海外关系资源和企业融资能力作为母国制度因素的代表，实证研究了制度因素对中国企业对外直接投资的动力和能力的影响，结果表明这三类制度因素对贸易型、生产型、资源型和研发型的对外直接投资影响程度各不相同。郑展鹏和刘海云（2012）利用2003~2010年我国省际投资数据分析了市场化水平、政府治理和知识产权保护三类制度因素对投资的影响作用，结果表明市场化水平和政府治理对我国的对外直接投资起着积极的促进作用，与此不同的是，知识产权保护起到了明显的抑制作用，同时这三类制度因素的差异也是导致我国东、中、西部投资差异的主要原因。除了传统的制度因素，结合我国特有的国有企业改革，国内外学者认为造成我国对外投资不同于其他国家的主要原因是我国企业特有的所有制结构，有学者将我国企业的所有制结构作为研究对象，实证证明了国有企业较私有企业存在着明显的制度优势。Wang和Hong（2012）的实证研究证明了政府支持性政策和企业的国有化水平对企业"走出去"有着显著影响。在他们的另一篇文章中，将企业性质根据隶属关系更加细化，研究结果表明，企业的国有化程度更高，隶属于更高级政府，将更有利于企业的对外投资行为。而且，政府在企业"走出去"过程中给予的政策性优惠和扶持加速了这些行业或企业的对外直接投资步伐。虽然母国制度环境在一定程度上促进了企业的对外直接投资，但也有不少学者将这一现象推向另一种推断，Witt 和 Lewin（2007）提出的"制度逃离"理论认为，发展中国家企业在其成长早期就开始国家化的主要原因是为了逃离母国制度约束，本地落后的市场化制度使得企业的经营成本超过了跨国经营成本。Luo 和 Tung（2007）也强调了制度逃离在新兴经济体中频繁出现，他们以中国为例，地方保护主义的盛行和国内渠道效率低下迫使企业"走出去"进行海外生产经营。

除了对母国制度的分析，更多的学者将目光集中在东道国制度对我国对外直接投资的吸引。Meyer 和 Peng（2005）认为，企业在海外投资过程中，由于对东道国经营的认知有限，背景资源也有限，因此，为了规避风险，多会选择在制度环境良好的东道国投资。针对中国的海外投资来讲，Buckley 和 Clegg（2007）就认为中国跨国公司大多由国家控股，所以追求利润最大化并不是首要目标，因此，中国的企业会比发达国家的企业更倾向于向政治风险较高的发展中国家投资。Kolstad 和 Wiig（2012）的研究也证实了这一现象。Ramasamy 等（2012）的实证结果表明，企业的所有制结构的确影响着中国跨国企业海外投资区位选择，与民营企业追求市场规模不同，中国的国有企业倾向于进入高政治风险和自然资源丰富的国家进行投资。而且 Ramasamy 等还认为传统对外投资理论对中国民营企业的海外活动解释力较强，而对中国国有企业海外投资行为进行解释时还需加以修正。另外，Claessen 和 Vanhoren（2008）的研究发现，中国的跨国公司更喜欢在和我国政治环境类似的东道国进行投资，这样可以方便企业更快地熟悉当地环境，极大地降低了在东道国的经营成本。随后，我国学者开始将东道国制度因素和母国制度因素结合在一起，共同解释我国企业对外直接投资现象。张建红和周朝鸿（2010）主要研究了东道国制度质量对投资的影响，结果表明制度因素不仅会影响企业国际化战略的顺利实施，还会对其他相关经济因素产生显著的调节作用，从而间接地影响企业国际化成效。Malhotra 等（2010）主要从腐败的角度比较了美国和中国跨国企业的不同，结果表明面对东道国较差的制度环境，我国的跨国企业比美国企业更容易面对这种情况，在一定程度上说，这种能力变成了一种竞争优势。与此类似，Amighini 等（2010）利用行业数据同样发现东道国腐败对跨国公司的影响程度依国家而不同。在高收入的东道国，中国对外投资与腐败呈负相关，而在低收入的东道国，两者呈正相关。胡彦宇和吴之雄（2011）将东道国制度质量和企业的海外并购经验纳入指标体系中，实证研究证明，东道国正式制度约束会通过产业保护对我国的对外直接投资产生显著影响，非正式制度约束不仅会影响企业海外并购的成功率，还能通过并购经验对正式制度约束产生调节作用。总的来说，不管是母国制度环境还是东道国制度环境，都在一定程度上影响着我国企业的对外直接投资，在利用传统投资理论进行研究时，必须要将制度内生地纳入研究体系之中。

六、本章小结

通过对企业对外直接投资区位选择的相关理论回顾和文献综述，可以发现基于发达国家跨国企业的对外投资理论在解释我国企业的海外投资行为时解释力不足，因此本书对此进行了修正。首先，多数实证研究采用截面数据建模，这在一定程度上忽视了企业特性和产业特性对区位选择的影响，因此本书在企业结构层面，将对外投资企业分为国有企业和私有企业、拥有制造子公司和非制造子公司的企业，实证研究表明企业所有制结构影响着企业的对外投资区位选择。在产业结构方面，本书选取采矿业、制造业和服务业三类产业企业，分析我国不同产业类型企业的区位选择问题。其次，制度基础理论告诉我们，在研究中国企业的对外投资时必须要把制度因素纳入研究体系中来，这其中不仅包括东道国和母国的制度环境，还应包括两者制度环境之间的差异和关联。本书第七章主要从投资母国和东道国的制度因素角度分析我国企业对外直接投资的影响；第八章主要考虑两国之间制度距离，包括管制距离和文化距离对投资的影响；第九章从两国制度关联出发，主要考虑签署双边投资协定对对外投资的影响。

第三章 中国对外直接投资现状及存在的问题

本章主要是对我国对外直接投资的现状和存在的问题进行分析。首先结合我国"走出去"战略规划，对近年来，特别是"十二五"时期以来我国对外直接投资现状进行了描述。在总结我国对外直接投资的主要特点并预判未来发展趋势基础上，从区域结构、产业结构和企业结构三个层次对中国对外直接投资存在的结构性问题进行详细分析。

本章结构安排如下：第一部分简要回顾我国对外直接投资现状；第二部分对投资特点和发展趋势进行分析；第三部分从区域、产业和企业三个层面介绍了中国对外直接投资存在的结构性问题；第四部分对本章内容进行总结。

一、中国对外直接投资现状

2016年世界经济增长乏力，全球外国直接投资复苏之路依旧崎岖。在继上年强劲上扬后，2016年全球直接投资流出流量达1.45万亿美元，呈现小幅下降趋势。中国政府积极推动"一带一路"建设，稳步开展国际产能合作，"走出去"工作体系不断完善，中国企业主动融入经济全球化进程加快。

2016年中国对外直接投资创下1961.5亿美元的历史最高值，同比增长34.7%，蝉联全球第二。截止到2016年底，中国2.44万家境内投资者在国（境）外设立对外直接投资企业3.72万家，分布在全球190个国家（地区），年末境外企业资产总额 5 万亿美元。对外直接投资累计净额（存量）达 13573.9 亿美元。

联合国贸易发展会议（UNCTAD）《世界投资报告 2017》显示，2016 年全球对外直接投资流出流量 1.45 万亿美元，年末存量 26.16 万亿美元。以此为基数计算，2016 年中国对外直接投资分别占全球当年流量、存量的 13.5%和 5.2%，流量承上年继续位列全球国家（地区）排名的第二位，占比较上年提升 3.6 个百分点，存量由 2015 年的第 8 位跃至第 6 位，占比提升 0.8 个百分点。

自 2003 年中国有关部门权威发布年度数据以来，中国对外直接投资实现 14 年连续增长，2016 年投资流量是 2002 年的 72.6 倍，占全球比重由 2002 年的 0.5%上升至 13.5%，首次突破两位数，在全球外国直接投资中的地位和作用日益凸显；2002~2016 年的年均增长速度高达 35.8%；2016 年中国对外直接投资再次超过吸引外资（1340 亿美元），连续两年实现双向直接投资项下的资本净输出。

2016 年中国企业对"一带一路"沿线国家并购项目 115 起，并购金额 66.4 亿美元，占并购总额的 4.9%。其中，马来西亚、柬埔寨、捷克等国家吸引中国企业并购投资超过 5 亿美元。2016 年中国与全球主要国家（地区）投资流量对比如图 3-1 所示。2016 年中国与全球主要国家（地区）投资存量对比如图 3-2 所示。2002~2016 年中国建立《对外直接投资统计制度》以来投资流量和存量的统计结果如表 3-1 所示。

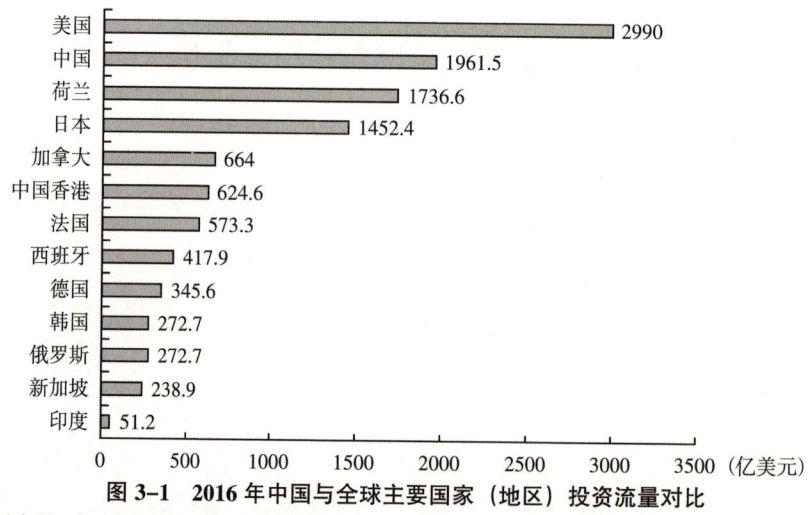

图 3-1　2016 年中国与全球主要国家（地区）投资流量对比

资料来源：《2016 年度中国对外直接投资统计公报》。

第三章　中国对外直接投资现状及存在的问题

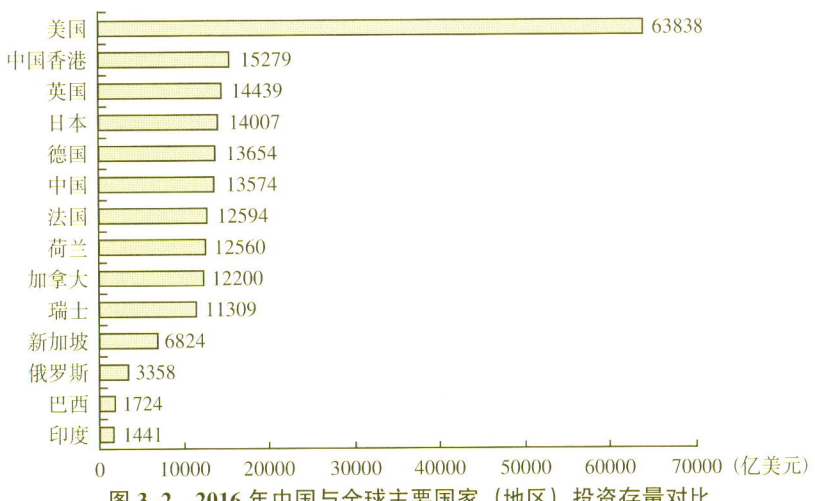

图 3-2　2016 年中国与全球主要国家（地区）投资存量对比

资料来源：《2016 年度中国对外直接投资统计公报》。

表 3-1　2002~2016 年中国建立《对外直接投资统计制度》以来投资流量和存量的统计结果

年份	流量			存量	
	金额（亿美元）	全球位次	同比（%）	金额（亿美元）	全球位次
2002	27.0	26	—	299.0	25
2003	28.5	21	5.6	332.0	25
2004	55.0	20	93.0	448.0	27
2005	122.6	17	122.9	572.0	24
2006	211.6	13	43.8	906.3	23
2007	265.1	17	25.3	1179.1	22
2008	559.1	12	110.9	1839.7	18
2009	565.3	5	1.1	2457.6	16
2010	688.1	5	21.7	3172.1	17
2011	746.5	6	8.5	4247.8	13
2012	878.0	3	17.6	5319.4	13
2013	1078.4	3	22.8	6604.8	11
2014	1231.2	3	14.2	8826.4	8
2015	1456.7	2	18.3	10978.6	8
2016	1961.5	2	34.7	13573.9	6

注：①2002~2005 年数据为中国对外非金融类直接投资数据，2006~2016 年为全行业对外直接投资数据；②2006 年同比为对外非金融类直接投资比值。

资料来源：《2016 年度中国对外直接投资统计公报》。

2016年是中国企业对外投资并购最为活跃的年份,对外投资并购项目共分布在全球190个国家或地区,占全球国家(地区)总数的81.2%,2016年较上年新增了对洪都拉斯、布基纳法索的投资。

流向亚洲地区的直接投资流量为1302.7亿美元,同比增长20.2%,占当年对外直接投资流量的66.4%。其中对中国香港的投资为1142.3亿美元,同比增长27.2%,占对亚洲投资的87.7%;对东盟10国的投资为102.8亿美元,同比下降29.6%,占对亚洲投资的7.9%。流向拉丁美洲地区的投资为272.3亿美元,同比增长115.9%,占当年对外直接投资流量的13.9%,主要流向开曼群岛(135.2亿美元)、英属维尔京群岛(122.9亿美元)、牙买加(4.2亿美元)、墨西哥(2.1亿美元)等。流向北美洲地区的投资为203.5亿美元,同比增长89.9%,占当年对外直接投资流量的10.4%。其中对美国投资169.8亿美元,同比增长111.5%;加拿大28.7亿美元,同比增长83.7%。流向欧洲的投资为106.9亿美元,同比增长50.2%,占当年对外直接投资流量的5.4%,其中流量在10亿美元以上的国家有6个,分别是:德国(23.8亿美元)、卢森堡(16亿美元)、法国(15亿美元)、英国(14.8亿美元)、俄罗斯联邦(12.9亿美元)、荷兰(11.7亿美元)。流向大洋洲的投资为52.1亿美元,同比增长34.6%,占当年对外直接投资流量的2.7%,主要流向澳大利亚、新西兰、萨摩亚、斐济等国家。流向非洲的投资为24亿美元,同比下降19.4%,占当年对外直接投资流量的1.2%,主要流向南非、加纳、埃塞俄比亚、赞比亚、安哥拉、乌干达、喀麦隆、埃及等国家。2016年中国对外直接投资流量前20位的国家或地区如表3-2所示。

表3-2 2016年中国对外直接投资流量前20位的国家或地区

序号	国家(地区)	流量(亿美元)	比重(%)
1	中国香港	1142.3	58.2
2	美国	169.8	8.7
3	开曼群岛	135.2	6.9
4	英属维尔京群岛	122.9	6.3
5	澳大利亚	41.9	2.1
6	新加坡	31.7	1.6

续表

序号	国家（地区）	流量（亿美元）	比重（%）
7	加拿大	28.7	1.5
8	德国	23.8	1.2
9	以色列	18.4	0.9
10	马来西亚	18.3	0.9
11	卢森堡	16.0	0.8
12	法国	15.0	0.8
13	英国	14.8	0.7
14	印度尼西亚	14.6	0.7
15	俄罗斯联邦	12.9	0.7
16	越南	12.8	0.7
17	荷兰	11.7	0.6
18	韩国	11.5	0.6
19	泰国	11.2	0.6
20	新西兰	9.1	0.5
	合计	1862.6	95.0

资料来源：《2016年度中国对外直接投资统计公报》。

2016年，中国对外直接投资涵盖了国民经济的18个行业大类。其中流量上百亿美元的涉及六个领域，租赁和商务服务业保持第一位，制造业首次上升至第二位，采矿业创2005年来新低。

流向租赁和商务服务业的投资为657.8亿美元，继上年小幅下降后实现81.4%的高速增长，占当年流量总额的33.5%。投资主要分布在中国香港、英属维尔京群岛、开曼群岛、荷兰、卢森堡等国家（地区）。制造业290.5亿美元，同比增长45.3%，占当年流量总额的14.8%，主要流向汽车制造业、计算机/通信及其他电子设备制造业、专用设备制造业、化学原料和化学制品制造业、医药制造业、橡胶和塑料制品业、纺织业、皮革/毛皮/羽毛及其制品和制鞋业、铁路/船舶/航空航天和其他运输设备制造业、食品制造业等。其中流向装备制造业的投资为142.5亿美元，同比增长41.4%，占制造业投资的49.1%；批发和零售业为208.9亿美元，同比增长8.7%，占10.7%；信息传输、软件和信息技术服务业为

186.7亿美元，同比增长173.6%，占9.5%；房地产业为152.5亿美元，同比增长95.8%，占7.8%；金融业为149.2亿美元，同比下降38.5%，占7.6%。2016年，中国金融业境内投资者对外直接投资活跃，累计实现对外直接投资233.7亿美元，其中流向境外金融类企业的直接投资144.7亿美元，流向境外非金融类企业的直接投资89亿美元；中国非金融业境内投资者投向境外金融企业的投资为4.5亿美元。

2016年中国对外直接投资主要领域中，除金融业流量下降外，受国际大宗商品价格低迷的影响，流向采矿业的投资仅为19.3亿美元，同比下降82.8%，从而创下2005年以来中国企业对该领域投资的新低；交通运输/仓储和邮政业为16.8亿美元，同比下降38.4%；水利/环境和公共设施管理业为8.4亿美元，同比下降38.1%。2016年中国对外制造业投资流向的主要二级类别如图3-3所示。

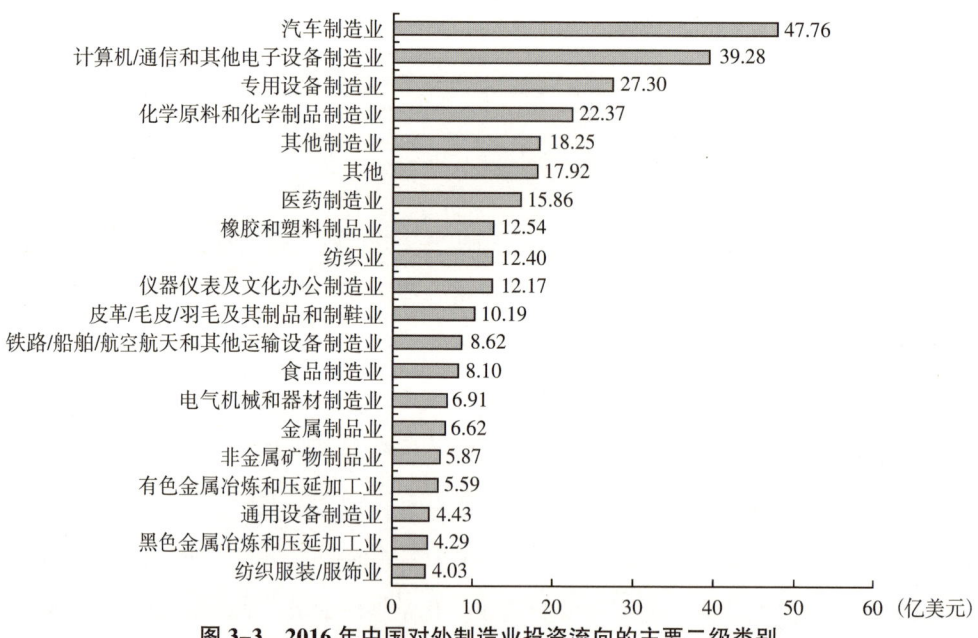

图3-3 2016年中国对外制造业投资流向的主要二级类别

资料来源：《2016年度中国对外直接投资统计公报》。

二、中国对外直接投资的特点及发展趋势

（一）中国对外直接投资的特点

虽然我国企业海外投资不断加强，并取得了一些令国内外惊叹的并购成绩，然而与西方国家将近半个世纪的海外投资历程相比，我国的对外投资无论是从交易规模、支付手段，还是从并购经验、并购后的管理能力等方面，都还处在海外并购的初级阶段，并且具有以下几个显著特征。

第一，海外并购主体仍以国有大型企业为主，属于政府主导型投资。一直以来，在我国企业的海外投资过程中，政府是决定谈判成功的关键。中国最大的10家公司均为国有企业，即便是在前30名的企业中，也有80%的企业属于国有企业，正因为这样，很多大规模的海外投资活动都是由政府酝酿和指导的。

第二，多数对外投资集中在能源和一些技术密集型行业，但呈多元化发展。行业先天的优势、廉价的劳动力和后发崛起的优势使得这两类行业一直占据着我国海外并购的半壁江山，然而我国的海外投资出现了多元化发展的趋势，以零部件企业最为明显。

第三，海外并购指向特征明显，多为欧美发达国家。一直以来，人们认为的海外并购是发达国家并购发展中国家的企业，但中国的对外投资直接指向美国、日本、欧洲等发达国家和地区，并且由原来并购中小企业发展为对大中企业进行投资。

第四，中国海外投资主要是为了获取资源、市场、资产、品牌和技术。比如中石油、中海油的投资动机是为了获得更多的自然资源；联想收购IBM的PC业务是想获取IBM的品牌、技术和销售渠道；长虹收购美国APEX公司是为了它的海外市场；大连机床集团并购德国兹默曼公司是为了获得先进的技术和全球性的销售及服务网络。

第五，海外投资手段和方式趋于多元化。最初由于我国企业并购规模较小、国内资本市场不完善等原因，大多数并购活动以现金方式进行，但由于国家证券市场进行的间接并购逐步增加，部分海外投资的融资技巧达到了较高水准。比如联想在收购IBM的PC业务之后，私人股权投资公司得克萨斯太平洋集团、泛大西洋集团等共同参股联想。这也说明我国企业已具备全新的海外投资意识，愿意制定完善的交易结构、实施较为稳妥的交易手段和方式，规避交易风险。

（二）中国对外直接投资的发展趋势

结合中国近些年的对外投资案例进行详细分析，本书认为中国企业"走出去"的发展趋势应有以下几个特点：

首先，一些国内资源、市场缺乏的行业将会是中国企业对外投资重点。基于中国快速的工业化进程和国内产能严重过剩的局面，中国的海外投资将成为获取核心技术和市场的重要手段。因此，这也注定了能源、IT、家电、汽车等行业将成为我国企业海外并购的主体。回顾中国海外投资的历史，能源行业一直都是并购活动中最活跃的主体，汽车制造业则是近几年海外并购的先锋，运输及物流业的海外并购潜能较大，制造业的海外投资需求最为强烈。

其次，中国海外投资的目的地将会更加分散，遍布全球。一直以来欧美的老牌企业是我国海外并购的主要目标，但包括欧美、非洲、东亚等地区的一些发达国家和发展中国家都成为了我国海外投资的目的地，相信越来越多的民营企业会把更多的目光停留在拥有一定技术和区域市场的国外企业上。

再次，民营企业将逐渐成为海外投资的主动力。虽然在政府的支持下，国有企业仍是中国海外并购的先锋，与其相比，更具有企业家精神的民营企业经过一定的成长期之后，终将会成为我国海外投资的主动力。

最后，并购成功率依旧较低。尽管中国企业在并购之前做足了准备，但由于并购经验不足，以及与西方国家的文化、制度差异等原因导致海外并购成功率较低。

三、中国对外直接投资存在的结构性问题

（一）区域结构方面

2016年中国对外直接投资涉及亚洲、欧洲、拉丁美洲、北美洲、大洋洲和非洲。中国对美洲、欧洲地区的投资增幅高于全球，对非洲投资下降近两成。2016年中国对外直接投资流量地区构成情况如表3-3所示。

表3-3　2016年中国对外直接投资流量地区构成情况

洲别	金额（亿美元）	同比（%）	比重（%）
亚洲	1302.7	20.2	66.4
拉丁美洲	272.3	115.9	13.9
北美洲	203.5	89.9	10.4
欧洲	106.9	50.2	5.4
大洋洲	52.1	34.6	2.7
非洲	24.0	-19.4	1.2
合计	1961.5	35.9	100.0

资料来源：《2016年度中国对外直接投资统计公报》。

1. 发达经济体仍是投资热点

2016年，中国流向发达经济体的投资为368.4亿美元，较上年实现了94%的高速增长。其中对欧盟直接投资99.94亿美元，同比增长82.4%，占欧盟当年吸引外资的1.8%；对美国投资169.81亿美元，同比增长111.5%，占美国吸引外资的4.3%；对澳大利亚投资41.87亿美元，同比增长23.1%，占澳大利亚吸引外资的8.7%；对加拿大投资28.71亿美元，同比增长83.7%，占加拿大吸引外资的8.5%；对新西兰投资9.06亿美元，同比增长160.3%，占新西兰吸引外资的39.3%。2016年，中国对欧盟、美国、澳大利亚的投资均创历史最高值，发达国

家成为众多中国企业对外投资的首选投资目的地（见表3-4）。

表3-4 2016年中国对发达经济体投资情况

国家、经济体名称	流量（亿美元）	同比（%）
欧盟	99.94	82.4
美国	169.81	111.5
加拿大	28.71	83.7
澳大利亚	41.87	23.1
日本	3.44	43.3
新西兰	9.06	160.3
挪威	-8.51	—
瑞士	0.68	-72.5
以色列	18.41	700.4
百慕大	4.99	-55.7
合计	368.4	94

注：发达经济体划分标准同联合国贸发会议世界投资报告。
资料来源：《2016年度中国对外直接投资统计公报》。

2. 对自由港的投资比较大

2016年，对外直接投资流向中国香港、开曼群岛、英属维尔京群岛、卢森堡的投资共计1416.4亿美元，较上年增长68.2%，占流量前20个国家（地区）的76.04%，占当年流量总额的72.21%。中国企业在上述国家（地区）设立的境外企业以商务服务业为主，2016年主要并购项目大多通过这些境外企业再投资完成。2016年流量在10亿美元以上的国家（地区）有19个，较上年增加6个。其中在中国香港投资1142.3亿美元，占当年流量的58.2%，主要流向租赁和商务服务业、批发和零售业、金融业、采矿业、制造业、房地产业、交通运输/仓储和邮政业等；在开曼群岛投资135.2亿美元，占6.9%，主要流向商务服务业；在英属维尔京群岛投资122.9亿美元，占6.3%，主要流向商务服务业；在卢森堡投资16.0亿美元，占0.8%，主要流向商务服务业、金融业、采矿业、批发和零售业等；美国同期在这三个自由港（不包括卢森堡）的直接投资不足27%。这些对自由港的投资中，确实有一部分是我国企业全球经营战略的体现（如苏宁电器并购香港镭射公司），但仍有相当一部分意在利用自由港便利的投资条件和优惠措施，逃避监管。尽管表面上中国对这些地区直接投资金额很高，但相当部分的实际资金并没有运用于此，这些投资不能真正代表我国企业"走出去"的现状。

3. 对资源型发展中国家投资比重较小

非洲、拉丁美洲是我国对资源型发展中国家的主要投资地区，2016年，中国对非洲投资24亿美元，同比下降19.4%，占当年对外直接投资流量的1.2%，主要流向南非、加纳、埃塞俄比亚、赞比亚、乌干达、安哥拉、喀麦隆、埃及等国家。2016年对非投资领域分布广泛，主要涉及建筑业、交通运输/仓储和邮政业、制造业、采矿业、金融业、租赁和商务服务业、农/林/牧/渔业、房地产业等。同时，中国流向拉丁美洲地区的投资为272.3亿美元，同比增长115.9%，占当年对外直接投资流量的13.9%。主要流向开曼群岛（135.2亿美元）、英属维尔京群岛（122.9亿美元）、牙买加（4.2亿美元）、墨西哥（2.1亿美元）等。这些地区大多具有丰裕的自然资源，但受到部分国家政局不稳、经济结构脆弱等因素的影响，一些国家吸收外商直接投资水平具有较大的局限性。我国过去偏重于在国内为企业"走出去"提供政策支持（如信贷、税收优惠），但在创造良好的外部环境方面存在一定的不足。

（二）产业结构方面

虽然近些年来，服务业对外投资步伐不断加快，但还是有越来越多的中国企业正在进行资源寻求型对外直接投资。中国海外矿业投资逐渐从盲目投资阶段过渡到可持续发展阶段，服务业的对外投资仍是我国企业对外投资的主要增长点。作为制造业和农业大国，我国制造业和农业对外投资占比较低，国内资源约束迫切需要这些产业"走出去"。

1. 采矿业对外投资继续保持强劲势头

进入21世纪后，三大石油公司开始频繁出现在国际石油市场并购项目的大名单中，并购金额也逐年放大。除了传统的石油行业外，有色金属行业也成为了资源领域并购规模较大的行业。2005~2013年，中国能源和矿产企业进行海外投资520项，累计投资金额5236.4亿美元，占比高达67.6%。并购的主要形式是以国企,特别是大型央企为代表的"国家投资",还有就是对欧美能源企业进行的股权投资。

近年来,三大石油巨头积极实施国家提出的"走出去"战略,着眼于国家长期能源安全,纷纷进行海外油气田的投资开发,先后启动了二十几个项目,这在一定程度上保证了石油进口数量以及价格的稳定。中国海外矿业投资也逐渐从盲目投资阶段过渡到可持续发展阶段,从过去主要集中在澳大利亚、加拿大、南美洲等矿产资源丰富的国家和地区到近些年的"非洲投资"和"东南亚投资"热,越来越多的中国矿业企业走入几内亚、南非、印度尼西亚、菲律宾、缅甸等国家进行投资和并购。

总体来说,采矿业对外投资取得良好效果的主要原因是:对外投资的企业主要为大型国有企业,资金雄厚,同时有国家的系列政策支持。但采矿业对外投资的主要风险来源于东道国的政治阻力。2009年6月4日,中国铝业收购力拓遭遇毁约,力拓集团撤销了曾经的交易推荐,并向中铝支付了1.95亿美元的"分手费"。其原因在于,力拓集团的矿石开采和销售在澳大利亚的国民经济中具有支柱性的作用,这种单方面撕毁协议行为也说明基础资源行业跨国并购存在着许多政治阻力,可能会面临难以预料的政治风险。

2. 制造业并购亮点突出,但步伐远远落后

2014年中国企业涉及制造业等领域的对外投资并购亮点突出,其中制造业并购167起,并购金额118.8亿美元,同比分别增长29.5%和16.2%;联想集团收购摩托罗拉手机业务、IBM X86服务器业务,东风汽车公司收购法国标致雪铁龙集团14.1%股份的单项并购金额均在10亿美元以上。即便如此,制造业"走出去"的步伐却远远落后。2014年我国制造业对外投资存量占总投资存量比重为5.9%,远低于发展中国家27.5%的平均水平和25.6%的世界平均水平。

中国制造业"走出去"的最大问题是资金不足。首先,我国境外企业中约有30%的企业从事制造业,但投资流量、存量均仅占5%左右,跨出国门的企业多、资金少。其次,中国制造业企业"走出去"动力不足。制造业有典型的规模经济特征,而大部分制造业企业"走出去"的规模较小,短期内难发挥优势。另外,国内整体投资环境优于其他发展中国家,因此企业没有"走出去"的迫切愿望。

我国制造业处于全球产业链低端,向上转移难度大,向下转移空间小,这些都造成了我国制造业对外投资增长乏力。

3. 现代服务业对外投资结构不平衡

服务业已经成为世界范围内对外直接投资重要产业,在我国对外直接投资中的比重也持续上升,2014年中国对外直接投资流向租赁和商务服务业3224.4亿美元,占36.5%;流向金融业1376.2亿美元,占15.6%。由于我国内地对香港地区的投资大部分属于内地企业在香港开设地区总部等分支机构或大型央企在港分支机构增资所导致,这两类均在统计中划归商务服务业,从而使得数据上显示我国对外直接投资以商务服务业为主。同期我国其他服务业占比较低,信息传输、计算机服务境外投资总份额占比仅为1.4%,说明我国服务业对外投资结构存在不合理,而现代服务业与制造业互动发展,可加快我国产业结构升级的步伐。

总体来说,尽管2002年之后我国对外直接投资快速发展并且投资区域也逐渐分散,但在区域结构方面,我国的直接对外投资仍然存在着对一些区域投资的过度集中,对非洲、拉丁美洲等一些发展中国家的投资占比较低等一系列问题,它们在一定程度上制约着我国企业"走出去"的进程,也不利于增加企业海外竞争和抵抗风险的能力。

(三)企业结构方面

在企业类型方面,2014年末,中国对外直接投资者达到1.85万家,其中有限责任公司占67.2%,较上年提高1.1个百分点,是中国对外投资最为活跃的群体;私有企业占8.2%,位列次席;国有企业占6.7%,较上年下降1.3个百分点。但是,我国不同类型的企业在对外投资的参与中表现出较为明显的不均衡态势,呈现出了"国家主导的对外投资一九现象",即10%的国有企业占有了90%的对外投资量。尽管近年来中国私有企业在海外投资中日趋活跃,但中国的对外投资,尤其是在并购交易方面,仍然以国有企业为主导,即86%的投资由国有企业完成,仅有14%是私有企业行为。同时,以中石化、中石油为代表的大型国企占据了中国海外投资总额的80%以上。表3-5是中国对外投资涉及金额前十名的并购项目,其中有9家是"中"字头的大型央企或国企;表3-6列举的2005~2013

年中国企业累计对外投资前 20 名，也只有华为一家非国有企业以 78.9 亿美元的总投资额名列第 16 位。究其原因，主要在于国有企业相比于非国有企业而言，在融资规模、管理水平、人才储备等方面都有着较大优势，而非国有企业的对外

表 3-5 中国对外投资十大项目

单位：亿美元

年份	金额	并购方	被并购方
2012	151	中海油	加拿大尼克森 Nexen100%流通股
2008	128	中国铝业	力拓矿业 11%股份
2009	72	中石化	瑞士石油公司 ADDAX100%股份
2010	71	中石化	西班牙石油公司 Repsol 40%股份
2013	71	双汇集团	美国 Smithfield100%股份
2007	68	中投	摩根士丹利 10%股份
2008	56	中国工商银行	南非标准银行 20%股权
2009	55.9	中石油	与英国石油公司（BP）联合收购伊拉克鲁迈拉油田 37%股权
2013	53	中石油	哈萨克斯坦 KazMunaiGas National 8%股权
2010	48	中国中铁	印度尼西亚 Bhakta Hill Pan Pacific Railway

资料来源：The American Enterprise Institute，The Heritage Foundation.

表 3-6 2005~2013 年累计投资 TOP20

单位：亿美元

排名	企业（简称）	金额	排名	企业（简称）	金额
1	中石化	731	11	中国建筑	159.9
2	中石油	710.9	12	三峡集团	134.7
3	中投	416	13	中国冶金集团	121.4
4	中海油	390.6	14	外汇管理局	118.1
5	中国机械工业集团	380	15	中国电建	112.8
6	中国铁建	317.4	16	华为	78.9
7	中国交建	301.6	17	中国工商银行	78.3
8	中铝	214.1	18	中国电力	71.9
9	中国水电	186	19	华电集团	71.2
10	中化集团	170.8	20	中材国际	43.4

资料来源：The American Enterprise Institute，The Heritage Foundation.

投资多以"绿地投资"为主,规模较小;不仅缺乏资金,而且缺乏管理,受到技术、资本和经营等方面的多重限制,在国际的核心竞争力不强。

1. 参与对外投资的企业普遍规模较大

数据表明,截至2014年,资产规模在1000亿元以上的企业占对外投资总额的59.23%,在500亿元以上的企业更是高达86.97%,而资产规模在5亿元以下的企业占比几乎为零。与大企业相比,中小企业在"走出去"时面临更大的资金瓶颈,往往缺乏市场开拓能力。如果中小企业能够加强沟通协作,形成企业集群,共同到某一地区投资,形成彼此配套的生产服务体系,则能充分发挥规模效应,加快中小企业海外进程,例如,在我国广东东莞、上海昆山和江苏苏州等地都有台商集中的集约式投资群体。

2. 中央审批投资额高于地方政府审批

在对外投资中,由中央负责审批的额度比重较大,而由地方政府主导的比重较小,且在不同行业中呈现较大的差异化。数据表明,截至2014年,由国务院和国务院主管部门负责审批的金额占对外投资总额之比超过50%的行业包括工业、房地产业以及批发和零售业,分别占61.6%、55.2%和53.5%。省级政府审批金额占比最高的行业为农业,高达85.1%,交通运输/仓储和邮政业次之,为44.5%。早在商务部2009年颁布的《境外投资管理办法》中简化了境外投资的核准权限,将85%左右的事项下发给省级政府。若能充分发挥各中央部委在对外投资方面的信息和资源优势,同时地方政府对当地企业"走出去"加强指导和扶持,在一定程度上能够加快我国企业"走出去"的步伐。

3. 国有企业投资所占比重远高于非国有企业

据统计,截至2014年,在农业、工业、交通运输/仓储和邮政业的对外投资企业中,母公司为国有和集体控股的比重均在87%以上;同期母公司为私人控股的投资比重则不足11%。究其原因,主要在于国有企业相比于非国有企业而言,在融资规模、管理水平、人才储备等方面都有着较大优势,而非国有企业的对外投资多以"绿地投资"为主,规模较小;不仅缺乏资金,而且缺乏管理,受到技术、资本和经营等方面的多重限制,在国际的核心竞争力不强。

综上所述,从企业结构来看,我国目前的对外直接投资存在着明显的"大"

与"小"的不均衡,"中央审批"与"地方审批"的不均衡,以及"国有"与"非国有"的不均衡,这些不均衡不仅限制了我国企业"走出去"的步伐,也极大地限制了我国企业"走出去"的领域和空间。

四、本章小结

在"走出去"发展战略规划的指导下,我国的对外直接投资取得了显著的成绩,特别是"十二五"规划出台以来,我国各类型企业纷纷迈出国门,在海外市场扮演着重要角色。2014年,我国对外投资流量和存量都达到了新高,世界排名分别为第3位和第8位。在投资特点方面,我国的对外直接投资明显表现出了政府主导投资、行业多元化、海外并购指向特征明显,获取资源、技术和市场动机明显,海外投资手段和方式多元化的特点。在未来发展趋势方面,首先,一些国内资源、市场缺乏的行业将会是中国企业对外投资的主体。其次,中国海外投资的目的地将会更加分散,遍布全球。再次,民营企业将逐渐成为海外投资的主动力。最后,由于各种原因,我国海外并购成功率依旧较低。

同时,我国的对外直接投资还存在着一些结构性问题。首先在区域结构方面,我国的海外投资热点仍然集中在对发达经济体的投资,而且对自由港的投资比例相对较大,对资源型发展中国家的投资比重则相对较小。其次在产业结构方面,采矿业的海外投资继续保持着强劲势头,制造业虽然并购亮点比较突出,但其投资步伐远远落后于欧美发达国家的投资,现代服务业作为海外投资的重点,其海外投资结构明显不平衡。最后在企业结构方面,我国参与对外直接投资的企业普遍规模较大,国有企业投资比重远高于非国有企业,而且中央审批投资额远高于地方政府审批。

第二篇

对外直接投资区位选择

第四章　中国对外直接投资的区位选择分析
——基于投资区域层面

区位选择一直是研究对外直接投资的重要内容之一，针对我国的对外直接投资，结合第三章提出的我国对外直接投资存在的结构性问题，本书从第四章到第六章将分别从投资区域层面、企业结构层面和产业结构层面对我国企业对外直接投资进行分析。一直以来，很多学者对中国海外投资的区位分析都是集中在不同投资区域的研究之上，在这些研究基础上，第一部分简要回顾我国企业在传统发达国家投资的特点，由于类似文章非常多，不再做详细的实证分析。近些年来，随着新兴经济体的快速发展，我国在此类国家中的投资份额也在逐年增长，第二部分将以金砖国家为主要研究对象，在总结金砖国家整体经贸关系和我国与其他金砖国家合作现状的基础上，结合实际数据进行实证检验。最后，随着"一带一路"倡议的提升，我国企业与"一带一路"沿线国家的经贸往来也越来越频繁，因此，第三部分的主要内容是分析中国企业对"一带一路"沿线国家的直接投资状况。由于我国在"一带一路"沿线国家投资历史比较短，数据不易获得，因此，无法进行实证分析。本书的定性分析主要包括以下六部分内容："一带一路"倡议的提出、沿线国家的基本情况分析、我国与沿线主要国家的合作基础、"一带一路"沿线国家投资需求、我国对"一带一路"沿线国家投资总体状况以及我国对"一带一路"沿线国家投资区域分布。

一、中国企业对发达国家直接投资

（一）中国对发达国家投资现状

截至 2016 年末，我国在发达经济体投资存量为 1913.97 亿美元，占投资存量的 4.1%，其中欧盟为 698.4 亿美元，占发达经济体投资存量的 36.5%；美国为 605.8 亿美元，占 31.7%；澳大利亚为 333.51 亿美元，占 17.4%；加拿大为 127.26 亿美元，占 6.6%；以色列为 42.3 亿美元，占 2.2%；日本为 31.84 亿美元，占 1.7%；挪威为 26.42 亿美元，占 1.4%（见表 4-1）。

表 4-1　2016 年末中国在发达国家（地区）直接投资存量情况

国家、经济体名称	存量（亿美元）	比重（%）
欧盟	698.40	36.5
挪威	26.42	1.4
瑞士	5.76	0.3
美国	605.80	31.7
加拿大	127.26	6.6
澳大利亚	333.51	17.4
新西兰	21.02	1.1
日本	31.84	1.7
以色列	42.30	2.2
百慕大	21.66	1.1
合计	1913.97	100.0

资料来源：《2016 年中国对外直接投资统计公报》。

由于中国对发达经济体投资的行业数据难以找到，因此用对主要发达经济体（美国、欧盟、澳大利亚）投资的行业分布代替。中国对美国投资的主要行业是金融业，其次是制造业、批发和零售业、采矿业。中国对欧盟投资的主要行业是租赁与商务服务业、金融业、制造业、采矿业、批发和零售业。中国对澳大利亚投资的主要行业是采矿业，占中国对澳大利亚总投资的66.8%，其次是租赁与商务服务业、金融业。

（二）中国对发达国家投资的动因

发达国家整体经济发展程度高，居民较为富裕，人均GDP均在10000美元以上，居民消费能力强。另外，美国、加拿大、澳大利亚等国家资源丰富，人口较少。加拿大矿产有60余种，钾、铀、钨、镉、镍、铅储量均居世界前列。原油储量仅次于沙特阿拉伯，居世界第二，其中97%以油砂形式存在。澳大利亚的矿产资源、石油和天然气都很丰富，矿产资源有70余种。其中，铝土矿储量居世界首位，占世界总储量的35%。澳大利亚铝土、钻石、铅、氧化铝、钽等矿产品产量在世界上领先。

发达国家的资源出口既受资源禀赋的影响，又取决于国家战略和技术水平等。从资源出口占发达国家总出口的比重来看，虽然生产基础产品不是发达国家的主要优势，但是资源丰富、占有量高也是发达国家富裕的一个重要原因。澳大利亚、加拿大、希腊、挪威、英国、美国等都是资源储备丰富的国家，矿产品、原油等的出口占其总出口的比重较高，其中澳大利亚资源出口占总出口的64.62%，加拿大资源出口占总出口的36.18%，希腊资源出口占总出口的46.25%，挪威资源出口占总出口的75.19%，其中原油出口占比接近70%。发达国家是否出口资源，主要取决于其资源禀赋，资源丰富的国家一般资源出口占总出口的比例较高，但也受国家资源战略、技术水平等方面的影响。美国资源丰富，矿产资源探明储量居世界首位，煤、石油、天然气、铁矿石、钾盐、磷酸盐、硫黄等矿物储量均居世界前列，是资源大国，但是相比澳大利亚和加拿大，其资源出口较少，大约占总出口的14%。2015年主要发达国家矿产和原油出口占总出口比例如表4-2所示。

发达国家的专利技术水平整体较高，但是也相差较大。2012年授予本地居民专利数前十位的发达国家是日本、美国、德国、法国、丹麦、意大利、英国、奥地利、波兰和芬兰（见表4-3）。其中只有日本和美国的专利数超过了10万

表 4-2　2015 年主要发达国家矿产和原油出口占总出口比例

单位：%

发达国家	矿产品出口/总出口	原油类出口/总出口	资源出口/总出口
澳大利亚	34.27	30.36	64.62
加拿大	7.95	28.23	36.18
希腊	7.31	38.94	46.25
挪威	5.23	69.96	75.19
英国	3.84	13.94	17.78
美国	3.68	10.26	13.94
爱沙尼亚	2.87	15.90	18.77
保加利亚	17.23	16.21	33.44

资料来源：根据世界银行数据整理。

表 4-3　2012 年授予本地居民专利数前十位的发达国家

单位：个

排序	国家	专利数	排序	国家	专利数
1	日本	224917	6	意大利	7084
2	美国	121026	7	英国	4996
3	德国	21485	8	奥地利	4137
4	法国	16220	9	波兰	4795
5	丹麦	10941	10	芬兰	3600

资料来源：根据世界知识产权组织数据整理。

个，德国、法国和丹麦超过 1 万个，其他国家授予本地居民的专利数都少于 1 万个。各国每年授予本地居民的专利数相差较大，排名第一的日本授予本地居民的专利数是排名第三的德国的 10 倍。

中国现在正处于转型升级时期，为了实现产业升级，需要大量的技术。在过去，中国引进技术的主要方式是依靠对内投资（IFDI）的溢出效应。但是，随着中国变得越发富强，中国的产业越来越接近国际产业的前沿，而通过 IFDI 获得技术和管理技能的方式也难以为继。中国现阶段的技术引进、对外直接投资成为获取技术的一种新方式。

以获取技术为目的的对外直接投资主要有两种方式：一种方式是跨国并购，即中国企业通过跨国并购国外效益比较差的公司，获得这些公司所拥有的技术、知识产权、品牌和市场渠道等。另一种方式是在海外设立研发中心，利用东道国的高技术人才和靠近技术前沿的地缘优势，来提升跨国公司的技术水平，创造更多的专利技术（见表4-4）。专利技术可以帮助跨国公司提升在产业链中的地位，加强其在国际和国内的竞争力。跨国公司对国际市场变化的深入了解，使跨国公司能够将国际上最新的技术变化趋势和管理技能等带回国内，有助于跨国公司提升其在本国市场上的竞争力，抵御国外公司入侵。

表4-4 中国在发达国家设立的研发中心

发达国家	中国企业海外R&D机构
美国（21家）	联想硅谷实验室（1992） 联想北卡实验室（2005） 华为硅谷研究所（1993） 华为达拉斯研究所（1999） 海尔硅谷研究所（硅谷，1996） 海尔洛杉矶设计中心（洛杉矶，1999） 中兴美国研究中心（圣地亚哥，1998） 格兰仕美国研究中心（硅谷，1997） 格兰仕美国微波炉研究所（硅谷，1999） 康佳康盛实验室（硅谷，1998） 创维数字技术研究所（硅谷，2000） 海信数字电视实验室（硅谷，2001） 万向集团北美技术中心（芝加哥，2001） Mobicom公司（新泽西，2002） 大连机床英格索尔生产系统公司（美国，2002） 美国华立通信集团（硅谷，2001） TCL美国研发中心（印第安纳州，2004） 长虹—得州联合实验室（得克萨斯州，2004） 南车集团ZELRI-MSU研发中心（密歇根州，2005） 南汽美国研发中心（俄克拉荷马州，2008） 三一重工工程机械研发制造基地（美国佐治亚州，2008）
日本（4家）	联想大和实验室（神奈川，2005） 上海复华中和软件株式会社东京支社（1991） 海尔日本技术中心（东京，1994） 日本方正株式会社（东京，1996）
德国（4家）	大连机床德国兹默曼公司（2004） TCL德国研发中心（2003） 沈阳机床柏林技术公司（2010） 沈阳机床德国希斯公司（2004）
法国（1家）	海尔法国设计中心（里昂，2000）
意大利（1家）	长安汽车海外研究中心（都灵，1999）

续表

发达国家	中国企业海外 R&D 机构
英国（2家）	上汽欧洲研发中心（雷明顿，2006） 南汽英国研发中心（伯明翰，2006）
荷兰（1家）	海尔荷兰研究所（阿姆斯特丹，2000）
加拿大（2家）	海尔加拿大研究所（蒙特利尔，2000） 方正加拿大研究所（多伦多，2001）
瑞典（1家）	华为瑞典研究所（斯德哥尔摩，1999）

资料来源：张兵. 中国制造业对外直接投资的动因、区位选择及绩效 [D]. 天津：南开大学博士学位论文，2013.

二、中国企业对金砖国家直接投资

金砖国家是中国跨国公司融入全球经济发展的重要切入点，目前金砖国家的人口约占世界的 42%，GDP 约占全球的 27%，出口约占发展中国家的 56%。后危机时代，以金砖国家为代表的新兴经济体发展迅速，为及时顺应世界经济格局变化，加大对其他金砖国家的投资力度，不仅是对"走出去"战略的有力支撑，还能有效化解对外投资中因区域集中而导致的投资风险问题。截至 2014 年，我国对其他金砖国家的投资累计达到了 235 亿美元，中国在巴西、俄罗斯、南非和印度货物贸易中占据着非常重要的地位。

（一）金砖国家整体经贸关系

由于政治关系稳定，经济互补性较强，资源、市场和技术比较优势较为明显，金砖国家之间经贸合作关系越来越紧密，彼此互为非常重要的贸易伙伴。中国作为金砖国家的核心代表，与其他金砖国家之间的关系更是彼此关系的典范，中国对其他金砖国家的资源和直接投资具有突出贡献，其他金砖国家从中国进口了大量的制成品，而且彼此之间的技术合作也在加速推进中。

1. 中国与巴西

中国已成为巴西第一大出口目的地和第一大进口来源国。据巴西外贸秘书处统计，2015年，巴西与中国双边货物进出口额为663.3亿美元，同比下降14.9%。其中，巴西对中国出口356.1亿美元，同比下降12.3%，占巴西出口总额的18.6%，提高0.6个百分点；巴西自中国进口307.2亿美元，同比下降17.7%，占巴西进口总额的17.9%，提高1.6个百分点。巴西与中国的贸易顺差为48.9亿美元，同比增长49.4%。虽然双方贸易额在下降，但是贸易份额在增加，巴西对中国贸易的顺差在扩大。

作为金砖国家中唯一的拉美国家，巴西是我国重要的战略合作伙伴，植物产品和矿产品是巴西对中国的主要出口商品。植物产品是巴西对中国出口的主力产品，2015年出口额为158.4亿美元，占巴西对中国出口总额的44.5%。矿产品是巴西对中国出口的第二大类商品，出口额为111.3亿美元，占巴西对中国出口总额的31.3%。纤维素浆、纸张为巴西对中国出口的第三大类商品，出口额为19.9亿美元，占出口总额的5.6%。2015年，巴西对中国出口的运输设备、动物产品、机电产品和金属及其制品等出口增长较快。由于上述产品在巴西对中国出口中所占比重较低，未能弥补主要出口矿产品和植物产品下降的负面影响，这也说明巴西对中国出口的结构在产生变化。

巴西自中国进口的主要商品为机电产品、化工产品和纺织品及原料。2015年，三类产品合计进口204.6亿美元，占巴西进口总额的66.6%。在中国进口大类产品中，只有运输设备、矿产品和植物产品进口实现增长，其他产品进口均出现不同程度下降，其中，第一大类进口产品机电产品进口降幅近25%，是造成巴西全年自中国进口下降的主要原因。总体来看，由于巴西经济不景气，其总体进口下降较多，自中国进口降幅低于其总体进口降幅近10个百分点，巴西自其他主要进口市场进口下降幅度与其总体进口降幅持平或略高。

2. 中国与俄罗斯

中国为俄罗斯第二大出口市场和第一大进口来源地。据俄罗斯海关统计，2015年，中俄双边货物进出口额为635.5亿美元，减少28.1%。其中，俄罗斯对中国出口286.1亿美元，同比减少23.7%，占俄罗斯出口总额的8.3%；俄罗斯自中国进口349.5亿美元，同比减少31.3%，占俄罗斯进口总额的19.2%。俄方贸易逆差63.4亿美元，同比减少52.6%。

2015年，矿产品、木材及其制品和机电制品是俄罗斯对中国出口的主要产品。三类产品出口额分别占俄罗斯对中国出口总额的70.2%、7.9%和5.6%，出口额分别为197.3亿美元、22.2亿美元和15.6亿美元。2015年，俄罗斯对华出口商品增长最快的是动植物油脂，增幅为470.3%，其次为运输设备，增幅为284.2%。贵金属及制品降幅较多，同比下降21.8%。

俄罗斯自中国进口的主要商品为机电产品、纺织品及原料和贱金属及制品。2015年进口额分别为170.5亿美元、31.1亿美元和25.6亿美元，占俄罗斯进口总额的49%、8.9%和7.4%，同比分别减少27.3%、36.9%和35.2%。运输设备的进口额降幅明显，同比下降46%。

3. 中国与南非

中国已成为南非第一大经贸伙伴。据南非税务局统计，2015年南非与中国双边货物进出口额为231.1亿美元，同比下降4%。其中，南非对中国出口74.5亿美元，同比下降13.8%，占南非出口总额的9.1%；自中国进口156.6亿美元，同比增长1.5%，占南非进口总额的18.3%。南非贸易逆差为82.1亿美元，同比增长20.9%。

矿产品一直是南非对中国出口最主要的产品。2015年出口额为44.9亿美元，同比下降22.1%，占南非对中国出口总额的60.3%。矿产品以金属矿砂为主，矿物燃料出口相对较少。贱金属及制品是南非对中国出口的第二大类商品，2015年出口额17.6亿美元，同比增长17.7%，占对中国出口总额的23.7%。纤维素浆及纸张、纺织品及原料为对中国出口的第三和第五大类产品，出口额分别为3.1亿美元和2亿美元，同比下降9.8%和2.7%。此外，贵金属及制品为第四大类出口商品，2015年出口2.3亿美元，同比增长6.2%，占对中国出口总额的3.1%。

南非自中国进口的首要商品为机电产品，2015年进口70.8亿美元，基本上与2014年持平，占南非自中国进口总额的45.2%。此外，纺织品及原料和贱金属及制品分别进口15.1亿美元和14.1亿美元，纺织品及原料下降1.1%，贱金属及制品增长12.3%，两类产品占南非自中国进口总额的9.7%和9%。除上述产品外,化工产品、运输设备和家具玩具制品等也为南非自中国进口的主要大类商品,占南非自中国进口总额的比重均在5%~6%。

4. 中国与印度

中国在印度出口贸易中居第四位,是其第一大进口来源地。据印度商业信息统计署与印度商务部统计,2015年,印度对中国双边货物贸易额为708.3亿美元,同比下降1.1%。其中,印度对中国出口96.9亿美元,同比下降27.2%,占印度出口总额的3.6%,同比下降0.5%;印度自中国进口611.4亿美元,同比增长4.9%,占印度进口总额的15.6%,同比增长3%。印度对中国的贸易逆差为514.5亿美元,同比增长14.4%。

棉花、铜及制品、有机化学品、建筑材料、矿物燃料是印度对中国出口的五大类商品。2015年,印度对中国出口棉花19.9亿美元,同比下降28.9%,仍占印度对华出口总额的20.5%;此外,铜及制品、有机化学品、矿物燃料和建筑材料对中国的出口额分别为12.7亿美元、9.1亿美元、6.4亿美元和5.7亿美元,降幅依次为39.8%、7%、56.6%和11.3%,分别占印度对中国出口总额的13.1%、9.4%、6.6%和5.9%。印度其他对华出口商品还有矿产品、机械设备、动植物油、塑料制品、机械设备、树胶和钢制品等。印度自中国进口的商品主要有机电产品、机械设备、有机化学品、肥料和钢材。2015年印度进口的上述五类商品合计415.6亿美元,占自中国进口总额的68%。除上述商品外,印度自中国进口的商品还有文物制品、塑料制品、珠宝及贵金属制品、船舶、光学仪器制品、家具和纺织品等。

在印度的十大类进口商品中,中国生产的纺织品、机电产品、家具、金属制品、光学仪器和陶瓷等在印度进口的同类商品中占有明显的优势地位;但中国在运输设备、化工产品、贵金属制品、钢材等方面仍面临着来自美国、欧洲各国和日本等发达国家的竞争。

(二) 中国与金砖国家合作现状

1. 中国企业对金砖国家直接投资增长较快

2014年以后,中国已经成为国际直接投资净对外投资国。借助金砖国家合作深入推进的良好局面，中国企业，特别是跨国公司，作为一支重要的经济力量开始在金砖国家开疆拓土，显示出非常大的活力。中国的主要跨国企业在金砖国家几乎都有项目或者业务，贸易与投资以及其他业务合作等在金砖国家都获得了较快发展。

中国企业在金砖国家直接投资增长较快，就存量而言，在金砖国家中，中国对俄罗斯的直接投资接近90亿美元，对南非的直接投资接近60亿美元，对印度的直接投资接近35亿美元，对巴西的直接投资接近30亿美元。对金砖国家直接投资合计超过200亿美元，发展势头迅猛。在2006年，中国对金砖国家的直接投资不足20亿美元，十年间扩大了10倍。

就增量而言，在金砖国家中，中国对俄罗斯的直接投资接近9亿美元，对南非的直接投资接近6亿美元，对印度和巴西的投资约3亿美元，中国对金砖国家的直接投资总额每年超过20亿美元，相当于2006年之前的存量总和。可见这些年我国企业对金砖国家的直接投资增长速度相对较快。除了个别年份出现负增长以外，其余大多数年份增长明显。2006~2014年中国对金砖国家投资情况汇总如表4-5所示。

表4-5　2006~2014年中国对金砖国家投资情况汇总

单位：万美元

年份	投资存量				投资流量			
	巴西	俄罗斯	印度	南非	巴西	俄罗斯	印度	南非
2006	13041	92976	2583	16762	1009	45211	561	4074
2007	18955	142151	12014	70237	5113	47761	2202	45441
2008	21705	183828	22202	304862	2238	39523	10188	480786
2009	36089	222037	22127	230686	11627	34822	-2488	4159
2010	92365	278756	47980	415298	48746	56772	4761	41117
2011	107179	376364	65738	405973	12640	71581	18008	-1417
2012	144951	488849	116910	477507	19410	78462	27681	-81491
2013	173358	758161	244698	440040	31093	102225	14857	-8919
2014	283289	869463	340721	595402	73000	63356	31718	4209

资料来源：《2006~2014年度中国对外直接投资统计公报》。

进口流向方向为政府投资公司的对外直接投资迅速增加，但官方数据资源无疑低估了对外直接投资流量的规模和范围，因为许多中小型企业不总是记录它们的投资。因此，难以准确估计中国跨国公司对金砖国家直接投资的经济影响。尽管原始投资主要通过国有企业（经常是自然资源产业），但随着时间的推移，投资逐渐蔓延到农业、制造业和服务业。

目前，中国在巴西投资的中国企业大约有200家，中资企业对巴西的投资日趋活跃。2015年，中国对巴西投资净额为8亿美元，投资存量达到30亿美元，涉及汽车、能源、电子、机械设备、金融、基建、矿产以及通信等多个领域。中国（巴西）投资开发贸易中心、百度和中国工商银行（巴西）是三家具有代表性的中资企业。2016年巴西塞阿拉州Hapvida公司投资700万雷亚尔用于建设南美洲第一大公共汽车租借服务项目。中国新大洋集团知豆系列电动车和比亚迪E6电动车也加入了该计划。同年6月21日，中国格力空调巴西公司与里约奥组委签约，正式成为里约奥运会官方供应商。格力是继361°运动品牌之后第二家获得此资格的中国企业，也是中国唯一一家获此资格的制造企业。国家电网早在2010年就已经进军巴西市场，当时该公司以10亿美元收购了巴西东南部七家小型电力输送公司。目前，中国国家电网正争取巴西电力公司及其一家上市子公司股东的支持，规模达到130亿美元的交易将为巴西带来一笔新的外国资本。

中国已经连续七年成为南非的最大贸易伙伴、出口市场和进口来源地，"一带一路""朋友圈"使得南非成为未来十年里五个重点获益国家之一。中国企业在南非也取得了良好的发展。以中国工程机械领先企业——三一重工股份有限公司（简称三一）为例，经过十年的发展，三一南非子公司累计销售超2亿美元，设备保有量超过1000台套，并参与了南非重点建设项目，深受当地市场信赖。

印度市场广阔、人口众多，基础设施投资需求很大，对中国企业来说具有很大的吸引力，尤其是在公路、铁路、通信、电站等方面的公共基础设施，同时印度也希望外资帮助获得上述设施的生产能力。2014年印度出台了"在印度制造"系列新政策，致力于增强在印度投资兴业的吸引力，给有意投资的国内外企业提供一站式服务，并改革劳动法律和税收，简化审批程序，吸引各界在印度投资设厂，扩大当地就业。新政策主要涉及 25 个行业，包括汽车、化工、制药、纺织、信息技术、港口、航空、旅游、铁路、再生能源、采矿以及电子产业等。这些都是中国企业具有比较优势的产业，但印度的国家安全审查较为严格，对中国的贸易和投资限制措施较多，中国企业在印度发展并不顺利。

目前，俄罗斯希望能够与中国在技术层面深入合作，不仅是购买能源和资源，而是应该开始实质性融合发展。当前，俄罗斯将构建欧亚经济联盟作为对中国外交政策重点，2016 年 9 月的俄罗斯总统访华的重点目标依然是继续推动欧亚经济联盟与"丝绸之路经济带"的对接。中国在独联体国家是俄罗斯强大的竞争对手，尤其是在土库曼斯坦和哈萨克斯坦，借助内部一体化及其与中国的合作，能够避免与中国在这一地区的商品、投资竞争，更多地发挥互补性优势，借助中国的力量和资源强化这一地区的经济纽带和控制力，中国企业在俄罗斯面临新的发展机遇。

2. 中国跨国公司在金砖国家的影响力越来越大

经过多年的耕耘，中国跨国公司被越来越多的金砖国家企业认可，在金砖国家中取得许多成功案例，其影响力也越来越大。

南非现在正在吸引越来越多的中国企业，如腾讯、晶科能源、一汽、完美等中国跨国企业。随着中南两国交流的深入，更多的中国企业会加入其中。中国公司在南非的传统项目聚焦在制造、能源等行业。晶科能源在南非开普敦设立的太阳能组建工厂投资约合 750 万美元，年产能 120 兆瓦，创造 250 多个本地就业机会。

中国能源企业在金砖国家具有相当大的影响力，中石油、中石化、中海油在金砖国家均有投资，合作卓有成效。三峡集团中标巴西两座水电站特许经营权，拓展除能源以外的其他领域。

在巴西里约奥运会举办期间，中国跨国公司更是随处可见，国家电网为奥运供电，中国华为提供奥运通信，中国中车提供奥运地铁，中国机械参与奥运建设，三一重工、徐工集团、柳工集团、中联重科等中国机械企业凭借 80% 以上的当地市场份额，参与住宅与场馆建设。除此之外，生活领域的运动品牌 361° 提供奥运服饰，包括奥运会、残奥会和测试赛的所有志愿者、技术人员以及火炬接力人员的服装。中国家电品牌格力是里约奥运会官方供应商。格力通过了来自奥组委对格力公司的生产管理、社会责任和可持续发展等方面的评估和审核。美的中央空调进驻了 24 个场馆和附属设施。同方威视、浙江大华等为里约奥运会提供 X 射线安检设备和视频监控产品。浙江大华同时为奥运安保工作提供视频监控产品，其人脸识别等先进技术为奥运安保服务提供信息支持。此外，中海集团还为奥运会提供渡轮渡人。

3. 中国企业成为促进金砖国家经济增长的重要力量

中国企业对金砖国家投资包括矿产资源的开发、生产能力合作和帮助促进区域一体化。成效最明显的是南非和巴西，两国的石油和采矿行业在中国企业的帮助下得到快速发展，中国企业在金砖国家投资的结果是促进了南非和巴西矿产资源的产量、出口和加工能力的大幅度提高。同时，中国跨国公司的投资也强化了这些国家地方政府的议价能力，帮助它们在与外国公司谈判中获得更有利的合同。这些额外收入有助于国际收支状况的平衡，给予这些国家政府更多的财政空间去进行更亟须的社会和基础设施建设。

中国跨国公司的投资使这些国家拥有更加可靠的运输网络，为其产品出口带来更好的通信联系，有利于将资源开采以及类似的工业设施包括物流网络联结起来，如冶炼厂，从而扩大经济规模，形成积极的网络外部性。同时，也进一步加强技术升级和就业许可，得到相互支持，更容易协调生产。即使整体投资的环境并不有利，但因为可以一起与当地政府协商，从而节约运营成本，有利于当地企业的效益提升。

4. 中国企业与金砖国家合作存在的问题

由于中国跨国公司在海外的发展刚刚起步，对投资东道国经济政策和发展理念缺乏足够的了解，导致在具体业务合作中容易遇到法律、本土化、政策冲突等问题，在一定程度上制约了发展步伐，甚至大大增加了成本。根本原因在于国家层面的合作机制尚未传达到企业层面，企业之间也缺乏良好合作，尚未形成合力，国内相关跨国发展的行业组织或政策服务体系依然需要加强。

（1）政策和理念冲突。印度对跨国公司进入本国采取逐步开放的政策，但是依然通过贸易救济措施设置投资障碍。俄罗斯在贸易和投资便利化方面存在很多欠缺，通关效率较低。南非对海外投资也有一些特殊要求，跨国公司要想投资南非，南非当地政府要拿取中方投资的26.7%干股。这一政策导致国内一些企业不理解，产生疑惑，例如，中国陕西西安中兴恒泰公司曾考察了南非数次，但不敢投资南非矿产，因为不了解当地的法律法规，尤其是当地的祖鲁族。巴西政府制定了严格、细致的劳工法律法规，保障劳工权益。企业稍有不慎，就会陷入劳工纠纷或受到行政处罚，蒙受不必要的损失。巴西员工在工作内容界定、度假、工资、福利等方面都很明确且规范。巴西企业的劳工成本负担非常高，除须按月支付员工的薪资外，每月还要将相当于70%~102%员工薪资额的费用缴纳给政府。中资企业进入巴西，首先面临的问题就是如何解决劳动力问题，如巴西管理人员、普通职员招聘、劳动合同签署与劳动纠纷的解决等。

（2）跨国公司与现有合作机制对接不足。当前已经出现了印度—巴西—南非（印巴南，IBSA）基金，包括印度、巴西和南非，目标在于缓解南方国家的贫穷与饥饿。以后IBSA基金将扩大其合作伙伴关系，包括中国和俄罗斯的"金砖国家"名字，作为金砖国家基金，旨在促进经济增长和金融稳定。新的经济转型和官方发展援助的转移，使发展中国家在南方成为援助和投资的受益人，所有这些因素强烈催化金砖国家呼吁调整政策与正在进行的改造应充分考虑国际经济和金融结构。金砖国家宣布2016年金砖国家开发银行投资1000亿美元，主要目的是在发展中国家资助重大基础设施项目，其中一半的资金将用于基础设施项目的建设。

（3）中国跨国公司之间尚未形成合力。中国跨国公司多是具有国资背景的企业，在"走出去"过程中，在一定程度上含有顺应政策需要的政治考量，缺乏详细的谋划与探索。而且，彼此之间各自为政，缺少策略协调，在同一领域甚至存在竞争，形成内耗。例如，吉利控股、中化、中国远洋、中海油、中兴通讯等企业已经具备了很强的跨国发展实力，但是，这些企业对其他有意向开拓国际市场的企业缺乏制度和理念扶持，很少输出自己的经验，减少同类企业的探索成本，也很少有企业将自己跨国发展的案例梳理出来为其他企业提供借鉴。这无形中扩大了中国跨国公司去金砖国家发展的前期成本投入。

（4）跨国公司国际化发展服务体系尚不完备。中国企业在金砖国家的合作仍然处于探索阶段，在巴西、俄罗斯、印度和南非的市场开拓依然是各自割裂开来的，缺少通盘考虑，国内已有的贸易投资促进机构也是各个国家开设的办事处，缺乏整体的开发思路和咨询建议，无法提供完备的成建制的金砖国家发展路径。在商业人才、法律服务、本土化管理等方面依然缺少来自政府、中介机构、行业组织的治理支持和引导，处于盲人摸象、粗放型单兵推进状态。美国、日本则有专门的贸易投资促进机构，尤其是中小企业跨国合作的政策服务体系较为完备，未来应强化相关服务体系。

（三）中国企业在金砖国家投资的实证检验

1. 提出假设

结合 Dunning 的国际生产折衷理论，传统的对外直接投资区位投资动机包含以下四种：市场寻求动机、自然资源寻求动机、效率寻求动机和战略资产寻求动机（Dunning，1993）。同时，越来越多的学者通过大量的实证研究表明，上述四种动机也统一适用于中国跨国公司的对外投资，但更多的企业投资动机更明显地表现为寻求市场、寻求自然资源和寻求战略资源，还不能充分证明中国企业的对外直接投资更多的是寻求效率。同时，大量的实证研究也已经明确了东道国市场规模与外国直接投资流量之间的正相关（Bevan & Estrin，2004）。对于中国企业来说，与经济增长缓慢或停滞不前的经济相比，金砖国家快速发展的成员可以为跨国公司提供更多的机会获得优势。首先，经济快速增长伴随着产品和服务总需求水平的提高，从而导致更多的外国直接投资流入。经济开放也是中国对外直接投资的重要影响因素，作为开放程度较高的金砖国家，经济往往能适应全球生产贸易发展格局。因此，开放性也用于评估寻求市场投资的潜力。其次，由于中国自然资源稀缺，特别是与南非和巴西的矿产储量、俄罗斯的原油和巴西的热带森林相比，越来越多的中国企业投资寻求自然资源。最后，根据最新研究，中国企业 ODI 行为的主要原因之一是弥补自身的竞争劣势，以便与发达国家竞争。所以，针对我国在金砖国家投资，本部分提出以下假设：

假设 4-1：在市场规模更大、增长更快、开放程度更高的东道国中，中国企业投资的可能性将增加。

假设 4-2：在拥有丰富自然资源的东道国中，中国企业投资的可能性将会增加。

假设 4-3：在拥有更多战略资产的东道国中，中国企业投资的可能性将增加。

此外，在过去的几年中，制度视角已经成为分析新兴经济体或转型经济体公司战略决策的最合适的理论框架之一（Peng, Wang & Jiang, 2008）。制度体系不仅是背景条件，对于那些新兴经济体的公司在不断地寻求国际化，不断地进入别的新兴经济体或者更加发达国家市场等类似的现象，它可能会给我们提供坚实的基础去解释这些现象（Wright, Filatotchev, Hoskisson & Peng, 2005）。

与单一制度背景相比，多样的制度背景对于跨国公司营销来说，更为重要（Meyer, Estrin, Bhaumik & Peng, 2009）。正式和非正式的制度不仅影响公司如何选择进入经济体，而且影响公司是否在特定国家设立公司的决定，因此制度因素在定位决策中发挥着越来越重要的作用。制度因素不同，在某些地区的经营成本也就不同，而这一切都会影响跨国公司各个方面的举措，包括选址（Henisz & Swaminathan, 2008）。根据制度理论，公司根据机构和组织本身之间的相互作用进行战略选择，并尝试从东道国的规章制度中获得制度合法性（Cui & Jiang, 2009）。因此，从制度因素的角度出发，提出以下三个假设：

假设 4-4：中国企业倾向于与投资有利的东道主国家做生意。

假设 4-5：中国企业往往投资于具有较高政治和法律风险的东道国。

假设 4-6：中国企业倾向于投资具有相似文化背景的东道国。

2. 变量选取和数据采集

因变量 ODI 由东道国在特定年份接受的中国投资流量来表示。自变量的选取主要基于 Dunning（1976）在国际生产折衷理论中关于对外投资动机的描述，主要包括市场寻求型（Market-seeking）、资源寻求型（Resource-seeking）、战略资产寻求型（Strategy Asset-seeking）投资和效率寻求型（Efficiency-seeking）投资。但现有关于分析中国 ODI 的主要文献（Buckley et al., 2007; Cheng & Ma, 2008; Cheung & Qian, 2008; Kolstad & Wiig, 2010）更多地关注前三种投资动机，而由于中国相对较低的劳动力成本（Amighini et al., 2011），寻求效率型动机在中国企业的 ODI 表现不太明显。因此提出以下解释变量：

(1) 市场因素变量 GDP 和 GDPG：①用东道国每年 GDP（现价美元）的对数来测量东道国的市场规模；②用东道国 GDP 增长率来测量东道国的市场发展潜力和吸引力。虽然已有很多文献证明东道国的市场变量对中国 ODI 的增加有着明显的促进作用，但是分行业的市场依赖还未被证明。

(2) 能源因素变量（Energy）：实证研究表明，丰富的自然资源禀赋是吸引中国企业对外投资的重要原因（Kolstad & Wiig, 2012）。与传统文章中采用铁矿石出口比例作为能源替代变量不同的是，由于本书所选采矿业数据中石油天然气企业比例较高，因此用东道国能源净进口占能源使用量（石油当量）的百分比来衡量东道国的能源禀赋程度。若该变量值为负，意味着东道国为资源丰富的石油出口国家；反之，为资源相对匮乏的石油进口国。

(3) 战略资源变量（Patent）：表示东道国战略资源禀赋程度，以该国当年非居民专利申请的对数来衡量。由于中国的部分企业对外投资是为了获得东道国的先进技术或提高本企业的技术水平，因此战略资源禀赋越高，对中国的直接投资吸引力越大。

(4) 营商环境（Business）：根据世界银行发布的营商环境报告，营商环境指数排名越高或越靠前，表明该国从事企业活动条件越宽松。相反指数排名越低或越靠后，则表明在该国从事企业经营活动越困难。根据假设，中国企业的 ODI 与该指标是正相关。

(5) 政治风险（Prisk）：与 Buckley（2007）和 Duanmu（2011）相同，东道国政治风险用国际风险指数（ICRG）中的政治风险排名来表示。ICRG 政治风险评估方法预先设定了 12 项政治风险影响因素并赋予相应分值，以此对 ICRG 所涵盖的国家的政治稳定情况进行比较评估。得分较低的国家风险较高，得分较高的国家风险较低。

(6) 文化差异（Cultural）：在 Hofstede 的国家文化指数的基础上，借鉴 Kought 和 Singh 的做法，按下式就计算出两国之间的文化距离：

$$CD_j = \frac{1}{4} \sum_{i=1}^{4} \frac{(I_{ij} - I_{ic})^2}{V_i} \qquad (4-1)$$

其中，CD_j 表示我国与东道国 j 之间的文化距离，I_{ij} 表示东道国 j 在第 i 个文化维度指标值，I_{ic} 表示我国在第 i 个文化维度指标值，V_i 表示第 i 个文化维度指标值的方差。

（7）双边贸易（Biltrade）：依据 Bevan 和 Estrin（2004）、Buckley 等（2007），用东道国与中国之间的贸易总额占东道国国际贸易总额的比例来衡量两国的经济关联程度。如果两国之间的经济关联度越大，收购企业对被收购企业所在国的经济环境越熟悉，这使得收购者能够较快、较准确地收集到收购目标的信息，并能正确预测出达成交易可能遇到的障碍，从而使得收购得以顺利进行。因此在其他条件相同的情况下，本书认为中国企业对外投资时多选择与中国经济关联程度强的东道国。以上数据来源于国家统计局和 UNCTAD。变量及数据来源如表 4-6 所示。

表 4-6 变量及数据来源

变量	含义	数据来源
ODI	中国对东道国的投资流量	SSBC
GDP	东道国 GDP（单位：美元）	世界银行发展指标
GDPG	东道国 GDP 增长率（%）	世界银行发展指标
Energy	能源进口/能源使用×100%	世界银行发展指标
Patent	非居民专利申请数量	世界银行发展指标
Business	营商环境排名（排名越高，说明营商环境越好）	世界银行发展指标
Openness	FDI 净流量/GDP×100%	UNCTAD
Cultural	东道国与中国的文化差异	http://www.geert-hofstede.com
Biltrade	中国与东道国的贸易量/东道国贸易总量	UNCAT 和国家统计局
Prisk	东道国政治风险评分	ICRG

3. 模型设定和结果分析

本章节的实证分析数据来源于《中国对外直接投资统计公报》，因变量为 2003~2014 年中国对其他金砖国家的投资流量；自变量为表 4-6 中的相关变量。结合面板数据，提出以下估计方程：

$$\ln ODI_{jt} = \alpha_{jt} + \beta_1 \ln GDP_{jt} + \beta_2 GDPG_{jt} + \beta_3 openness_{jt} + \beta_4 energy_{jt}$$
$$+ \beta_5 patent_{jt} + \beta_6 business_{jt} + \beta_7 prisk_{jt} + \beta_8 cultural_{jt}$$
$$+ \beta_9 biltrade_{jt} + \mu_j + \varepsilon_t \qquad (4-2)$$

其中，j = 1，2，3，⋯表示第 j 个东道国；t = 2003，⋯，2012 代表样本

周期。

在进行面板数据分析时,首先验证了随机效应模型,由于 Hausman 检验的结果证明拒绝原假设,因此又进行了添加固定效应的面板回归模型,建模结果如表 4-7 所示。结合表中的结果,与假设中的描述一致,在传统的经济因素变量中有 Openness 和 Energy 两个变量通过了显著性检验,Openness 在 10% 的显著性水平下显著,这说明我国企业在金砖国家投资时比较倾向于在外资开放程度较高的国家投资,而且其他四个金砖国家的确也是经济开放程度较高的国家;与传统描述东道国市场容量的变量(市场规模和增长率,GDP 和 GDPG)相比,我国在金砖国家投资时,可能更加注重的是东道国的投资潜力,而非现有的市场容量,更多关注市场的扩张能力,因此,金砖国家要想提高中国的投资力度,必须着力提高该国的对外开放能力。

表 4-7 固定效应建模结果

	变量	系数
Trational Economic Factors	GDP	0.342 (0.723)
	GDPG	0.002 (1.235)
	Openness	3.467* (1.876)
	Energy	−0.481*** (−2.014)
	Patent	0.033 (1.267)
Institutional Factors	Business	−0.673*** (−3.178)
	Prisk	0.579*** (7.273)
	Cultural	−3.612*** (−3.857)
	Biltrade	1.286*** (2.333)
R^2		0.785
D-W		3.463
F		53.567

注:括号内为 t 统计值;*** 和 * 分别代表 1% 和 10% 的置信水平。

Energy 变量在 1% 的置信水平下显著,这也表明了我国企业海外投资时的资源寻求动机比较明显,这也的确与金砖国家丰富的自然资源密切相关。的确,中国过去 30 年的经济增长速度和对未来的预计增长都意味着对自然资源的持续需求。

在建模结果中有个有趣的发现，就是中国在对金砖国家投资时的寻求战略资源动机并不明显，因为建模结果中的 Patent 变量并不显著。这也许是因为，与其他四个金砖国家相比，中国相对来说是更大的发展中经济体，在战略资源方面更加具有优势，因此，这也从侧面解释了这些金砖国家更希望我国在其进行投资的原因。

关于代表制度因素的四个变量，建模结果显示这四个变量（Business，Prisk，Cultural，Biltrade）均在 1% 的显著性水平下显著，这也说明了制度因素是影响中国在其他金砖国家投资的重要因素。但是这个制度变量对对外投资的影响作用方向并不一致，比如营商环境和文化距离变量系数为负，而政治风险和双边贸易量为正。具体对制度因素的分析会在本书的第七章到第九章详细介绍。总体来说，我国企业对金砖国家的投资，除了受传统经济变量影响之外，更多地会受制度因素影响。这一结论也验证了中国企业海外投资失败的真实案例，也唤起了学者们对制度因素的研究。

三、中国企业对"一带一路"沿线国家直接投资

（一）"一带一路"倡议的提出

在"一带一路"提出之前，沿线有关国家已经有了贸易往来和相互投资，但总体投资水平不高，在中国对外直接投资总量中占比较低，投资布局的战略性和协同性不强。随着中国经济增长和对外直接投资水平的提升，为获取资源优势和区位优势，中国企业逐步加大对"一带一路"沿线国家的投资。

2013 年 9 月，国家主席习近平在访问哈萨克斯坦时提出共同建设"新丝绸之路经济带"，10 月在访问印度尼西亚时提出共同建设"21 世纪海上丝绸之路"，"新丝绸之路经济带"与"21 世纪海上丝绸之路"合称为"一带一路"。2013 年 11 月中共十八届三中全会召开，"一带一路"倡议正式被纳入国家对外开放倡

议。2014年11月4日，中央财经领导小组第八次会议召开，主题是研究"一带一路"倡议、建设亚洲基础设施投资银行和设立"丝路"基金。2014年12月9日，中央经济工作会议召开，会议提出未来一段时期，经济工作的重点任务之一就是要实施"一带一路"倡议。2015年3月28日，国家发改委、外交部、商务部联合发布《推动共建丝绸之路经济带和21世纪海上丝绸之路的愿景与行动》，标志"一带一路"建设正式启动，"一带一路"的主要内容是政策沟通、设施联通、贸易畅通、资金融通和民意相通的"五通"，战略目标是与沿线国家共建利益共同体、责任共同体和命运共同体。

在"一带一路"倡议提出后，我国相继出台了培育外贸竞争优势、国际产能合作和制造业强国战略等政策规划。2015年5月8日，国务院发布《中国制造2025》，提出深化产业国际合作，加快企业"走出去"。主要包括：积极参与和推动国际产业合作，落实"丝绸之路经济带"和"21世纪海上丝绸之路"等重大战略部署，加快推进与周边国家互联互通基础设施建设，深化产业合作；发挥沿边开放优势，在有条件的国家和地区建设一批境外制造业合作园区；坚持政府推动、企业主导、创新商业模式，鼓励高端设备、先进技术、优势产能向境外转移；加强政策引导，推动产业合作由加工制造环节为主向合作研发、联合设计、市场营销、品牌培育等高端环节延伸，提高国际合作水平。2015年5月12日，国务院发布《关于加快培育外贸竞争新优势的若干意见》，提出提升"一带一路"沿线国家经贸合作水平，主要内容包括深化贸易合作、拓展产业投资和优化沿线国家经贸发展格局。

(二)"一带一路"沿线国家基本情况

1. "一带一路"范围

"一带一路"涵盖了众多的欧亚国家，大致分为陆路和水路两个部分，即"丝绸之路经济带"范围和"21世纪海上丝绸之路"。

"丝绸之路经济带"的范围有狭义、中义和广义之分，狭义的"丝绸之路经济带"是以古丝绸之路核心地段或者说枢纽地段作为基础而划分的经济带，包括中国和中亚五国，是"丝绸之路经济带"建设的起点。中义的"丝绸之路经济带"以横亘亚欧的现代"丝绸之路"——亚欧大陆桥为纽带，囊括沿线主要国家，但不包括欧盟28国。从东到西，属于这条经济带的国家分别是中国、蒙古、缅甸、孟加拉国、印度、巴基斯坦、阿富汗、中亚五国，伊朗、伊拉克、叙利亚、约旦、以色列、阿塞拜疆、格鲁吉亚、亚美尼亚、俄罗斯、乌克兰和白俄罗斯，这也是"新时期丝绸之路经济带"建设的重点。广义的"丝绸之路经济带"，包括亚欧大陆桥沿线国家，它将欧盟28国涵盖其中，由总数超过50个的国家支撑。

"21世纪海上丝绸之路"包括东盟航线（涉及越南、菲律宾、马来西亚、文莱、印度尼西亚、泰国、新加坡、柬埔寨、缅甸9国，不过一般把老挝加入，称东盟10国）、南亚及波斯湾航线（涉及孟加拉国、斯里兰卡、印度、巴基斯坦、伊朗、伊拉克、科威特、沙特阿拉伯、卡塔尔、巴林、阿拉伯联合酋长国、阿曼12个国家）、红海湾及印度洋西岸航线（涉及也门、埃及、苏丹、厄立特里亚、吉布提、索马里、肯尼亚、坦桑尼亚、莫桑比克9国）沿岸国家，"21世纪海上丝绸之路"，除中国外涉及31个国家。

通过查阅官方公布的资料，对"一带一路"沿线国家的数量和具体名单，官方并未有严格和明确的界定，本书根据"一带一路"范围的描述，结合地理和地缘因素，界定"一带一路"沿线国家为65个，其中包括东亚：蒙古；东南亚：东盟10国；南亚：8国；中亚：5国；西亚和北非：18国；俄罗斯和独联体：7国；中东欧：16国。

2."一带一路"沿线国家基本情况

"一带一路"沿线65个国家的经济、人口、土地及区域分布情况如表4-8所示。

表4-8 "一带一路"沿线65个国家基本情况

序号	国家	2014年GDP（亿美元）	2014年末人口总数（人）	2014年末土地面积（平方公里）	区域
1	阿富汗	200.38	31627506	652860	南亚
2	阿尔巴尼亚	132.12	2894475	27400	中东欧
3	阿拉伯联合酋长国	3994.51	9086139	83600	西亚
4	亚美尼亚	116.44	3006154	28470	独联体

续表

序号	国家	2014年GDP(亿美元)	2014年末人口总数(人)	2014年末土地面积(平方公里)	区域
5	阿塞拜疆	751.98	9537823	82659	独联体
6	孟加拉国	1728.87	159077513	130170	南亚
7	保加利亚	567.17	7223938	108560	中东欧
8	巴林	338.51	1361930	770	西亚
9	波斯尼亚	182.86	3817554	51200	中东欧
10	白俄罗斯	761.39	9470000	202910	独联体
11	文莱	171.05	417394	5270	东盟
12	不丹	19.59	765008	38117	南亚
13	塞浦路斯	232.26	1153658	9240	西亚
14	捷克共和国	2052.7	10510566	77230	中东欧
15	阿拉伯埃及共和国	2865.38	89579670	995450	西亚
16	爱沙尼亚	264.85	1313645	42390	中东欧
17	格鲁吉亚	165.3	4504100	69490	独联体
18	希腊	2355.74	10957740	128900	西亚
19	克罗地亚	571.13	4238389	55960	中东欧
20	匈牙利	1383.47	9861673	90530	中东欧
21	印度尼西亚	8885.38	254454778	1811570	东盟
22	印度	20485.17	1295291543	2973190	南亚
23	伊朗	4253.26	78143644	1628550	西亚
24	伊拉克	2235.08	34812326	434320	西亚
25	以色列	3056.75	8215300	21640	西亚
26	约旦	358.27	6607000	88780	西亚
27	哈萨克斯坦	2178.72	17289111	2699700	中亚
28	吉尔吉斯斯坦	74.04	5834200	191800	中亚
29	柬埔寨	167.78	15328136	176520	东盟
30	科威特	1636.12	3753121	17820	西亚
31	老挝	119.97	6689300	230800	东盟
32	黎巴嫩	457.31	4546774	10230	西亚
33	斯里兰卡	788.24	20639000	62710	南亚
34	立陶宛	483.54	2929323	62675	中东欧
35	拉脱维亚	312.87	1990351	62190	中东欧

续表

序号	国家	2014年GDP（亿美元）	2014年末人口总数（人）	2014年末土地面积（平方公里）	区域
36	摩尔多瓦	79.62	3556400	32880	独联体
37	马尔代夫	30.62	401000	300	南亚
38	马其顿王国	113.24	2075625	25200	中东欧
39	缅甸	643.30	53437159	653080	东盟
40	黑山	45.88	621800	13450	中东欧
41	蒙古	120.16	2909871	1553560	东亚
42	马来西亚	3381.04	29901997	328550	东盟
43	尼泊尔	197.7	28174724	143350	南亚
44	阿曼	817.97	4236057	309500	西亚
45	巴基斯坦	2436.32	185044286	770880	南亚
46	菲律宾	2847.77	99138690	298170	东盟
47	波兰	5449.67	37995529	306210	中东欧
48	卡塔尔	2101.09	2172065	11610	西亚
49	罗马尼亚	1990.44	19910995	230030	中东欧
50	俄罗斯联邦	18605.68	143819569	16376870	独联体
51	沙特阿拉伯	7462.49	30886545	2149690	西亚
52	新加坡	3078.6	5469700	707	东盟
53	塞尔维亚	438.66	7129428	87460	中东欧
54	斯洛伐克	1002.49	5418506	48088	中东欧
55	斯洛文尼亚	494.91	2062218	20140	中东欧
56	阿拉伯叙利亚共和国	0	22157800	183630	西亚
57	泰国	4048.24	67725979	510890	东盟
58	塔吉克斯坦	92.42	8295840	139960	中亚
59	土库曼斯坦	479.32	5307188	469930	中亚
60	土耳其	7984.29	75932348	769630	西亚
61	乌克兰	1318.05	45362900	579320	独联体
62	乌兹别克斯坦	626.44	30757700	425400	中亚
63	越南	1862.05	90730000	310070	东盟
64	也门	—	26183676	527970	西亚
65	巴勒斯坦	—	—	—	西亚

资料来源：根据世界银行数据库提供有关数据整理，该数据库未给出巴勒斯坦有关数据。

根据世界银行数据库提供的有关数据计算,除中国外,"一带一路"沿线 65 个国家 2014 年国内生产总值约为 13.2 万亿美元,占当年全球经济总量的 16.78%。截至 2014 年末,"一带一路"沿线 65 个国家土地面积为 4063 万平方公里,人口约为 31.64 亿,分别占全球总量的 4.54% 和 44.78%。可以看出,"一带一路"国家人口集中度高,但经济规模总量不高,有很大的投资和发展潜力,对全球经济贡献的潜力有待进一步发掘。"一带一路"沿线国家既有发达国家也有发展中国家,既包括高收入国家也包括低收入国家,在经济实力、地理环境、产业特征、科技创新及要素禀赋等方面都存在着巨大的差异。

3. "一带一路"沿线国家所属区域层次划分

白永秀等(2014)根据"由近及远、由易到难"的建设推进原则,将中国"丝绸之路经济带"上的国家按照其空间范围划分为"核心区""扩展区""辐射区"三大区域层次。根据白永秀的界定,"一带一路"国家包括中国在内共有 64 个国家,其中核心区 7 个,扩展区 9 个,其余 48 个国家均处于辐射区。本书结合此划分并进行适当调整,最终确定"一带一路"沿线 65 个国家中核心区 22 个,扩展区 14 个,辐射区 29 个,不同国家所处区域层级如表 4-9 所示。

表 4-9 "一带一路"沿线国家区域层级分布情况

所属层次	序号	国家	"沿带"或"沿路"情况		
核心区	1	阿联酋	海上丝绸之路	丝绸之路经济带	交汇点
	2	埃及	海上丝绸之路	丝绸之路经济带	交汇点
	3	俄罗斯	丝绸之路经济带		
	4	菲律宾	海上丝绸之路		
	5	哈萨克斯坦	海上丝绸之路		
	6	吉尔吉斯斯坦	海上丝绸之路		
	7	柬埔寨	海上丝绸之路		
	8	卡塔尔	海上丝绸之路	丝绸之路经济带	交汇点
	9	科威特	海上丝绸之路	丝绸之路经济带	交汇点
	10	马来西亚	海上丝绸之路		
	11	缅甸	海上丝绸之路		
	12	沙特阿拉伯	海上丝绸之路	丝绸之路经济带	交汇点

续表

所属层次	序号	国家	"沿带"或"沿路"情况		
核心区	13	塔吉克斯坦	丝绸之路经济带		
	14	泰国	海上丝绸之路		
	15	土库曼斯坦	丝绸之路经济带		
	16	乌兹别克斯坦	丝绸之路经济带		
	17	新加坡	海上丝绸之路		
	18	伊拉克	海上丝绸之路	丝绸之路经济带	交汇点
	19	伊朗	海上丝绸之路	丝绸之路经济带	交汇点
	20	印度	海上丝绸之路	丝绸之路经济带	交汇点
	21	印度尼西亚	海上丝绸之路		
	22	越南	海上丝绸之路		
扩展区	23	阿富汗	丝绸之路经济带		
	24	阿曼	海上丝绸之路	丝绸之路经济带	交汇点
	25	巴基斯坦	海上丝绸之路	丝绸之路经济带	交汇点
	26	巴林	海上丝绸之路	丝绸之路经济带	交汇点
	27	白俄罗斯	丝绸之路经济带		
	28	老挝	海上丝绸之路		
	29	蒙古	丝绸之路经济带		
	30	孟加拉国	海上丝绸之路		
	31	摩尔多瓦	丝绸之路经济带		
	32	斯里兰卡	海上丝绸之路		
	33	文莱	海上丝绸之路		
	34	乌克兰	丝绸之路经济带		
	35	亚美尼亚	丝绸之路经济带		
	36	也门	海上丝绸之路	丝绸之路经济带	交汇点
辐射区	37	阿尔巴尼亚	丝绸之路经济带		
	38	阿塞拜疆	丝绸之路经济带		
	39	爱沙尼亚	丝绸之路经济带		
	40	巴勒斯坦	丝绸之路经济带		
	41	保加利亚	丝绸之路经济带		
	42	波黑	丝绸之路经济带		
	43	波兰	丝绸之路经济带		

续表

所属层次	序号	国家	"沿带"或"沿路"情况		
辐射区	44	不丹	海上丝绸之路		
	45	格鲁吉亚	丝绸之路经济带		
	46	黑山	丝绸之路经济带		
	47	捷克	丝绸之路经济带		
	48	克罗地亚	丝绸之路经济带		
	49	拉脱维亚	丝绸之路经济带		
	50	黎巴嫩	丝绸之路经济带		
	51	立陶宛	丝绸之路经济带		
	52	罗马尼亚	丝绸之路经济带		
	53	马尔代夫	丝绸之路经济带		
	54	马其顿	丝绸之路经济带		
	55	尼泊尔	丝绸之路经济带		
	56	塞尔维亚	丝绸之路经济带		
	57	塞浦路斯	丝绸之路经济带		
	58	斯洛伐克	丝绸之路经济带		
	59	斯洛文尼亚	丝绸之路经济带		
	60	土耳其	丝绸之路经济带		
	61	希腊	丝绸之路经济带		
	62	匈牙利	丝绸之路经济带		
	63	叙利亚	丝绸之路经济带		
	64	以色列	丝绸之路经济带		
	65	约旦	丝绸之路经济带		

根据以上调整，"一带一路"沿线核心区的22个国家主要分布在东南亚、中亚及西亚地区；扩展区14个国家主要分布在南亚地区；辐射区29个国家主要分布在中东欧地区。

（三）中国与"一带一路"主要国家的合作基础

中国开放经济的发展使得自身对世界市场的依赖程度逐步加强，在"一带一路"倡议正式提出之前，中国与沿线的主要国家和地区已经建立了较为密切的政治和经济联系。

1. 中国与俄罗斯、中亚国家

中国与俄罗斯存在较为复杂的地缘关系，现阶段中国和俄罗斯的关系处于历史最好水平，2014年5月，中俄关系已提升至全面战略协作伙伴关系新阶段。俄罗斯与中国之间存在较强的经济互补性，其与中国的投资合作领域限于部分基础设施，主要是亚洲部分的公路、铁路、信息化与城市基础设施建设，以及农业开发、矿产开发等。中亚地区是"新丝绸之路经济带"的腹地，历史上曾经被认为是"缓冲地带""破碎地带"，中国主要从中亚地区进口大量的石油、天然气等基础资源，对资源供给依赖程度提升。多年来，中国和俄罗斯共同维系了中亚地区的和平与稳定，经济上相互依赖是地缘政治关系的"稳定器"，因此，在"一带一路"背景下，如何加强中国与俄罗斯、中亚国家之间的经济合作，且协调以俄罗斯为主导的欧亚经济联盟在其间的利益，是值得思考的。

2. 中国与新加坡等东盟国家

中国与东盟国家山水相连，东盟地区也是"一带一路"建设的关键节点。2002年中国与东盟10国共同签署了《中国—东盟全面经济合作框架协议》，标志着中国—东盟自贸区建设的正式启动。历年来我国对东盟10国的对外投资无论是投资流量还是存量都呈现出了增长的趋势，尤其是对新加坡以及新成员国的投资呈现出更大的增长幅度。即便是2008年的金融危机时期，我国在东盟的投资依旧保持增长势头。

中国与东盟国家的关系也是最为密切的，尤其是中国和新加坡，两国由于文化几乎相同，开始经济贸易合作时间较早，两国间的政府合作项目成为国与国合作项目的典范。2015年，中国和新加坡确立了与时俱进的全方位合作伙伴关系，对未来两国发展具有重要影响。近年来，在"10+1"的框架下，中国—东盟自由贸易区建设和谈判取得重要进展。

3. 中国与印度及南亚国家

中国和印度是世界上人口最多的两个国家，中国的发展要早于印度，近年来，印度经济增长速度加快，但其全国的基础设施落后，工业生产设备落后，农村缺乏基本的公共服务，制约其生产效率的进一步提升，在这些方面，中国有较为明显的经济技术优势，但是印度凭借其劳动力优势，对中国的贸易存在顺差，制造业及其他工业难以进入，铁路、重大装备是切入点。其他南亚国家经济基础较为薄弱，不丹、马尔代夫及斯里兰卡基本都是以旅游和农业为主，中国对这些国家的投资量较小。

4. 中国与中东和西亚国家

历史上，中国与中东和西亚国家建立了友好关系，保持至今。古代起源于中国，经过中亚、西亚达到埃及的商贸走廊，最早被德国地理学家称为"丝绸之路"。20世纪90年代，中国就与阿拉伯国家建立了更为密切的联系，两者直接的投资和经贸往来迅速增加，据统计，中国进口原油的60%来源于阿拉伯国家，中国对阿拉伯国家的投资涉及铁路、公路、电信等基础设施和资源勘探开发、水利工程、旅游及医疗教育等方面。2014年11月，中国与卡塔尔签署"一带一路"合作协议文件，加强在能源开发、基础设施建设方面的合作。

5. 中国与中东欧国家

与"一带一路"沿线国家不同，中国与中东欧国家开展经贸往来和投资合作时间相对较晚，2012年启动中国—中东欧16国领导人的会晤机制，截至2015年已经举行了四次会晤，对推动中国与中东欧国家的投资与合作起到了重要的促进作用。其中，中国和塞尔维亚在地质勘查和矿产领域合作，中国与匈牙利、塞尔维亚在铁路建设方面的合作等具有良好的前景。2015年6月，中国与匈牙利签署"一带一路"建设谅解备忘录，匈牙利成为第一个与中国签署"一带一路"合作文件的欧洲国家，奠定了后续合作的基础。

（四）"一带一路"国家投资需求

1. "一带一路"沿线"核心区"国家投资需求

"一带一路"沿线"核心区"国家主要集中在东南亚、中亚、西亚及北非地区，还包括俄罗斯和印度两个国家。处于"核心区"层级的国家一般经济体量大，收入水平及产业结构层次相对较高，与我国经济及对外直接投资的关联性大。鼓励外国直接投资的领域集中于制造业和现代服务业，但有些国家根据自身经济发展需要，提出特定的投资需求。

由于山水相连和历史原因，新加坡等主要东盟国家是中国历代对外直接投资的重点区域，新加坡吸引外资主要集中在现代服务业和高新技术产业；泰国、印度尼西亚和越南产业投资需求主要集中于传统制造业和基础设施产业，柬埔寨、缅甸等国家产业投资需求以农业机械化和现代化为主。处于"核心区"的中亚五国，地理和文化相似度高，经济发展均衡，产业投资需求较为一致，主要集中在石油天然气基础设施建设、矿产资源开发利用、轻纺加工业及基础设施。沙特阿拉伯等西亚主要国家多数处于沙漠地带，地下油气资源丰富，经济长期依赖石油等矿物燃料出口，农业基础薄弱，制造业一般。投资需求除了包括扩大油气生产能力，还包括家电、服装、纺织工业等，以促进经济发展多样化。俄罗斯、印度是"一带一路"上的金砖国家，长期以来与中国保持密切的经济联系，相互经贸往来在各自对外直接投资和贸易总量中占比较高。两国的经济结构差异较大，俄罗斯以装备制造等重工业为主，高新技术产业发展较快，农业和轻工业发展较为缓慢；印度农业水利较为发达，引进外资投资基本上集中在城乡基础设施建设、公共服务、现代工业等领域（见表4-10）。

表4-10 "一带一路"沿线"核心区"国家投资需求

国家	重点发展区域	投资需求
菲律宾	菲律宾克拉克和苏比克地区	制造业、航海线路等运输、基础设施和物流系统建设、采矿、石油/天然气开发
柬埔寨	西哈努克港经济特区、曼哈顿经济特区	制造业方面，工业项目的改造和新建；能源、建材、纺织、食品加工及化工业；农业方面，农村基础设施和水利工程建设；服务业方面，旅游公共设施的建设
马来西亚	伊斯干达经济特区、国内多个出口加工区	农业方面，提高农业的现代化水平，积极发展经济作物；能源资源开发方面，使能源供应来源多样化；制造业方面，提高制造业技术水平；服务业方面，大力开发旅游资源
缅甸	土瓦工业区、皎漂经济技术开发区、缅甸木姐105码贸易开发区	农业、畜牧与渔业、林业、矿业、工业、能源、电力、交通和通信、建筑业和贸易等产业
泰国	国内多个出口加工区	城市基础设施建设、农田水利灌溉系统、港口与机场设施建设
新加坡	新加坡裕廊工业区	生物制药、电子、精密工程、物流、工程及环境服务、咨询及媒体等

续表

国家	重点发展区域	投资需求
印度尼西亚	苏门答腊、加里曼丹与苏拉威西地区、雅加达、泗水、望加息和万鸭老地区	可替代能源、制造业、基础设施和电信业
越南	河内—海防—广宁北部、以胡志明市为中心的南部	能源产业、交通产业、劳动密集制造业
哈萨克斯坦	南哈州州府齐姆肯特市南方经济特区	农业和农产品加工；石油加工、石油天然气基础设施建设；冶金和金属制成品生产；电力和清洁能源生产；交通、通信基础设施；通信及数字电视设备生产
吉尔吉斯斯坦	在比什凯克、纳伦、卡拉阔尔和马依马克地区设立的自由经济区	农业、轻纺工业、机电产品、交通基础设施
塔吉克斯坦	喷赤和索格德南北两个自由经济区	农业、能源开发、电信服务、有色金属产业
土库曼斯坦	元首市及周边地区、首都阿什哈巴德及周边地区	天然气和石油开采、电力、化工、纺织、建筑业和建材工业、交通运输、通信
乌兹别克斯坦	塔什干市、纳沃伊自由工业经济区	电子产品、汽车配件、化工、医院、食品加工
阿拉伯联合酋长国	阿拉伯联合酋长国自由贸易区、经济特区	增加替代能源、化工、纺织等轻工业部门在国民生产总值中的比重来实现经济多元化
埃及	苏伊士经贸开发区	农业和水利灌溉；交通、市政基础设施、电力能源、石油化工；旅游业；信息通信产业
科威特	科威特自由贸易区、北部"丝绸之城"	机械、运输设备、工业制品、家电、服装、纺织品制成品等
沙特阿拉伯	KAEC、JAZAN、Jubail、Yanbu工业区	扩大油气生产能力，促进经济发展多元化，减少国民经济对油气资源出口的依赖；规划和发展经济城和工业城，加速城市基础设施建设
俄罗斯	俄罗斯斯科尔科沃创新中心、圣彼得堡创新经济特区、莫斯科绿城技术创新特区、托木斯克技术创新特区	石油生产和加工；天然气工业；电力设备和基础设施
印度	加尔各答工业区、孟买—浦那工业区、马德拉斯—班加罗尔工业区	改善农业技术和提高机械化程度；提高工业基础设施水平和技术劳动力水平；继续保持服务业在国民经济中的核心地位

资料来源：中国商务部、发改委、外交部发布的《对外投资国别产业指引》及商务部发布的历年《对外投资合作国别（地区）指南》。

2. "一带一路"沿线"扩展区"国家投资需求

"一带一路"沿线"扩展区"国家由于经济和地理因素,中国对其投资规模一般小于"核心区"国家和地区,与我国国内产业调整和对外直接投资的关联性较弱,与"核心区"各个国家投资需求差异明显(见表4-11)。

表4-11 "一带一路"沿线"扩展区"有关国家投资需求

国家	重点发展区域	投资需求
巴基斯坦	卡拉奇、Sialkot、Risalpur、Gujranwala出口加工区	农业、工业、采矿业、服务业
孟加拉国	Bogra、Jamalgonj、Khalaspir、Phulbari地区;Dinajpur县;出口加工区	农业方面,农产品加工和农业现代化;工业方面,鼓励使用太阳能代替电能;运用食品现代化包装技术,保证和增加冷冻食品的正常供应
斯里兰卡	境内出口加工区和工业园区	茶叶、橡胶、椰子等农产品的生产;电站、港口、机场、道路、桥梁、供排水等基础设施建设;旅游业、信息、通信等服务业
老挝	境内设立的经济特区、经济专区、边境贸易区	农业方面,促进农业单纯由供应农产品向供应经济作物转型;制造业方面,鼓励和促进中小企业和私营企业发展;鼓励对电信业投资
白俄罗斯	Brest、Vitebsk、Gomel-Raton、Grodnoinvest自由经济区	石油加工业和电力工业;金属加工业;机器制造业;交通运输业;通信服务业
蒙古	赛音山达工业园区	矿产资源勘探开发和深加工;农牧业、食品加工业;道路交通产业;电能网络产业;信息通信产业;煤炭深加工业
乌克兰	黑海和亚速海区域、Rivne工业园	矿产、能源开发技术和设施;加工工业;现代农业
亚美尼亚	Gyumri经济特区	改善农村道路和通信设施,提供农业生产和灌溉机械化设备;工业方面,化工领域和矿山开采;制造业生产加工技术提升
也门	索科特拉、荷台达和穆卡拉地区自由贸易区;亚丁自由贸易区	原油和天然气开采和利用;工业技术创新;农业、渔业、发展粮食生产

资料来源:中国商务部、发改委、外交部发布的《对外投资国别产业指引》及商务部发布的历年《对外投资合作国别(地区)指南》。

3. "一带一路"沿线"辐射区"国家投资需求

"一带一路"沿线"辐射区"国家地理分布较散,集聚于"一带一路"主线范围,中国对其投资规模远小于"核心区"和"扩展区"的国家或地区,与我国国内产业结构调整和对外直接投资关联性明显小于前两者,各个国家投资需求有着显著差异，比如中东欧及以色列等国家已经进入高收入国家行列，产业结构层次较高，投资产业主要集中在微电子、半导体、生物制药、纳米技术、信息通信技术和光电子等高科技行业；立陶宛、马其顿、塞尔维亚、尼泊尔等国家产业投资需求集中于交通基础设施建设、现代农业等，具体参考表4-12。

表4-12 "一带一路"沿线"辐射区"有关国家投资需求

国家	重点发展区域	投资需求
阿尔巴尼亚	Koplik、Shengjin、Shkodra、Spitalla工业园	现代农业、采矿业、太阳能和风能等绿色能源开发、旅游业
波兰	波兰东部五省、米莱兹经济特区欧洲园、苏瓦乌基经济特区	高速公路、铁路等基础设施建设；劳动密集型工业；金融机构、能源、电力、化工、造船、煤矿、冶金、机械、医药、食品等行业；信息技术行业；环保产业
黑山	VOGOSCA自由贸易区、VISOKO自由贸易区	农业及食品加工业；可再生能源开发；交通基础设施；工业生产效率提升
捷克	国内已建立的科技园和战略服务中心	机械、电子、化工等传统具有优势和潜力的产业；微电子、半导体、生物制药、纳米技术、信息通信技术和光电子等高科技行业；软件开发、共享服务中心等高科技服务业
克罗地亚	国内已建立的工业园区	新能源开发与利用、旅游基础设施建设
拉脱维亚	维茨皮尔斯港务局工业园区、里加自由港、利耶帕亚经济特区	交通运输、通信产业
立陶宛	克莱佩达自由经济区	交通运输业、制造业、建筑业、能源开发
罗马尼亚	苏里纳自由区、康斯坦察自由区	电力、天然气、原油等资源开发；现代化的交通基础设施；改善旅游基础设施
马其顿	马其顿技术工业开发区	木材加工、食品加工；纺织业、钢铁和旅游业
塞尔维亚	信息技术工业园区、意大利工业园区	农业及食品加工；提升制造业竞争力；交通基础设施
斯洛文尼亚	工业商贸园区、科技园区、商业教育中心	交通基础设施；电力能源；农业科技
匈牙利	国内各类工业园区	通信设备硬件和软件制造；汽车工业；电子工业；生物科技；可再生能源
尼泊尔	巴妮帕科技园、巴丹工业区	农业、水利水电；旅游业
塞浦路斯	拉纳卡市自贸区	旅游业、金融业、船运业；通信和信息交流基础设施建设；新能源开发利用
土耳其	土耳其科技开发区、工业区、自由经济区	发展包括核能在内的替代能源发电；高速公路和高速铁路建设；加快工业和服务业向能够提供高附加值产品方面转变
以色列	魏茨曼镇工业区、海法市工业园区、海法南部马塔姆科技工业中心	电力行业；高科技行业；新能源产业；基础设施业；旅游业

续表

国家	重点发展区域	投资需求
约旦	约旦开发区、工业区、自由区、亚卡巴特区	能源来源多样化、提高本土资源在能源结构中的比重、减少对进口油气的依赖
希腊	Achaia 地区科技园区和工业园区、Chalkidiki、Chanion、Evros、Evvoia 等地区工业园区	海运业、港口基础设施建设、技术研发和制造业

资料来源：中国商务部、发改委、外交部发布的《对外投资国别产业指引》及商务部发布的历年《对外投资合作国别（地区）指南》。

（五）中国对"一带一路"国家投资总体情况

从投资总量来看，除2009年和2013年受国际经济大环境影响投资总额略有下降外，自2003年起，中国对"一带一路"65个国家的投资总额呈现出持续增长态势，投资规模由2003年的1.42亿美元扩大到2014年的133.68亿美元，年均增长率超过30%。对"一带一路"国家投资占中国对外投资总额的比重呈明显的波动上升趋势，由2003年的不足5%上升至2014年的10.86%，其中在2012年达到峰值14.23%。2014年中国对"一带一路"沿线国家的直接投资存量约为926.9亿美元（见图4-1），占当年对外直接投资存量的10.5%。

中国对"一带一路"国家整体投资增长率与全国总体对外投资增长率趋势基本一致，同样存在大起大落现象，对国际宏观环境的变化更为敏感，投资反应更为迅速灵活。从绝对值来看，之前对"一带一路"国家对外直接投资增长率低于总体对外直接投资增长率，而这一趋势自2010年起开始出现逆势增长，2010年对"一带一路"国家直接投资增长率超过整体对外直接投资增长率15.54个百分点，显示出"一带一路"国家正逐步成为中国对外直接投资的新兴和热门区域（见图4-2）。虽然近年来受国际新常态环境影响，对"一带一路"国家投资增长陷入低迷，但从现有趋势来看，结合中国自2013年提出"一带一路"倡议及相关政策措施的推进实施，2015年起，中国对"一带一路"国家对外直接投资将在一段时间内持续快速增长，投资规模将显著扩张，"一带一路"国家在中国对外直接投资体系中的地位将进一步加强。

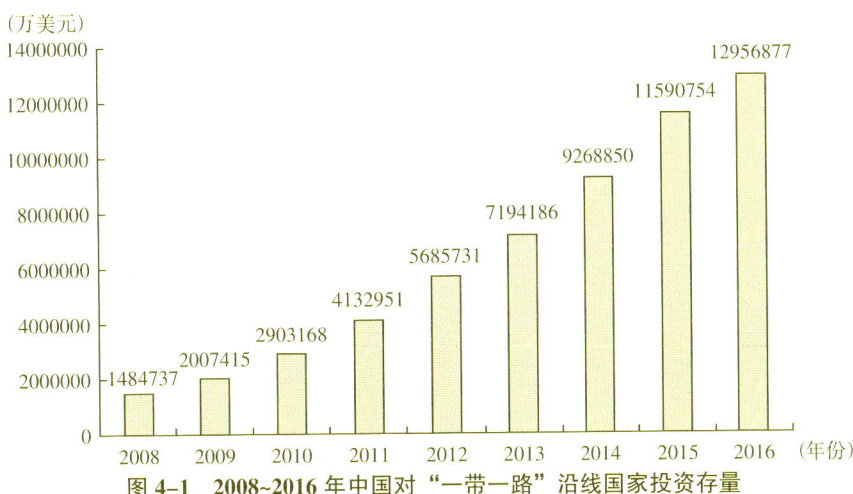

图 4–1　2008~2016 年中国对"一带一路"沿线国家投资存量

资料来源:《2016 年中国对外直接投资统计公报》。

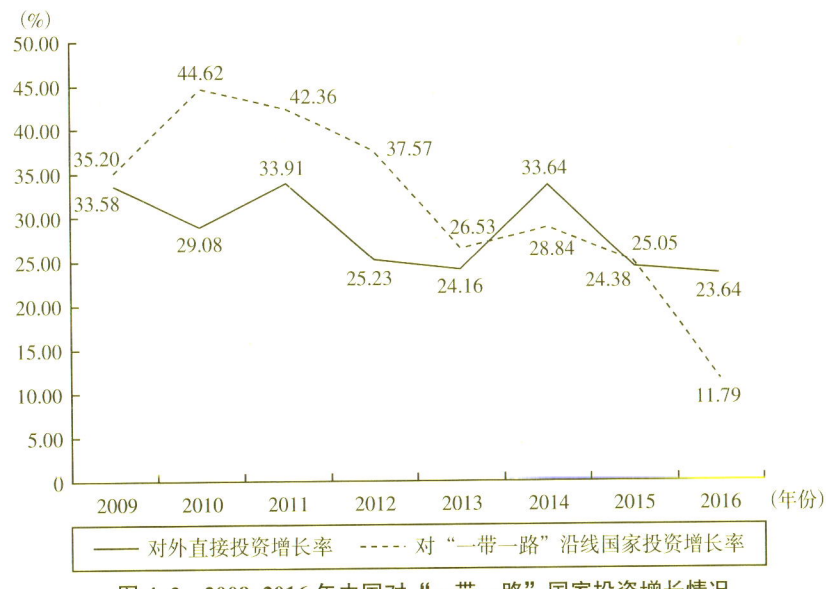

图 4–2　2009~2016 年中国对"一带一路"国家投资增长情况

资料来源:《2016 年中国对外直接投资统计公报》。

(六) 中国对"一带一路"国家投资区域分布

1. 直接投资情况（按国家分类）

由于"一带一路"区域广泛，国家和地区历史背景、政治背景、宗教背景、文化背景等方面存在巨大差异，中国对"一带一路"国家的投资情况也存在较大差异。从中国对"一带一路"国家直接投资排名前10位的国家来看，其投资总量在十余年间增长超过了30倍，占中国对"一带一路"国家投资总额的比重呈波动下降状态，投资集中度减弱，2016年这一比例下降到69.99%，中国对"一带一路"国家的投资广度不断增加。从具体国家来看，新加坡、俄罗斯在"一带一路"国家中一直位居中国前十大投资伙伴国，投资地位相对稳定。在"一带一路"沿线国家中，俄罗斯是我国主要的投资伙伴国之一，但近年来，受对"一带一路"其他国家投资热度上升的影响，中国对俄罗斯的直接投资金额出现下降趋势，2014年中国在"一带一路"沿线的投资伙伴国中，俄罗斯位列第七，较2004年下降了六个位次。新加坡是"一带一路"区域中重要的发达国家之一，近年来，中国对新加坡的直接投资热度持续升温，2004~2014年，中国对新加坡的投资由4798万美元上升至281363万美元，增长近60倍，已连续多年位居中国对"一带一路"投资国家榜首，其在中国对外直接投资中的重要地位可见一斑。印度尼西亚、阿拉伯联合酋长国、蒙古三国在"一带一路"国家中的投资地位保持了相对稳定，其中蒙古的投资地位近年来波动明显，印度尼西亚投资排名经历了短暂下降后迅速回升，投资规模显著扩张，阿拉伯联合酋长国的投资地位近年来略有提升（见表4-13）。

表4-13 中国对"一带一路"沿线国家前10大投资伙伴国及投资状况

排名	2004年	2006年	2008年	2010年	2012年	2014年
1	俄罗斯 (7731)	俄罗斯 (45211)	新加坡 (155095)	新加坡 (111850)	哈萨克斯坦 (299599)	新加坡 (281363)
2	印度尼西亚 (6196)	新加坡 (13215)	哈萨克斯坦 (49643)	缅甸 (87561)	新加坡 (151875)	印度尼西亚 (127198)

续表

排名	2004年	2006年	2008年	2010年	2012年	2014年
3	新加坡(4798)	沙特阿拉伯(11720)	俄罗斯(39523)	泰国(69987)	印度尼西亚(136129)	老挝(102690)
4	蒙古(4016)	蒙古(8239)	巴基斯坦(26537)	俄罗斯(56772)	蒙古(90403)	巴基斯坦(101426)
5	柬埔寨(2952)	伊朗(6578)	蒙古(23861)	伊朗(51100)	老挝(80882)	泰国(83946)
6	伊朗(1755)	印度尼西亚(5694)	缅甸(23253)	柬埔寨(46651)	俄罗斯(78462)	阿拉伯联合酋长国(70534)
7	越南(1685)	老挝(4804)	柬埔寨(20464)	土库曼斯坦(45051)	缅甸(74896)	俄罗斯(63356)
8	阿拉伯联合酋长国(831)	哈萨克斯坦(4600)	印度尼西亚(17398)	匈牙利(37010)	伊朗(70214)	伊朗(59286)
9	马来西亚(812)	越南(4352)	阿拉伯联合酋长国(12738)	阿拉伯联合酋长国(34883)	柬埔寨(55966)	马来西亚(52134)
10	埃及(572)	阿拉伯联合酋长国(2812)	越南(11984)	巴基斯坦(33135)	泰国(47860)	蒙古(50261)
总计	31348	107225	380496	574000	1086286	992194
占比	86.97%	89.9%	84.02%	74.13%	81.52%	72.71%

资料来源：根据历年《中国对外直接投资公报》自行整理。国家名下括号内数字为当年中国对该国的对外直接投资金额（单位：万美元）；表中总计是指对排名前10位的投资伙伴的投资总额，占比是指10国投资总额占中国对"一带一路"国家对外直接投资总额的比重。

2. 直接投资情况（分区域）

根据对"一带一路"65个国家的区域划分，中国对东盟地区的对外直接投资规模和增长速度均独领风骚。在2008~2016年，中国对东盟的投资金额由648699万美元增长至7155382万美元，年均增速超过35.5%，在2010年和2011年最高投资增速达到50%。近年来，中国对东盟地区的投资规模在对"一带一路"国际投资总额的占比一直保持在50%左右。除东盟外，西亚、南亚、中亚和独联体一直位居中国对"一带一路"区域投资第2~5位。其中，中国对西亚和南亚地区投资规模增长趋势较好，涌现了伊朗、阿拉伯联合酋长国、巴基斯坦等排名较好的投资伙伴国家，对独联体、中东欧地区的投资规模呈现缓慢上升趋势。然而，中国对中亚、南亚等地区的投资增速波动幅度较大，存在大起大落的现象，尤其是对中亚地区的投资增速出现了波动中下降的趋势，存在一定投资后劲不足的情况，这可能与中亚地区不稳定的投资环境有关（见图4-3）。

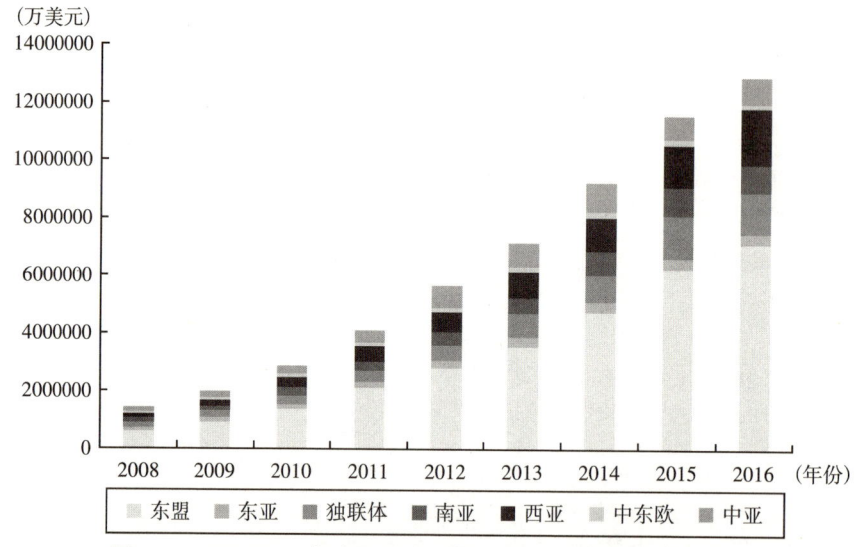

图4-3　2008~2016年中国对"一带一路"各区域直接投资情况
资料来源：《2016年中国对外直接投资统计公报》。

从中国对"一带一路"七大区域各国的直接投资具体情况来看（见图4-4），中国对区域中各国的投资金额存在一定的趋同，即同一区域内，中国对大部分国家的投资规模差距不大，但在东盟和独联体区域中，近年来国家间的投资规模差异存在一定的扩张趋势。由于企业进行海外投资时具有不同的投资目标，而资源寻求型、市场寻求型和战略资源寻求型是最为常见的海外投资动机，在区域环境差异不大的情况下，企业更倾向于那些目标资源更为丰富的国家，使得部分区域中形成了中国对外直接投资的主导国家，累计投资总量较高，如东盟的新加坡、印度尼西亚等，西亚的伊朗、阿拉伯联合酋长国等，南亚的巴基斯坦、印度等国，独联体的俄罗斯等。中国对中亚、中东欧两大地区内国家的直接投资始终维持在较小规模，在"一带一路"整体区域中的地位靠后，哈萨克斯坦、匈牙利等国除了受集中投资或大项目投资影响在个别年份接受中国的对外直接投资金额出现"井喷"外，其余年份接受投资的规模依旧不大，存在较大的不稳定性。

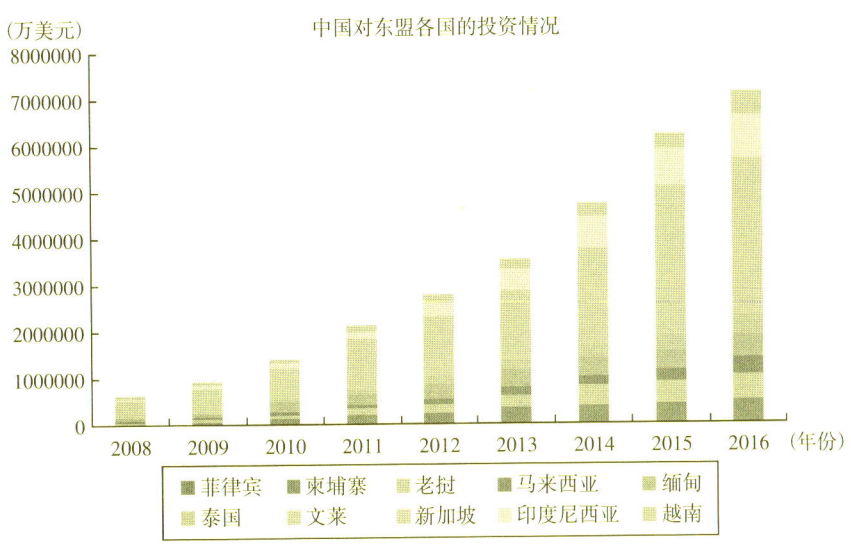

图4-4 中国对"一带一路"七大区域各国直接投资情况

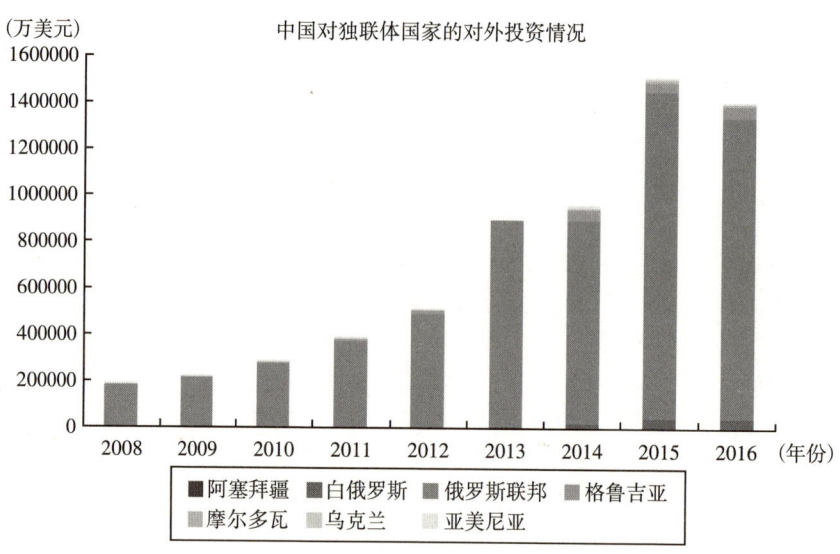

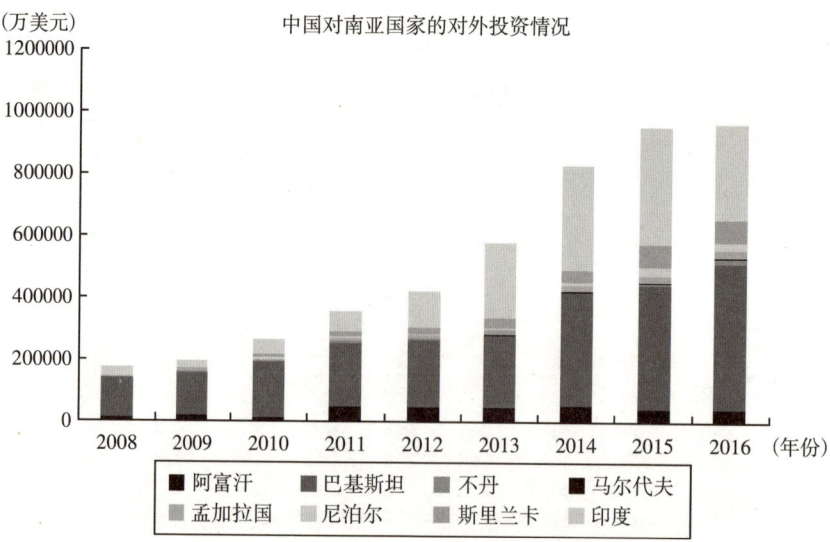

图 4-4 中国对"一带一路"七大区域各国直接投资情况（续）

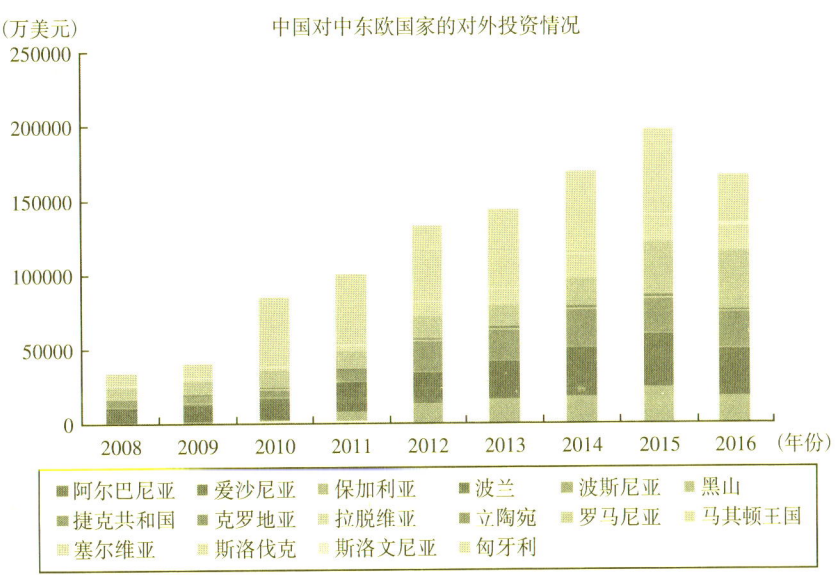

图 4-4 中国对"一带一路"七大区域各国直接投资情况（续）

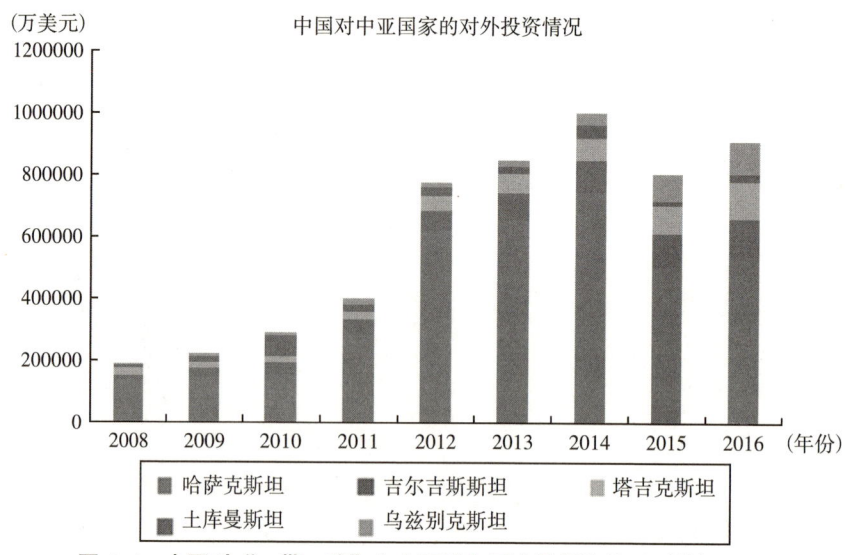

图4-4 中国对"一带一路"七大区域各国直接投资情况（续）

资料来源：历年《中国对外直接投资统计公报》。

四、本章小结

本章首先简要回顾了我国企业在传统发达国家投资的特点及投资动机，虽然我国企业在每个传统发达国家均有投资，但投资产业较为集中，寻求市场、寻求自然资源和寻求技术的投资动机较为明显。在对其他金砖国家对外投资的研究中，本章采用了定性和定量分析相结合的方法，即在简单回顾了我国与其他金砖国家的整体经贸关系外，又实证检验了各种经济和非经济变量在我国对外投资中的重要作用。实证分析证明除了受传统经济变量影响之外，更多地会受制度因素影响。这一结论也验证了中国企业海外投资失败的真实案例，也唤起了学者们对制度因素的研究。

最后，本章着重分析了中国企业在"一带一路"沿线国家的直接投资状况，着重分析了"一带一路"战略的提出、沿线国家的基本情况分析、我国与沿线主要国家的合作基础、"一带一路"沿线国家投资需求、我国对"一带一路"沿线国家投资总体状况以及我国对"一带一路"沿线国家投资区域分布六个方面，以期为我国企业"走出去"提供宝贵的借鉴意义。

第五章 中国对外直接投资的区位选择分析
——基于企业结构层面

企业所有制结构是我国企业区别于世界其他国家企业的标志之一,在对外直接投资的实践中,国有大中型企业一直是我国对外直接投资的主体。但随着对外开放的不断深入,非国有制企业也不断开始自己的海外投资活动。本章的主要任务就是探讨两种不同所有制结构企业的海外投资行为。第一部分将简要回顾我国的国有企业改革,以便对国有企业和非国有企业进行划分。第二部分总结国有企业对外直接投资的特点以及存在的问题,并以实际案例加以说明。第三部分针对私有企业海外直接投资,将从影响私有企业对外投资发展的因素、私有企业境外投资存在的问题两个角度进行分析,并结合实际案例进行佐证。最后一部分,通过收集到的企业层面投资数据,结合条件 Logistic 模型进行实证分析,分析我国国有企业和私有企业对外直接投资的不同特点。

一、国有企业改革

公司的所有制结构是中国企业区别于其他国家企业的一个显著特点。早在 1978 年改革开放之前,几乎国内所有的生产企业都是国有企业或是集体所有制企业(在本书中统称为国有企业),与非国有企业最大的不同就是不再以追求利润最大化为唯一目标。这些国有企业作为生产经营的成本中心,不仅要承担经济责任，同时还要履行社会责任，它们不仅要完成国家发展所需的产品产量配额，还要为保障人民生活提供终身就业。

20世纪80年代，我国进行了经济体制改革，这轮改革发端于1978年的国有企业改革。经过了扩权试点、利改税、承包制等方式，1992年之后，我国国有企业改革开始逐渐转化企业经营机制，建立现代企业制度，中共十四届三中全会更进一步明确了我国企业改革的主要方向是建立适应市场经济要求的产权明确、责权明确、政企分开、管理科学的现代企业制度，把国有企业塑造成为独立的法人实体和市场竞争主体。

1990年以后，国内许多建立现代企业制度的国有企业改组为股份有限公司，并有一些选择在国内的股票交易所上市，这使得原本的"国有化"变成了"部分非国有化"（Li，1997），这一举措不仅吸收了更多的外部资本，还由于股东监管提高了企业的生产效率。在国有企业改革的同时，中国渐进式的经济改革促进了多种所有制结构的出现，比如集体所有制（Collectively-owned）企业、乡镇（Township-village）企业和私有（Private-owned）企业。为方便起见，本书将由国家或地方政府控股的企业统称为国有企业，其他企业称为私有企业或民营企业，即以私人利益为主或由个人控股的企业。此外，我们还把外商投资的企业排除在外，因为本书主要的研究对象是中国本土企业的对外投资形式。

"十二五"规划要求加快实施"走出去"战略，按照市场导向和企业自主决策原则，引导各类所有制企业有序开展境外投资合作。在政协第十二届全国委员会常务委员会第十三次会议上，李克强总理表示"十三五"期间，我国将更进一步加快中国企业"走出去"的步伐，推动国有企业"走出去"的优惠政策向民营企业延伸，让民营企业和国有企业享受同等的政策支持。2004年前，我国只允许国有企业进行跨国投资，随后，由于国内市场竞争激烈，加之先进技术的匮乏，非国有企业也加快了对外投资进程，到2013年，我国非国有企业投资占比首次超过50%，这也表明了非国有企业对我国经济发展的重要作用。

无论是国有企业还是非国有企业，"走出去"对企业和国家的长远发展都有着深刻的影响和作用。在我国，国有企业现行的体制和制度有着诸多不适应"走出去"的弊端，"走出去"将倒逼国有企业改革，国内不少成功"走出去"的案例表明，中国的国有企业要适应"走出去"的要求必须要按照国际化要求进行改革。非国有企业具有较强的灵活性，"走出去"不仅为企业发展提供了新的机会和资源，也在企业制度的再造和完善方面取得了长足进步，进而全面提高了非国有企业的行业竞争力。但与国有企业相比，民营企业在"走出去"的过程中还将面临更多的问题，比如安全风险、法律风险、文化风险等，这些都将通过深化改革来解决。

二、国有企业对外投资

一直以来，国有企业在中国对外投资主体中占据主要地位，在雄厚资金、先进技术、丰富人力资源以及国家大力支持下，国有企业在国家提出"走出去"战略之后率先走出国门，参与国际化竞争。

（一）国有企业对外投资特点

我国国有企业海外投资大多具有以下几个特点：

第一，国有企业的对外投资成为一种国家战略，大多是在政府主导下完成的。随着国内经济发展水平的持续增长，资源矛盾日益凸显，加上我国出口的商品大多为以能源消耗为主的资源密集型、劳动密集型产品，这更加剧了经济发展和资源消耗之间的矛盾，为了保证能源的持续供应，国有企业的对外投资大多集中在矿业、油气等行业。

第二，因为属于带有国家战略任务进行海外投资，所以我国的国有企业"走出去"大多会得到国家在金融、政策、法律和监管方面的支持，因此，与非国有企业相比，国有企业"走出去"带有先天优势。

第三，强强联合提升企业国际竞争力，并形成优势互补。强强合作是我国国有企业海外投资采用的最普遍的表现形式，这在一定程度上提升了企业知名度，可以迅速扩大企业规模，并可迅速获得熟悉该领域的经营管理和技术人才，从而扩大市场占有率，增强市场竞争力。

（二）国有企业对外投资存在的问题

首先，国有企业对外投资缺乏技术革新。随着国内外市场需求的不断变化，我国国有企业必须迅速做出反应，及时调整生产与产品开发方向，这就要求国有企业必须进行技术革新。受到自身研发水平的局限，大多数国有企业生产产品相对单一、产品技术创新性较差，无法满足多层次客户的需求。

其次，虽然我国国有企业海外投资效果明显，但创立国际品牌意识相对较弱。在国际产品的高端市场上，中国企业占有率还无法与发达国家相比较，即使产品在市场上的销售量逐年攀升，但多数企业还无法拥有自主品牌。因此，只有进一步加强国际品牌创立意识，才能保持品牌的经营持久性和稳定性。

再次，国有企业"走出去"之后还未获取到真正需要的资源。正是由于国内资源约束带来的市场竞争，推动着我国企业"走出去"获得海外资源。因此，应充分利用国际市场上的有利资源，寻找适合自己的海外投资模式，这才是我国国有企业可持续发展的关键。

最后，我国许多国有企业"走出去"之后产品销售渠道不稳定。虽然有些国有企业品牌在国际市场上的出口量较大，但还没有企业建立起一套较为完善的销售渠道。因此，国有企业在海外投资时必须注重建立海外销售渠道，才能帮助企业不断拓展海外市场。

（三）案例分析——"三桶油"的对外投资

中国国有企业海外投资的成功案例最主要体现在对国外能源企业的并购，"三桶油"最具有代表性。2002年，中石油宣布以2.16亿美元收购美国戴文能源公司在印度尼西亚六个油气田的资产，这也是中石油上市以来的首次海外并购，是其迈进海外市场的重要一步。2005年，中石油联合印度石油公司，出资5.76亿美元收购加拿大石油公司持有的叙利亚石油公司38%的股权。同年10月，中石油出资41.8亿美元收购了哈萨克斯坦PK石油公司100%股权。

中石化实施资源战略的重要举措之一就是参与国外油气勘探开发或直接收购

海外油气区块，经过几十年的发展，也取得了一定的成就。通过下属的国际勘探公司对哈萨克斯坦、阿塞拜疆、萨哈林以及北欧等国家或地区进行地区性考察与区块评价，并签订了风险勘探合同和提高采收率合同。与阿塞拜疆合作开发已经废弃的 Pirsagat 陆上小油田，中方占有 50%权益。与阿尔及利亚达成协议，获得合作开发撒哈拉沙漠东部扎尔扎廷油田项目的权益。并且，中石化也致力于开发俄罗斯、伊朗等产油大国的石油勘探开发战略发展区。

中海油在海外投资中也紧跟其后，2003 年以 3.48 亿美元的价格成功收购澳大利亚西北大陆架天然气项目，获得了 25%的股权，中海油不仅获得了该公司的部分生产许可证、勘探许可证大约 5.3%的权益，还享有未来在已探明储量之外的勘探参与权。次年 4 月，中海油又斥资 5.91 亿美元成功收购西班牙瑞索普公司在印度尼西亚的资产，创下了当年最大的海外并购项目。并购之后，中海油将在其中三个油田作业，成为印度尼西亚最大的海上石油生产商。

虽然国有企业海外投资会得到政府各方面的支持，但也有一些失败案例。比如，2005 年中海油打算以 130 亿美元并购优尼科石油公司，若收购成功将会是中国企业规模最大、最重要的一宗海外并购，但 8 个月之后，由于美国国内政治因素阻挠而失败。

三、私有企业对外投资

经济全球化带来的国际资本市场流动规模增加、先进技术广泛传播以及世界各国经济相互依赖性增强，为我国私有企业利用国际国内市场、在深层次上配置资源提供了可能性。改革开放以来，我国私有企业逐渐加入海外并购的浪潮中，并最终于 2014 年赶超国有企业，成为我国对外投资的主力军，从而在国际市场上占领一席之地。本部分通过对我国私有企业对外投资的影响因素、优劣势进行分析，并结合案例分析，给出私有企业在对外投资区位选择的特点。

（一）私有企业对外投资发展的影响因素

对中国私有企业国际化进程的分析应从宏观经济层面、产业层面和企业自身三个层面进行分析（见图5-1）。

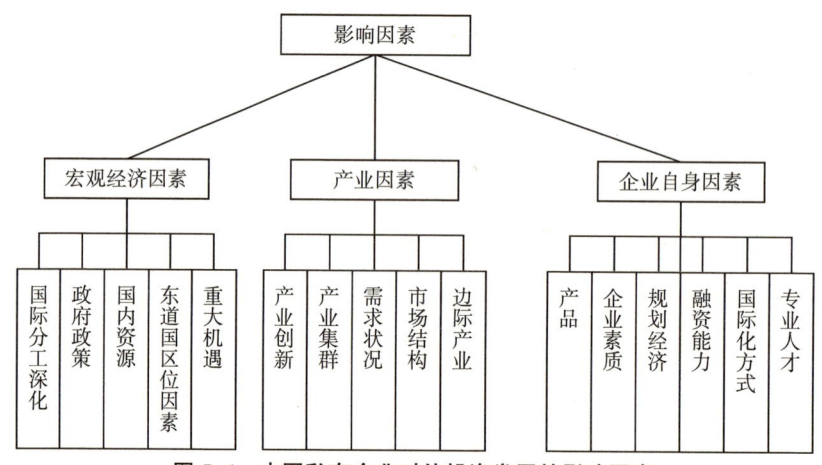

图 5-1　中国私有企业对外投资发展的影响因素

在宏观经济层面：第一，随着经济全球化的发展，以及遍布全球的企业产品生产的各种增值活动，许多企业共同完成一种产品，或者在此深化分工中只从事某些环节的生产，这为中国私有企业参与国际分工提供了更广阔的竞争平台。第二，波特在其国家竞争优势模型中也强调了政府的作用，认为政府可以通过调节政策来创造竞争优势。第三，国内资源状况会影响私有企业经营成本，进而影响其在国际化进程中的竞争力。只有根据优势进行分工生产，才能保证国际贸易的顺利进行。第四，投资东道国是否具有良好的区位优势将直接影响到私有企业国际化的区位选择。Dunning的国际生产折衷理论也认为区位特定优势是企业对外投资的外部条件，不仅决定着国外投资设厂及战略部署问题，还决定着企业部门和规模等。第五，重大机遇的出现可能会改变事物的发展进程，不仅会使处于领先地位的企业竞争无效，还可能会使相对落后的企业在顺应局势变化时获得竞争优势。

在产业层面：第一，Cantwell认为发展中国家跨国公司对外直接投资受国内产业结构和内生技术创新能力的共同影响。第二，产业集群会为集群内部的企业带来自强机制，如果企业能够充分利用这一优势，便具备了持续竞争力。第三，国内需求状况影响企业在国际市场上的竞争优势，若本国需求状况比国际需求具有相对优势，那么在本国建立起的生产方式、组织形式等会有利于打开世界市场，建立竞争优势。第四，结合垄断优势理论，只有在不完全竞争的市场中，才有可能使跨国公司在国内和国外获得垄断优势，并通过对外投资在国外生产中加以利用。第五，从边际产业的角度来说，按照比较优势原则，对于我国来说有些产业已经处于或即将处于比较劣势，而对投资东道国来说，可能正是其具有或即将具有比较优势的产业。

在企业自身层面：第一，对外投资的产品也不会脱离产品周期理论的观点，在新产品阶段一般不进行相关投资，在成熟产品阶段，公司会选择在技术水平相近的国家或地区投资，只有在标准化产品阶段，企业才会考虑对外投资。第二，企业战略是真正能够形成国际竞争优势的因素，因为企业的发展战略不容易被模仿；此外，企业家精神在企业处于不稳定环境中时会为企业注入新活力。第三，企业规模和经济实力的增加，会促使其所承担的研究与开发能力越强，就越容易向国外市场扩张。第四，国际生产折衷理论认为企业实力雄厚，若拥有较为明显的融资优势，能以较低利率获得贷款，更有利于企业所有权优势的发展。第五，对外投资必须具备所有权优势、内部化优势和区位优势，私有企业选择不同的国际化方式会带来投入成本和收益的不同。第六，知识经济时代，企业之间的竞争表现为对知识和技术的高度依赖，因此，高素质的人才对于企业国际化投资具有举足轻重的作用。

（二）私有企业对外投资存在的问题

为加快实施"走出去"的步伐，我国鼓励有比较优势的各种所有制企业对外投资，2002年以来，商务部与国家外汇管理局共同采取减少审批程序、简化手续、下放权限等措施改革境外投资审批工作，对促进私有企业对外投资起到了积极作用，并受到普遍关注。2003年私有企业对外直接投资比例为1.5%，之后几年，我国对外投资主体多元化，国有企业所占比重不断下降，到2014年，地方企业非金融类对外直接投资流量达547.26亿美元，占全国非金融类流量的51.1%，首次超过中央企业和单位对外直接投资规模。虽然私有企业国际化进程不断加快，但仍然受多方面因素的制约。

首先，与国有企业相比，政府扶持力度不够。虽然自改革开放以来，政府已经通过不断修订法律法规等方式逐渐承认了民营企业在我国经济发展中的重要作用，并有意识地对私有企业对外投资进行引导，但同西方发达国家相比，我国政府在这方面还有许多工作要做。我国私有企业在"走出去"过程中不仅面临着法律法规障碍，还在市场准入、银行贷款、营业范围等方面承受着不平等的国民待遇。其次，我国的私有企业普遍存在着技术水平不高、产品技术含量低且缺乏创新意识的问题。因为我国私有企业大多是劳动密集型企业，这样的产品投资额小，技术含量低，也制约着企业自身的规模扩大、生产技术升级。此外，很多私有企业只顾盈利，对创新的内涵和必要性认识不足，缺少创新人才。由于企业管理人员素质参差不齐，忽视对发展战略的规划，这会直接导致企业发展思路不清晰，目光短浅，会出现只注重眼前利益、投机行为和短期行为等严重后果。再次，民营企业"走出去"最大的困难就在于融资渠道不够顺畅，因为中国现有的证券市场门槛比较高，很多民营企业很难达到上市或发放债券的标准。但在我国现在的法律体系下，如果降低企业进入门槛，又有可能增加财务风险。也正因为如此，一些私有企业出于竞争和财务安全考虑，不愿意披露自己的财务信息、产品技术信息等商业情报。然而，我国许多民营企业会选择单一的国际化方式，往往忽略了国际化方式的优化。即一般从风险低的成长途径开始筛选，找到一个符合企业核心能力和外部环境状况的成长途径之后，就不再选择其他方式了。单一的对外扩展方式会造成企业资源的浪费，并且极有可能会使企业在瞬息万变的国际市场中错失良机，从而制约企业发展。最后，在我国私有企业国际化进程中专业人才成为制约其发展的一个"瓶颈"，这往往使得民营企业在全新的国际市场环境中无所适从，难以在国际化发展中取得突破性进展。

（三）案例分析——浙江吉利和双汇国际

表5-1给出了2010~2014年我国民营企业已完成的并购交易额排名前五的并

购项目，主要集中在制造业和服务业两个大类，下面将简要回顾2013年双汇收购Smithfield Foods 和2010年吉利收购沃尔沃两个项目。

表5-1 民营企业完成的海外收购交易前五名

宣布时间	收购方	目标公司	成交价（亿美元）
2013年5月	双汇国际控股有限公司	Smithfield Foods	48.7
2014年1月	联想集团	摩托罗拉移动技术公司	29.1
2014年1月	联想集团	IBM的X86服务器业务	23.1
2011年2月	万华实业集团	Borsodshem	15.3
2010年3月	浙江吉利控股集团	沃尔沃汽车	15

资料来源：Dealogic。

2010年吉利成功收购沃尔沃，是中国企业迄今对国外汽车厂商的最大一宗收购。浙江吉利控股集团于1986年成立，是一家主要经营汽车及汽车零部件的制造类大型民营企业，1997年正式进军轿车领域。该集团以2014年合并报表249.864亿美元的营业收入连续四年跻身世界500强，是国家"创新型企业"和"国家汽车整车出口基地企业"。沃尔沃公司成立于1924年，是福特公司PAG旗下的子品牌，目前在100多个国家设立销售和服务网络，是瑞典和北欧地区最大的企业集团。早在1999年福特公司为了打开欧洲的汽车高端市场，将沃尔沃收归旗下，但并没有实现预期收益。2008年的金融危机使沃尔沃的经营状况雪上加霜，甚至出现了资金链断裂的严重后果。作为福特公司的不良资产，沃尔沃成了被出售的目标。当年李书福组织了包括律师事务所、金融机构在内的项目团队，正式开始运作收购项目，并于2008年底向福特公司提交了竞购建议书。之后的2009年，经过赴美详谈、提交标书、尽职调查，最终于2010年3月28日签署最终股权收购协议。同年8月2日，吉利收购沃尔沃的交割仪式在伦敦举行，吉利以15亿美元成功收购了沃尔沃100%的股权及相关资产（包括知识产权）。并购之后，吉利在学习和引进沃尔沃先进生产技术和工艺基础上，实现自主创新，短时间内提升了在国内汽车市场上的竞争力。另外，吉利利用沃尔沃原有的品牌效应和市场，提高了中国汽车及零部件在欧美国家的市场占有率，同时中国汽车产业自主创新过程中所面临的知识产权问题也很好地得到了解决。从此，在发达的国际汽车市场中，中国汽车品牌不再是零销售记录，这在一定程度上也提升了中国汽车产业在国际行业中的形象。

另一个民营企业成功进行海外收购的案例发生在中国食品产业，2013年双汇国际控股有限公司以48.7亿美元成功收购Smithfield Foods。双汇集团是我国最大的肉类加工企业，连续11年在肉类食品企业中排名第一，近些年来，双汇集团发展势头良好，并积极参与国际竞争，进行海外并购。Smithfield Foods作为世界最大的猪肉生产商，其规模化养猪的模式代表着世界最先进水平。2006年之后，由于其股票的回报长期跑输大市和行业，竞争能力越来越不被市场认可。交易完成后，双汇旗下企业可获得Smithfield美国猪肉的上游资源，并有可能在未来几年实现经营模式转换，从单一的猪肉加工转变为养殖和加工一体化，进而更好地规避食品安全风险，提升市场形象。

四、企业结构层面区位选择的实证检验

（一）假设提出

对外投资过程本身就是一个具有风险的事情，企业不仅要面对新的经营环境和新的制度环境，同时还得适应东道国的文化环境，克服管理监督障碍，这也就是通常所说的"外来者劣势"（Zaheer，1995）。企业对风险的控制能力取决于很多方面，实证研究表明，企业面对投资风险的态度是异质性的（Carcia-Canal & Guillen，2008）。对于由国家或政府控股的企业，在面对较高的经济风险和政治不稳定性时，多会采取更为温和的态度；对非国有企业来说，它们更会积极面对这样的高风险环境。因此，本书提出假设：

假设5-1：与私有企业相比，国有企业相对来说会厌恶在政治风险高的东道国投资。

企业所有制同样影响企业的竞争优势，这在一定程度上也影响着企业对外投资的区位选择。与发达国家的合作对象相比，我国的国有企业长期在疲软的政治

制度下生存，比如高度的政府干预、不健全的产权保护以及不透明的公司治理等，因此它们会更多地处理这些烦琐的监管制度。从内部化理论来说，这会使得国有企业在国际化过程中更加重视无形资产和能力，那么它们会更愿意选择制度环境和国内相似的国家进行投资，以便使用以往的生产经营经验，而私有企业就没有太多优势和竞争力来适应这种繁重的制度环境。因此，本书提出假设：

假设 5-2：国有企业更倾向于在政府干预较多的国家投资，私有企业却并非如此。

国外有不少学者讨论了 FDI 与汇率的关系（Feenstra，1998；Welsum，2003），他们认为有利的汇率政策会增加潜在投资者的财富，并会刺激他们进行投资。从中国跨国企业利益出发，虽然所有企业在投资时都会考虑到东道国货币的增值或贬值，但国有企业更容易获得由政府授予的金融外汇储备优势。Duanmu 和 Guney（2009）证实中国的对外投资比印度同行对外汇汇率更为敏感，他们推测这种现象的发生可能是由于中国的海外投资大多是由国有企业来完成的。因此，本书提出假设：

假设 5-3：与私有企业相比，国有企业对东道国的外汇汇率（增值或贬值）更为敏感。

在对国有企业海外投资的特点回顾中，已经强调国有企业的对外投资成为一种国家战略，大多是在政府主导下完成的。随着国内经济发展的持续增长，资源矛盾日益凸显，加上我国出口的商品大多为以能源消耗为主的资源密集型、劳动密集型产品，这更加剧了经济发展和资源消耗之间的矛盾，为了保证能源的持续供应，国有企业的对外投资大多集中在矿业、油气等行业，于是越来越多的中国企业在非洲、澳大利亚（Laurenceson，2007）、俄罗斯、巴西和巴布亚新几内亚（Wong & Chan，2003）进行投资。因此，本书提出假设：

假设 5-4：与私有企业相比，国有企业更容易被拥有丰富自然资源的东道国吸引而进行海外投资。

一直以来我国成功进行海外投资的私有企业大多集中在劳动密集型的制造业，为区分投资战略的不同，本书将所有企业划分为拥有制造子公司和非制造子公司的企业两大类，前者是指那些在东道国投资进行生产、加工和产品升级的企业，后者是指只从投资母国进口中间产品或最终产品的企业。依据 Dunning 的国际生产折衷理论，对于制造子公司来说，供给方和需求方都非常重要，包括劳动力成本和市场规模因素；对于非制造子公司来说，因为只是进行海外贸易，因此市场规模和发展潜力是其海外投资的主要因素。因此，本书提出假设：

假设 5-5a：对拥有制造子公司的跨国企业来说，它们更愿意去劳动力成本低、市场规模大的东道国进行投资。

假设 5-5b：对拥有非制造子公司的跨国企业来说，市场因素是其对外投资的主要因素，包括市场规模和市场发展潜力。

（二）变量选取和数据采集

本部分采用从清科和路透数据库收集到的中国上市公司海外并购数据，样本数据包括了 2001~2012 年中国 284 个上市公司在 55 个国家和地区（包括中国香港）完成的对外投资项目，同时删去了向避税地（开曼群岛、英属维尔京群岛和百慕大群岛）的投资项目，最终剩余 636 个有效投资项目。其中，国有企业共 399 个，私有企业 237 个。

表 5-2 列出了本研究所需的因变量、自变量和交叉变量。对于因变量，若企业在某一东道国进行投资，则变量值为 1；若在其他国家投资，则变量值为 0。对于国家层面自变量，首先将东道国的风险因素分为政治风险和经济风险两类，数据来源都是 PRS 集团给出的 ICRG 数据，其中政治风险指标由 5 个因素构成，经济风险指标由 13 个因素构成，其数值越大说明该东道国风险较小。为评价东道国的政府干预程度，本书选取了美国传统基金会给出的经济自由度指标，该指标由 10 个具体指标构成。汇率指标由跨国企业海外投资成功当年的东道国对人民币平均汇率来表示。为评价东道国自然资源禀赋情况，采用该国能源进口占能源使用的比例来表示。市场规模用东道国 GDP 表示，而劳动力成本则用人均 GDP 表示。企业层面，本书按企业所有制结构将企业分为国有企业和非国有企业；按照跨国公司海外投资建立子公司的生产类型分为制造和非制造两种类型。同时，为了验证我国跨国企业投资的异质性，又添加了表 5-2 中的交叉变量。

表 5-2 变量和数据来源

主要变量	含义	数据来源
区位选择	选择东道国=1，否则为 0	本书
政治风险（Prisk）	由 5 个因素组成的风险评分	ICRG
经济风险（Erisk）	由 13 个因素组成的风险评分	ICRG
政府干预（Freedom）	经济自由度指标	美国传统基金会
汇率（Ex-rate）	东道国对人民币汇率	IMF
自然资源（Energy）	能源进口/能源使用×100%	世界银行
市场规模（Market）	GDP	世界银行
劳动力成本（Labor cost）	人均 GDP	世界银行
企业所有制结构（ownership）	国企=1，私企=0	本书
企业类型（characteristic）	制造=1，非制造=0	本书
交叉变量		
Prisk × ownership		ICRG 和本书
Erisk × ownership		ICRG 和本书
Freedom × ownership		传统基金会和本书
Ex-rate × ownership		IMF 和本书
Energy × ownership		世界银行和本书
Market × characteristic		世界银行和本书
Labor cost × characteristic		世界银行和本书

（三）模型设定与结果分析

结合条件 Logistic 模型，本部分进行了四次建模，建模结果如表 5-3 所示。其中，模型 1 为未添加交叉变量只包含国家层面变量的基础模型，模型 2 添加了表 5-2 变量和数据来源中的所有交叉变量，然后为检验本模型的稳健性，将样本区间划分为 2001~2006 年和 2007~2012 年，模型 3 和模型 4 分别给出了分区间后的建模结果。

针对模型 1 的建模结果，与传统观念一致，政治风险变量在 5% 置信水平下显著为正，因为针对该指标值，其得分越高说明该国政治风险越低，因此可以认为我国的对外投资偏好低风险的政治环境，这也与 Duanmu 和 Guney（2009）以及 Buckley 等（2007）的研究结果一致。与政治风险指标不同的是，经济风险指标在模型上不显著，同样地，经济自由和汇率都达不到显著的结果。此外，代表自然资源的能源变量在 10% 置信水平下显著为负，这可能与传统的结果不一致，但这是因为本书选取该变量的表示指标不同造成的。传统经济学中大多采用铁矿石出口占商品总出口的比例来表示东道国的自然资源禀赋情况，而结合我国"走出去"企业的产业特性，能源行业大多集中在石油天然气行业，因此，本书选取了东道国能源进口占能源消耗的比例来表示，该值越高，说明东道国本身资源贫乏，该值越低，说明该国自然资源越丰富。此外，对于市场变量 GDP 和人均 GDP 来说，两个变量都显著，这也说明东道国市场规模是吸引中国企业投资的重要因素，而较高的人均 GDP 可能会阻碍我国企业进行投资。

模型 2 主要添加了交叉变量来研究企业异质性对海外投资东道国选择的影响，其中企业异质性既包括本部分所研究的国有企业和私有企业，还包括制造和非制造企业的区别。第一个交叉变量是政治风险和企业所有制结构，虽然在基础模型中政治风险变量是显著为正的，但交叉变量却不显著。这也说明，虽然企业会积极面对政治风险，但企业所有制结构会缓解这一特性。这也验证了本部分提出的假设 5-1，即与私有企业相比，国有企业相对来说会厌恶在政治风险高的东道国投资。接下来，经济风险、经济自由度和所有制结构的交叉变量都不显著，这也说明企业所有制并不影响企业对这两类因素的反应。另外，汇率和所有制结构组成的交叉变量在 10% 置信水平下显著，这说明企业所有制结构会强化汇率对区位选择的影响，这也验证了假设 5-3 提出的与私有企业相比，国有企业对东道国的外汇汇率（增值或贬值）更为敏感。能源变量和所有制结构变量组成的交叉变量也未达到明显显著的水平。针对最后两个交叉变量，反映的是市场变量和另一种企业异质性的相互关系，两个变量分别在 5% 和 10% 置信水平下显著，且其系数分别为正和负。结果表明，当企业在海外进行制造类生产经营活动时，东道国的市场规模对区位选择的影响会加强；进行非制造类生产经营活动时，人均 GDP 的副作用会被强化。两者共同说明，对于建立制造子公司的跨国企业来说，它们更倾向于在市场规模大而劳动力成本低的东道国进行，因为建立制造基地会有固定资产投资的成本。相反地，以交易为主要形式的海外投资灵活性更强，所以这两个变量的影响会稍微弱一些。模型 3 和模型 4 是为了检验模型的稳健性，将样本数据分成了两个区间，最终结果与模型 2 类似。

表 5-3 中的建模结果验证了本部分提出的部分假设，如假设 5-1、假设 5-3、假设 5-5a 和假设 5-5b，而假设 5-2 和假设 5-4 却未被验证，这也许是由于样本数据造成的，但即使未被验证，并不代表这种现象不存在。总的来说，企业所有制结构会影响我国企业在海外投资区位选择过程中特定因素的依赖程度，这也为我国企业"走出去"提供了一种理论参考。

表 5-3 条件 Logistic 回归结果（固定效应）

变量	模型 1	模型 2	模型 3	模型 4
			2001~2006 年	2007~2012 年
Prisk	0.329** (1.732)	0.482** (1.937)	0.367** (1.748)	0.535** (1.672)
Erisk	1.384 (0.293)	2.010 (0.475)	1.592 (0.465)	1.352 (1.352)
Freedom	0.153 (1.352)	0.362 (1.386)	0.253 (0.988)	0.294* (1.674)
Ex-rate	0.041 (1.537)	0.054 (1.327)	0.045 (1.352)	0.056 (1.295)
Energy	−0.583* (1.746)	−0.374* (1.848)	−0.475** (1.954)	−0.562** (1.865)
Ln（GDP）	0.229* (1.738)	0.224* (1.749)	0.224* (1.846)	0.229* (1.758)
ln（人均 GDP）	−0.032* (1.647)	−0.037* (1.742)	−0.046* (1.799)	−0.046* (1.879)
Prisk × ownership		−0.403 (−0.134)	−0.419 (−0.269)	−0.428 (−0.375)
Erisk × ownership		−0.828 (−0.89)	−0.688 (−0.803)	−0.702 (−0.861)
Freedom × ownership		0.014 (1.037)	0.013 (1.034)	0.013 (1.033)
Ex-rate × ownership		0.001* (1.843)	0.001* (1.786)	0.000* (1.846)
Energy × ownership		0.015 (1.354)	0.014 (1.537)	0.014 (1.323)

续表

变量	模型 1	模型 2	模型 3	模型 4
			2001~2006 年	2007~2012 年
ln（GDP）×characteristic		0.258** (1.972)	0.274* (1.683)	0.266* (1.746)
ln（人均 GDP）×characteristic		−0.301* (−1.777)	−0.374* (−1.783)	−0.299* (−1.924)
Pseudo R-squared	0.387	0.401	0.465	0.473
LLH	−234.384	−364.574	−275.778	−313.679
Pro > chi^2	0.000	0.001	0.004	0.000

注：括号内为 z 统计量；***、** 和 * 分别代表在 1%、5% 和 10% 的置信水平下显著。

五、本章小结

企业所有制结构是我国企业区别于世界其他国家企业的标志之一，在对外直接投资的实践中，国有大中型企业一直是我国对外直接投资的主体。但随着对外开放的不断深入，非国有制企业也不断开始自己的海外投资活动。本章首先简要回顾了我国的国有企业改革，对国有企业和非国有企业进行划分。然后分别结合我国企业的实际案例阐述两类企业在对外投资中的特点及出现的问题。最后结合收集到的企业层面投资数据，结合条件 logistic 模型进行实证分析我国国有企业和私有企业对外直接投资的不同特点。实证结果表明，企业所有制结构会影响我国企业在海外投资区位选择过程中对特定因素的依赖程度，这也为我国企业"走出去"提供了一种理论参考。

第六章 中国对外直接投资的区位选择分析
——基于产业结构层面

在直接投资初期,我国"走出去"的企业类型基本上集中在采矿业、制造业,随着近些年来服务业的发展,很多企业开始转向商业服务业或其他类型服务业,总体来说,我国企业的对外投资产业集中在采矿业、制造业和服务业。同时结合国际生产折衷理论,本章的主要内容就是从产业结构层面实证分析中国对外直接投资的区位选择问题。首先结合成功的海外投资案例,分别对采矿业、制造业和服务业的对外投资特点进行分析,得出中国对外直接投资在产业结构层面的区位选择假设;其次结合收集到的微观数据,通过建立泊松模型和负二项式模型实证分析三种产业类型的企业海外投资的区位选择特点。

一、采矿业对外直接投资

采矿业是指对固体(如煤和矿物)、液体(如原油)或气体(如天然气)等自然生产矿物的采掘。我国采矿业对外投资主要包括石油和天然气开采业、有色金属开采业和黑色金属矿采选业。随着我国国民经济的持续增长,能源供需之间的矛盾日益加剧,需要从国外大量进口能源,如石油对外依存度逐年增加,呈快速上升趋势,2001 年为 24%,到 2013 年激增到 58.1%。因此,我国采矿企业开展对外投资,不断深化能源国际合作,既是积极参与国际竞争的需要,也是弥补我国能源不足的必然选择。

"十三五"规划中提出完善对外开放战略布局，全面推进双向开放，促进国内国际要素有序流动、资源高效配置、市场深度融合，加快培育国际竞争新优势。以钢铁、有色、建材、铁路、电力、化工、轻纺、汽车、通信、工程机械、航空航天、船舶和海洋工程等行业为重点，采用境外投资、工程承包、技术合作、装备出口等方式，开展国际产能和装备制造合作，推动装备、技术、标准、服务"走出去"。建立产能合作项目库，推动重大示范项目建设。引导企业集群式"走出去"，因地制宜建设境外产业集聚区。加快拓展多双边产能合作机制，积极与发达国家合作共同开拓第三方市场。

目前，中石油在全球37个国家开展油气投资业务，初步建成中亚—俄罗斯、中东、非洲、美洲和亚太五个海外油气合作区以及亚洲、美洲、欧洲三个国际油气运营中心，形成勘探开发、管道储运、炼油化工、销售贸易等上下游一体化的石油产业链，建设了西北、东北、西南和海上四大跨国油气输送通道，参与国际油气合作的深度和广度不断拓展，与资源国政府、国家石油公司和国际石油公司建立起互信互利的合作关系，为国家能源供应和资源国经济社会发展做出了重要贡献。2013年，中石油海外油气作业产量当量达到1.23亿吨，权益产量当量达到5920万吨。

除了参与国际油气合作与开发，中石油还履行社会责任，造福当地人民。中石油在尼日利亚巴耶萨州南伊贾部落聚居区赞助的两个社区可持续发展项目"科勒玛—1"和"科勒玛—2"社区自由市场项目竣工并交付使用，这对协助改善所在地区营商环境，实现社区可持续发展起到了积极作用。这一举措也促进了中国企业在该国投资的便利化，为后进企业提供制度保障。

二、制造业对外直接投资

改革开放以来，中国制造业充分发挥低成本优势，逐渐形成了国际竞争力，赢得了大量的海外订单，中国沿海地区众多出口导向型制造企业使"Made in China"全球闻名，中国也凭借大规模制造业的迅猛发展积累了雄厚的国家实力，成为了仅次于美国的全球第二大制造大国。然而同时，中国制造业由于缺乏自主品牌、缺少核心技术、价格低廉等因素，面临着各国反倾销制裁、汇率波动、环保要求不达标、质量问题、消耗大量能源和资源等日渐严重的问题。中国制造业如何从"中国制造"走向"中国创造"，如何改变供应链最低端的位置，创牌、尤其是海外创牌至关重要。因此"走出去"战略中明确指出支持我国制造企业在境外开展技术研发投资合作，鼓励优势制造企业有效对外投资，创建国际化营销网络和知名品牌，从而推动中国现代制造业发展由"中国制造"成为"中国创造"。

  海尔集团是中国制造企业中最早响应国家"走出去"战略的家电企业，并在长达近20年的国际化道路上取得了显著的成绩。为了实现海尔品牌全球化，海尔集团将自有品牌的产品销往109个国家，在世界上多个经济贸易区域建立了自己的生产基地、研发中心，与多个海外著名品牌实施了战略合作联盟。在国际化的道路上，海尔集团制定了"走出去—走进去—走上去"的三步走战略，制定了"三个1/3"，即最终实现国内生产国内销售1/3，国内生产海外销售1/3，海外建厂海外销售1/3的国际化目标，并根据目标和战略，具体制定了国际市场开拓的两个战略：①国际市场开发战略"先难后易"，即坚持海尔品牌出口，产品先进入发达国家市场，创出名牌后，再进入发展中国家市场。②国际化品牌战略开发出国际化的知名品牌，海尔通过"先难后易"出口，凭高质量让用户对海尔品牌达到"认知"的目的；通过"三位一体"实现扎根，最后通过"超前满足当地消费者的需求"，在当地实现融资融智，创造本土化的名牌。

  说到底，"创牌"是海尔的最终目的。根据海外创牌道路"先难后易"的原则，1999年海尔首先选择从最发达的美国开始自己的本土"国际化名牌"实验。海尔在美国南卡罗来纳州投资建立了自己的子公司——美国海尔电冰箱有限公司，随着对美国市场的不断深入了解，产品的不断升级换代，海尔在洛杉矶投资成立了研发设计中心，加上之前就已建立在纽约的营销中心，海尔集团在美国成立了第一个"三位一体本土化"的海外经营体。2000年，海尔集团通过并购 Meneghetti 公司并在意大利成立了欧洲的制造基地，成功进入欧洲。

成功开拓发达国家市场后，2001年，海尔集团与尼日利亚当地家电制造企业合作，以提供技术和设备作为投资，并对合资公司提供技术支持，带动了中非地区海尔家电的生产和销售。接着，海尔集团在印度建立了工业园。2006年，海尔集团与巴基斯坦鲁巴集团合资成立巴基斯坦海尔工业园，以满足当地对海尔家电的销售需求。该项目全面投资电冰箱、洗衣机、空调等产品线，并同期配套了部分零部件的生产线，并引进了供应链上游的合作伙伴。迄今为止，海尔集团的海外经营几乎没有一个固定的模式，也几乎没有相同之处，因为每个国家和地区的客观条件都不同，从国家政策、税务、文化、工资水平，到人们对产品的喜好都千差万别。但是不管采用任何方式在海外投资和经营，海尔集团的终极目标都是创全球化的海尔品牌。

也许海尔的成功只是我国制造企业对外投资的个案，但2004年联想集团以17.5亿美元收购IBM个人电脑业务连带5亿美元债务的事件，成为全世界业内人士瞩目的一项企业并购案。IBM于1981年开创了个人电脑市场，但随着DELL和HP的崛起，IBM PC电脑销售额不断下滑，逐渐成为阻碍公司发展的包袱。20世纪90年代，联想在中国PC市场独领风骚，但随着中国市场开放，同样是DELL等PC国际厂商的进入使得联想的PC业务盛极而衰，风光不再，同IBM一样，联想的PC业务也到了瓶颈阶段。20世纪90年代末，联想计划在硅谷设立办事处，但想充分打入欧美市场，仅靠一己之力，树立品牌，打通渠道，无疑是得不偿失的，而收购IBM PC业务对于想走国际化路线的联想而言，是最佳的选择。完成收购后，联想拥有原IBM在日本东京以及美国北卡罗来纳州的两个研发中心、IBM在全球范围的笔记本台式机业务，并获得Think系列品牌及相关专利。通过收购联想一举成为全球第三大PC厂商、第一个进入世界500强的中国高科技企业，年生产电脑1400万台，占全球市场份额7%，销售额达到130亿美元。通过对海尔和联想海外投资的分析，不难看出，面临激烈的国内外行业竞争，为提高自身竞争优势出发，越来越多的制造企业"走出去"开展海外经营活动。

三、服务业对外直接投资

20世纪80年代以后,服务业对外直接投资逐渐成为该行业参与国际竞争的一种主要形式。随着中国经济被纳入全球经济一体化体系之中,中国服务企业的对外直接投资也是必然的。经过50多年的发展之后,我国的传统服务业已经具备相当的规模和实力,国内市场虽然还有发展空间,但竞争已经日趋激烈,再加上外国企业和合资企业的进入,国内传统服务行业亟须寻找到一个更大的发展空间;另外,国内的服务行业正在将发展重点转到信息、咨询、证券等新型行业,信息的交流联通早已超出了一国国界的限制,新兴产业的发展更是以世界市场为背景。可见,中国的服务业要进一步发展,服务业内部结构要调整优化,都需要服务业进行对外直接投资,"走出去"向外发展。

我国政府坚持贯彻服务业稳步实施"走出去"战略,按照市场导向和企业自主决策原则,引导各类所有制服务业企业有序开展境外投资合作,支持在境外开展技术研发投资合作,创建国际化营销网络和知名品牌。要求服务企业充分利用中华老字号企业已形成的品牌效应,带动中医药、中餐等产业开拓国际市场;将重点国别(地区)与重点领域相结合,分类指导,积极引导运输、建筑、旅游等有比较优势,以及分销、通信、快递、金融、计算机和信息服务、文化艺术、广播影视、新闻出版等有发展潜力行业的企业对外投资;着力培育我国服务业大型跨国公司和跨国金融机构,提高国际化经营水平;完善支持国内企业"走出去"的服务平台,做好海外投资环境研究,强化投资项目的科学评估,增强境外投资法律、会计、信息、金融、管理和环境技术等服务;同时,进一步扩大与有关国家和地区的服务业交流与合作,充分利用自由贸易区框架,加强对服务业企业"走出去"的制度保障。2014年中国服务业ODI主要集中在商业服务业、批发零售业、金融、计算机服务和软件行业,分别占比30.4%、14.8%、11.5%和1.4%。

中国服务企业加快"走出去"战略步伐，不仅反映了中国服务业的快速发展态势，也是由服务业"不可储存"和"不可分割"特性（服务产品必须在消费地生产）决定，该特性决定了服务业要想在国际市场从事经营活动必须通过FDI来开拓海外市场，而且与制造业不同，这种非交易特性也使得劳动力成本因素对服务业FDI影响较小。同时，服务业是在信息通信技术快速发展的背景下发展起来的，因此服务产品所附属的信息特性，使得服务业比制造业在对外投资时更充分利用国际化战略资产，更加关注产品创新、知识扩散等。

以金融行业为例，银行业支持中国企业"走出去"，坚持"三个导向"：一是服务实体经济导向，重点支持有助于支撑未来经济增长的战略性投资项目，比如信息技术、节能环保、新能源、生物、新材料等新兴产业发展的项目，有助于深化能源、资源、无法替代的高科技和先进制造业等领域互利合作的项目等。二是支持民族品牌导向，对那些品牌知名度大、科技含量高、具有比较优势的中国企业"走出去"，银行业要重点进行资源倾斜，增强示范和带动效应。三是提升竞争力导向，全面评估中国企业海外投资对象与其自身的产业相关度或战略相关性，重点支持能提升核心竞争力和实现规模效应的项目。在复杂的国际经济形势下，为响应国家"培育跨国金融机构，提高国际化经营水平"的战略目标，我国四大国有商业银行（中国银行、中国建设银行、中国工商银行和中国农业银行）为支持中国企业"走出去"做出了积极的努力。截止到2012年，中国银行在23个国家或地区，包括日本、美国、德国等发达国家和类似泰国、印度尼西亚的发展中国家，成立海外办事处；中国工商银行在世界范围内（除非洲）成立了39个子公司和分支机构；中国农业银行的海外分支机构包括4个海外子公司和5个海外办事处；中国建设银行在中国香港、新加坡、韩国和日本等国家（地区）成立了9个海外分支机构，包括中国台湾和俄罗斯的两个办事处，英国和中国香港的两个子公司。

四、产业结构层面区位选择的实证检验

(一) 假设提出

通过对上述不同产业投资的具体分析,可以得到以下假设:

假设 6-1:中国采矿企业的对外投资是寻求自然资源型,因此更愿意去自然资源丰富的国家进行海外投资。

假设 6-2:中国制造企业为主动嵌入全球化生产体系并在全球价值链中升级,大多是寻求市场与寻求战略资产并重,因此更倾向于向市场前景广阔、战略资产丰富的国家投资。

假设 6-3:为服务中国"走出去"的实体经济,中国服务企业的对外投资也是寻求市场和寻求战略资产类型。

来自东道国的政治风险是影响中国企业能否成功"走出去"的重要因素之一。政治风险可以看作是伴随企业生产活动的重要外部影响因素,在对外扩张和并购活动中,东道国政府行为或政治立场的变化都会对企业的经营活动产生巨大的负面作用,因为政治风险将直接影响企业经营活动所在市场的稳定性,不稳定的市场环境将无法保证企业生产经营活动的有序健康进行。

敏感领域的投资涉及政治和国家竞争力,更易受到阻力。中海油竞购尤尼科失败,是因为美国将并购这一事件上升为涉及美国国家安全利益的"政治案件",其对国家安全利益构成了潜在威胁。2011年华为收购美国3Leaf公司夭折,这是因为并购受阻,当时正值美国的中期选举,国际上对网络安全尤为担忧。除此以外,通信、航空航天、基础设施也是较为敏感的投资行业,受到的阻力较大。据统计,在2005~2013年的545个交易中,存在问题的交易有119个,占21.8%,交易中存在问题占比较大的行业,依次是交通运输(28.8%)、金属矿产(28.2%)、金融(25%)、科技(24.1%)。因此,本章提出假设:

假设6-4：无论哪种产业，中国企业在"走出去"过程中极易受到东道国政治风险因素的影响，相对来说其更愿意在政治风险较低的国家投资。

从之前的介绍中不难得出，企业的所有制结构和其活动行为之间有着一定的关联。与私有企业相比，Chen等（2009）发现国有企业依托于中央或政府的资金支持和监管，这些企业"走出去"的行为多会反映政府需求，比如追求特定资源（自然资源或其他战略资产），这种现象也就是通常所说的国际化制度视角（Deng，2009）。有了国家和政府的资金和政策支持，即便是在政治风险较高的东道国进行投资，国有企业的国际化进程也比非国有企业相对容易和顺利些，而非国有企业的国际化进程显得更加黯淡无光（Qi et al.，2000；Wang et al.，2009）。在任何一个国家，都是由国家或其他国有部门掌握重要资源，这样国有企业在进行海外投资时将会获得更多的贷款和其他重要资产投入，这也意味着，私有企业在政治环境不稳定的国家进行海外投资会面临更多的风险，还难以在资金和政策支持上赶超国有企业。除了这方面劣势外，Dougherty等（2007）发现即便私有企业的劳动生产力高于国有企业，但就ODI而言，国有企业仍是中国海外投资的主力军。2004年前，我国只允许国有企业进行跨国投资，即便是外汇也只针对国有企业开放，此外国有企业还有金融、政府网络和垄断资源方面的特权（Dollar & Wei，2007；Morck et al.，2008），在这种不平等的经营环境下，国有企业和私有企业的对外投资行为呈现出明显的不同之处。与国有企业对外投资的战略意图（Deng，2009）不同，推动更多私有企业投资人进行海外投资的主要动力是要逃离这种不平等的生产经营环境（Child & Rodrigues，2005）。但无论怎样，即便在国内，私有企业还是在法律等问题上缺乏保障，有时还不得不受制于一些歧视性政策（McMillan & Woodruff，2002），比如在市场准入和自然资源的获取方面，因此，在一定程度上来说，私有企业的对外投资是被迫选择在上述政策上实现公平的国家开辟新市场。然而，Liu等（2008）提出中国私有企业的对外投资并不像很多学者认为的只是为了寻求新市场，它们的海外经营活动也是属于风险规避型的，也就是说，这些企业更愿意去与本国政治、文化等领域更接近的东道国进行投资。

具体到产业类别来说，由于自然资源的稀缺性，即便东道国政治风险极高，国有的采矿企业也会进行投资，而私有企业会更多考虑到政治风险因素而较少投资。事实上，由于我国的能源行业还较少对私有企业开放，因此，现有的有资格进行海外投资的能源企业还是以国有企业为主。对制造业和服务业来说，由于制度和法律保障缺乏，为开拓市场和寻求战略资产，它们更愿意在政治风险低的国家进行投资。综上所述，本章提出以下假设：

假设6-5a：国有企业比非国有企业更愿意在政治风险高的东道国进行投资。

假设6-5b：即便在政治风险较高的东道国，采矿业的国有企业也会为了寻求自然资源进行投资。

假设6-5c：中国制造业和服务业的国有企业为开拓新市场和寻求战略资产，会选择政治风险较高的东道国进行投资。

假设6-5d：制造业和服务业的私有企业在海外投资过程中也属于风险规避型。

（二）数据采集

本部分主要从清科和路透数据库收集了中国上市公司的对外投资数据，包括2001~2012年中国284个上市公司在55个国家和地区（包括中国香港）完成的对外投资项目，同时删去了中国企业向避税地（开曼群岛、英属维尔京群岛和百慕大群岛）的投资项目，最终剩余604个有效投资项目。为保证数据的可靠性和真实性，每条ODI项目都经过企业官方网站和"Cross-Border M&A Deals"（UNCTAD）的核实。

表6-1详细分析了样本数据，并对样本数据依据东道国发展水平、企业所有制结构和产业类别进行分类。数据表明，采矿业和制造业所占比例相当，分别为37%和35%，稍高于服务业的28%；考虑到东道国的经济发展水平，样本中发达国家占比明显高于发展中国家的数目，约是发展中国家的3.5倍，这也说明中国企业的海外投资更多的是在发达国家投资。在企业所有制方面，国有企业仍然是中国海外投资的主力军，其所占比例远高于私有企业的比例。对采矿业来说，在发达国家的投资远高于发展中国家，国有企业的投资也是远高于私有企业，这也说明，我国采矿业的投资主体仍然是国有企业，并且与我国至今未开放私有企业

进入能源行业有关。对于制造业来说,在发达国家的投资数目将是在发展中国家投资数目的 3 倍之多,毕竟我国制造业的海外投资大多是以寻求市场和追求战略资源为首要目标,而发达国家先进的生产技术是吸引国内企业海外投资的重要因素。值得注意的是,制造业中国有企业和私有企业的数量相当,这也证实了我国私有企业的对外投资大多集中在制造业,毕竟国内严峻的行业竞争环境迫使更多的企业进行海外战略资源的寻找。最后,对服务业来说,更多的服务业企业选择在发达国家进行海外投资,因为在一些发达国家的 GDP 组成中,服务业的比例已经超越工业和农业,成为第一大产业。这些国家的服务业发展水平可以看作是世界服务业发展水平的标杆,而我国服务业还处于快速发展阶段,只有更多地向世界优秀企业学习,才能更快推动我国的产业升级和企业转型。值得提出的是,在所有的样本数据中,服务业是唯一一个非国有企业投资数目超过国有企业投资的产业,虽然所占比例相差不大,但也说明我国私有企业的对外投资步伐正在加速,并逐步成为海外投资的重要力量。

表 6-1 中国 ODI 样本数据(2001~2012 年)

		采矿业	制造业	服务业	总计
东道国发展水平	发达国家	159(26%)	166(27%)	152(25%)	477(78%)
	发展中国家	66(11%)	43(8%)	18(3%)	127(22%)
企业所有制结构	国有企业	193(32%)	112(19%)	76(13%)	381(64%)
	私有企业	32(5%)	97(16%)	94(15%)	223(36%)
总计		225(37%)	209(35%)	170(28%)	604(100%)

注:括号内为该类别所占比例。

表 6-2 列出了我国三类产业海外投资数目前三名的企业和投资项目数。针对采矿业,中国石油天然气集团公司以总项目数 28 位居行业第一,其次是中国石化的 27 个投资项目,最后是中国海洋石油总公司的 12 个海外投资项目,以"中"字头为代表的国有企业是我国采矿业海外投资的主体。对制造业来说,海尔集团以 12 项投资项目占据制造业榜首,其次是中国中化集团公司(11 项)和安徽中鼎集团股份有限公司(5 项),但总项目数明显低于采矿业。海南航空股份有限公司和腾讯控股有限公司均以 10 项占据服务业海外投资项目的首位,中国工商银行位居第三,这也说明了对服务业来说,私有企业成了海外投资的主力

军。与中国工商银行相比,这些企业虽然在世界500强的排名较低或不在排名之列,但是它们海外投资力度较强,发展势头强劲。

表6-2 分行业排名前三对外投资企业(2001~2012年)

行业类别	企业名称	项目数目
采矿业	中国石油天然气集团公司(CNPC)	28
	中国石化(SINOPEC)	27
	中国海洋石油总公司(CNOOC)	12
制造业	海尔集团(HAIER)	12
	中国中化集团公司(SINOCHEM)	11
	安徽中鼎集团股份有限公司(ANHUI ZHONGDING)	5
服务业	海南航空股份有限公司(HU)	10
	腾讯控股有限公司(TECENT)	10
	中国工商银行(ICBC)	9

表6-3列出了2001~2012年中国企业海外投资目的地前10名及其营商环境排名。其中美国以110个项目数居首位,其次是澳大利亚(72项)和加拿大(51项)。其中,新加坡和日本以25项投资项目并列第7,这前10名投资目的地的总投资项目数为421项,占本章所有样本数据的69.7%。另外,这些投资目的地都属于经济发达的国家或地区,这也说明了我国的海外投资更倾向于在经济较发达的国家进行投资。根据营商环境排名,2012年,中国企业营商环境指标综合排名第99名,远低于中国ODI十大投资目的地,这表明在一定程度上,东道国良好的营商环境是中国企业海外投资的制度保障。在ICRG政治风险综合评分方面,中国(75.2分)低于其中七个投资国家和地区,因此,我们也可以认为我国企业的海外投资大多是风险规避型的经营活动。

表6-3 中国企业ODI投资目的地前十名

目的地	投资项目数(2001~2012年)	营商环境排名(2012年)	ICRG综合风险评分(分)(2012年)
美国	110	4	75.7
澳大利亚	72	10	79
加拿大	51	17	83.5
中国香港	47	2	80.7

续表

目的地	投资项目数 (2001~2012年)	营商环境排名 (2012年)	ICRG综合风险评分（分） (2012年)
德国	31	19	84
英国	29	11	73.7
新加坡	25	1	86.5
日本	25	23	79
法国	16	35	71.7
意大利	15	67	70.7
荷兰	13	30	81
	总项目数421	中国排名99	中国综合评分75.2

（三）变量选取

因变量ODI由东道国在特定年份接受的中国投资总项目数来表示。自变量的选取主要基于Dunning（1976）在国际生产折衷理论中关于对外投资动机的描述，主要包括市场寻求型投资、资源寻求型投资、战略资产寻求型投资和效率寻求型投资。但现有关于分析中国ODI的主要文献（Buckley et al.，2007；Cheng & Ma，2008；Cheung & Qian，2008；Kolstad & Wiig，2012）更多地关注前三种投资动机，而由于中国相对较低的劳动力成本（Amighini et al.，2011），寻求效率型动机在中国企业的ODI表现不太明显。因此，提出以下解释变量（见表6-4）：

表6-4 变量及数据来源

变量	含义	数据来源
ODI	中国ODI的投资项目数	本书
GDP	东道国GDP（单位：美元）	世界银行发展指标
GDPG	东道国GDP增长率（%）	世界银行发展指标
Energy	能源进口/能源使用×100%	世界银行发展指标
Patent	非居民专利申请数量	世界银行发展指标
Business	营商环境排名（排名越高，说明营商环境越好）	世界银行发展指标
Openness	FDI净流量/GDP×100%	UNCTAD
Ex-rate	东道国对人民币平均汇率	世界银行发展指标
Biltrade	中国与东道国的贸易量/东道国贸易总量	UNCAT和国家统计局
Prisk	东道国政治风险评分	ICRG

(1) 市场因素变量（GDP 和 GDPG）：①用东道国每年 GDP（现价美元）的对数来测量东道国的市场规模；②用东道国 GDP 增长率来测量东道国的市场发展潜力和吸引力。虽然已有很多文献证明东道国的市场变量对中国 ODI 的增加有着明显的促进作用，但是分行业的市场依赖还未被证明。

(2) 能源因素变量（Energy）：实证研究表明，丰富的自然资源禀赋是吸引中国企业对外投资的重要原因（Kolstad & Wiig，2012）。与传统文献中采用铁矿石出口比例作为能源替代变量不同的是，由于本书所选采矿业数据中石油天然气企业比例较高，因此用东道国能源净进口占能源使用量（石油当量）的百分比来衡量东道国的能源禀赋程度。若该变量值为负，则意味着东道国为资源丰富的石油出口国家；反之，则为资源相对匮乏的石油进口国。

(3) 战略资源变量（Patent）：表示东道国战略资源禀赋程度，以该国当年非居民专利申请的对数来衡量。由于中国的部分企业对外投资是为了获得东道国的先进技术或提高本企业的技术水平，因此战略资源禀赋越高，对中国的直接投资吸引力越大。

(4) 营商环境（Business）：根据世界银行发布的营商环境报告，营商环境指数排名越高或越靠前，表明该国从事企业活动条件越宽松。相反，指数排名越低或越靠后，则表明在该国从事企业经营活动越困难。根据假设，中国企业的 ODI 与该指标呈正相关。

(5) 政治风险（Prisk）：与 Buckley（2007）和 Duanmu（2011）相同，东道国政治风险用国际风险指数（ICRG）中的政治风险排名来表示。ICRG 政治风险评估方法预先设定了 12 项政治风险影响因素并赋予相应分值，以此对 ICRG 所涵盖的国家的政治稳定情况进行比较评估。得分较低的国家风险较高，得分较高的国家风险较低。

(6) 双边贸易（Biltrade）：依据 Bevan 和 Estrin（2004）、Buckley 等（2007）的研究，用东道国与中国之间的贸易总额占东道国国际贸易总额的比例来衡量两国的经济关联程度。如果两国之间的经济关联度越大，收购企业对被收购企业所在国的经济环境越熟悉，这使得收购者能够较快、较准确地收集到收购目标的信息，并能正确预测出达成交易可能遇到的障碍，从而使得收购得以顺利进行。因此在其他条件相同的情况下,本书认为中国企业对外投资时多选择与中国经济关联程度强的东道国。以上数据来源于国家统计局和 UNCTAD。

(7) 外资开放程度 (Openness): 在对外开放背景下,一个地区的外资开放政策直接影响该地区参与国家分工的广度和深度,Vernon (1966) 认为,全球化生产程度越高的东道国越容易吸引更多的投资者,这种集聚效应促使更多的国家不断提高对外开放水平 (Chakrabarti, 2001)。本书用东道国 FDI 流量占当年 GDP 的比例来度量外资开放程度,并认为该因素在促进中国企业"走出去"中起着重要作用。

(8) 汇率 (Ex-rate): 投资母国较低或不断贬值的外汇汇率虽然会促进出口,但是会削弱本国的对外投资力度。因为随着本国汇率升值,利用外币计价的资产变得更加便宜,使得对外投资的盈利机会增加,也会促使更多企业进行对外投资。在此情况下,若是汇率快速升值,特别是从很低或是被低估的水平升值,可能会成倍地促进对外投资比例,也是基于此原因,在本书中将汇率作为一个影响 ODI 的指标因素。当然,若是东道国的汇率不断贬值,这也将大大促进中国企业的对外投资力度。汇率这一变量是用东道国官方的对人民币(美元)年平均汇率,数据来源于世界银行发展指标。

(四) 泊松模型和负二项式模型

在本部分,因变量用投资项目数来表示,离散的整数即为计数变量,且数值较少,而解释变量多为定性变量,因此考虑使用计数模型 (Count Models)。在计数模型中,最为广泛使用的是泊松模型。设每个观测值 y_i 都来自一个服从参数 $m(x_i, \beta)$ 的泊松分布的总体:

$$E_i m(x_i, \beta) \equiv E(y_i | x_i, \beta) = e^{x_i' \beta} \tag{6-1}$$

对于泊松模型,给定 x_i 时 y_i 的条件密度函数是泊松分布:

$$f(y_i | x_i, \beta) = \frac{e^{-m(x_i, \beta)} m(x_i, \beta)^{y_i}}{y_i!} \tag{6-2}$$

由泊松分布的特点:

$$\text{var}(y_i|x_i,\ \beta) = E(y_i|x_i,\ \beta) = m(x_i,\ \beta) = e^{x_i'\beta} \tag{6-3}$$

参数 β 的极大似然估计量是通过最大化如下的对数似然函数来得到：

$$L(\beta) = \sum_{i=1}^{n}[y_i \ln m(x_i,\ \beta) - m(x_i,\ \beta) - \ln(y_i!)] \tag{6-4}$$

另一个用来解决这类具有过度集中特征的计数数据的模型是负二项式模型，就是使用一个负二项式分布的似然函数极大化来估计参数，其似然函数为：

$$L(\beta,\ \eta) = \sum_{i=1}^{n}\{y_i \ln \eta^2 + y_i X_i'\beta - (y_i + 1/\eta^2)\ln[1 + \eta^2 \exp(X_i'\beta)]$$
$$+ \ln\Gamma(y_i + 1/\eta^2) - \ln(y_i!) - \ln\Gamma(1/\eta^2)\} \tag{6-5}$$

其中，η^2 是和参数 β 一起估计的参数。

当数据过度分散时，经常使用负二项式分布，这样条件方差大于条件均值，由于下面的矩条件成立：

$$E(y_i|x_i,\ \beta) = m(x_i,\ \beta) \tag{6-6}$$

$$\text{var}(y_i|x_i,\ \beta) = m(x_i,\ \beta)[1 + \eta^2 m(x_i,\ \beta)] \tag{6-7}$$

因此，η^2 测量了条件方差超过条件均值的程度。

（五）结果分析

利用 EViews 6.0 进行泊松回归和负二项式回归建模，因变量 y_i 指中国 t 年在东道国 i 的投资项目数。依次对 225 个采矿业样本、209 个制造业样本和 170 个服务业样本进行回归，但二者建模结果极其相似，因此本书选取泊松回归结果，结果如表 6-5、表 6-6 和表 6-7 所示。其中，对每一类产业进行回归时，都建立了 9 个模型。首先，利用所有分产业样本数据进行回归，整体把握各类型产业企业"走出去"时所依赖的东道国区位因素。其次，依据第四章第一部分的内容，将东道国根据经济发展水平进行分类，分为发达国家和发展中国家，分别进行建模回归。最后，根据第四章第二部分关于企业所有制结构的分析，将企业主体简单分为国有企业（包含央企、集体所有制企业）和非国有企业（除国有企业之外的所有企业）进行建模。为了验证假设 6-5b 和假设 6-5c，在建模过程中添加了两个交互变量，其中模型（A）无交叉变量，模型（B）以 Prisk×Energy 作为交互变量，模型（C）以 Prisk×Patent 作为交互变量。

表6-5首先给出了我国采矿业企业对外投资区位选择的建模分析，针对采矿业全样本建模，模型结果首先验证了我国采矿企业对外投资的寻求自然资源动机，即这些企业大多在自然资源丰富的国家进行投资，因为 Energy 变量系数在1%置信水平下显著为负，无论是在发达国家还是在发展中国家，无论是国有企业还是非国有企业。即使采矿业的非国有企业数据较少，这种寻求自然资源动机仍然非常明显，这表明我国采矿企业对外投资时只关注东道国的要素禀赋情况，较少关注其他方面。这一现象的发生也是由于近些年来我国经济发展迅速造成的，在过去30年我国经济保持较快速度发展，在未来也会平稳健康增长，这些都离不开对能源消耗的过度依赖。从2004年开始，国际原油市场价格一路飙升，有不少人士认为中国对石油的巨大需求是导致国际原油价格上涨的重要原因之一。虽然这样的解释太过牵强，但我国国内不断经历的能源危机为我们的经济发展敲响了警钟。

比较采矿业在发达国家和发展中国家的结果，不难发现市场因素也是我国采矿企业投资的决定因素，但二者又有所不同，区别在于在发达国家模型中GDP变量显著，而在发展中国家模型中GDP增长率变量显著，因此我们可以认为，就市场因素而言，采矿企业更容易在国民经济更富裕的发达国家投资，或是在GDP增长迅速的发展中国家进行投资。另外在发达国家模型中，还有营商环境因素（-0.2585）和政治风险因素（-1.8638）分别在5%和1%置信水平下显著，营商环境指标显著说明我国采矿企业更倾向于在经营环境良好的发达国家进行投资，这也与表6-3中的数据相吻合，因为在该表中前十名的投资目的地的营商环境排名都高于中国当年的排名。政治风险指标系数为负，似乎不能解释，同样在表6-3的前十名投资目的地中也有类似英国、法国和意大利的综合政治风险评分值低于中国水平。另外，在发展中国家模型中的对外开放指标（Openness）在5%置信水平下显著，根据样本信息，虽然采矿业在发展中国家投资项目较少，但较高的对外开放程度还是会吸引较多的企业进行投资。总之与发展中国家相比，中国采矿企业更愿意在发达国家进行海外经营活动。

表 6-5 采矿业建模结果

	全样本	发达国家	发展中国家	国企 (A)	国企 (B)	国企 (C)	私企 (A)	私企 (B)	私企 (C)
ln (GDP)	0.153** (2.116)	0.427*** (4.041)	-0.1127 (-0.8771)	-0.0131 (-0.131)	-0.0334 (-0.331)	-0.0136 (-0.135)	-0.0846 (-0.179)	-0.0601 (-0.124)	0.3203 (0.4059)
GDPC	-0.0133 (-0.445)	-0.0345 (-0.9064)	0.1776*** (2.7367)	-0.0185 (-0.5568)	-0.014 (-0.4193)	-0.0183 (-0.549)	0.0084 (0.0688)	0.0064 (0.0525)	-0.0065 (-0.051)
Energy	-0.2598*** (-5.2414)	-0.3977*** (-6.2243)	-0.0781*** (-2.7382)	-0.2859*** (-5.1655)	-0.4546*** (-3.6268)	-0.2855*** (-5.0819)	-0.0600** (-2.3044)	-0.9552*** (-2.5746)	-0.1420*** (-4.5818)
ln (Patent)	-0.0252 (-0.8826)	0.0534* (1.6790)	0.0023 (0.0447)	0.0380* (1.7060)	0.0401* (1.8632)	-0.0539 (-0.1429)	0.0654 (0.1957)	0.0642 (0.1898)	-1.6918 (-0.6303)
ln (Business)	-0.2128** (-2.0827)	-0.2585** (-2.1217)	0.1703 (0.8381)	-0.0687*** (-3.6035)	-0.0875 (-0.7682)	-0.0698 (-0.5960)	-0.0934 (-0.2572)	-0.0769 (-0.2061)	-0.2582 (-0.5827)
Openness	1.1070 (0.6456)	2.6382* (1.6506)	8.7023* (1.6967)	1.1608* (1.8584)	0.9699** (2.0815)	1.1845* (1.6575)	2.2777* (1.6607)	2.2630** (2.0544)	1.9457* (1.8616)
Biltrade	0.9603 (1.4729)	0.8509 (0.6406)	-0.0609 (-0.0684)	2.0186** (1.9674)	2.2790** (2.0781)	2.0262** (1.9735)	0.2342 (1.6524)	0.5454* (1.6920)	1.6682* (1.8829)
Ex-rate	0.4410 (1.1901)	0.2258 (0.3904)	0.1734 (0.6975)	0.5365 (1.4126)	0.4729 (1.2479)	0.5363 (1.4111)	0.2844 (0.1747)	0.6672 (0.0321)	0.5124 (0.2490)
Prisk	0.4353 (0.2633)	-1.8638*** (-4.7773)	-5.7525 (-0.7108)	-0.3929 (-1.7933)	-0.4391* (-1.8524)	0.2257 (0.0519)	0.6251 (0.1187)	2.7101 (0.2938)	-1.347 (-0.6168)
Interaction					0.9468* (1.7219)	0.0208 (0.0422)		-1.2697 (-0.2759)	2.0015 (0.6615)
Constant	0.3943* (1.7762)	-2.2278* (-1.7141)	2.8489*** (2.6547)	-0.3155* (-1.8006)	0.2769* (1.7775)	-0.1887* (-1.8569)	0.2813* (1.9483)	-1.7261* (-1.9504)	10.1381 (1.6563)
R-squared	0.4900	0.5421	0.4809	0.5269	0.5181	0.5268	0.6543	0.6721	0.7964
LLH	-153.239	-127.3636	-62.103	-131.318	-130.789	-131.317	-27.411	-27.372	-27.188

注：括号内为t统计量；***、**和*分别代表在1%、5%和10%的置信水平下显著。

比较采矿企业中国有企业和非国有企业的表现，发现两类企业在海外投资过程中并不太注重东道国市场相关因素，针对战略资产变量（Patent）来说，国有企业在对外投资中会比私有企业更加看重，这可能是因为国有企业在强大的资金支持下为提高国际竞争力，为产业转型或升级做准备。营商环境指标在两者中的表现和上述变量相似，国有企业更加注重东道国经营环境的优劣。另外，无论哪类企业，都会与对外资开放程度指标相关，该变量在六个模型中都显著，毕竟外资开放程度指标值越高，说明东道国接受外资的意愿就越强烈，国内为引进外资也有了相关产业和企业发展政策，因此我国企业更愿意去这种外资政策制度相对完善的东道国投资。和外资开放程度类似的是双边贸易变量，虽然这个变量只在三个模型中显著，但至少说明我国与东道国频繁的贸易往来在一定程度上增加了我国企业对其投资的机会，两国之间友好的关系对这种外资投入起到明显的促进作用。值得注意的是，在国有企业模型中还有两个变量比较显著，分别是综合风险指标（Prisk）（系数为负）和交叉变量 Prisk×Energy（系数为正），结合两个指标说明我国采矿业的国有企业即使是在政治风险比较高的东道国进行投资也是为了寻求自然资源。从整体上比较国有企业和私有企业的建模结果，不难得出国有企业在对外投资中除了追求自然资源之外，会更加注重战略资产的获得，并会利用东道国的国内营商环境和两国之间友好贸易关系的优势。私有企业的建模结果不甚理想的原因也可能是样本数据相对较少，毕竟相对于 193 个国有企业数据来说 32 个私有企业数据实在太少。

总体来说，针对采矿业的建模结果不仅验证了假设 1，即我国采矿企业的对外投资是寻求自然资源型，因此更愿意去自然资源丰富的国家进行海外投资，同时也验证了假设 6-5a 和假设 6-5b，即国有企业比非国有企业更愿意在政治风险高的东道国进行投资，特别是针对采矿业的国有企业来说，即便在政治风险较高的东道国，它们也会为了寻求自然资源进行投资。

表 6-6 给出了我国制造业企业对外投资区位选择的建模分析，针对全样本数据模型，市场变量中表示东道国市场规模的变量 GDP 系数为正，且在 10% 置信水平下显著，这表示中国制造业"走出去"寻求市场的动机，虽然中国已经是世界上的制造大国，但我国国内制造企业多而杂，国内相关行业市场竞争激烈，企

表6-6 制造业建模结果

	全样本	发达国家	发展中国家	国企(A)	国企(B)	国企(C)	私企(A)	私企(B)	私企(C)
ln(GDP)	0.1009* (1.6521)	0.2985*** (2.5775)	-0.4516** (-2.0324)	0.0634* (1.6676)	0.0701* (1.7242)	0.0729* (1.6932)	0.2805* (1.7651)	0.2952* (1.9333)	0.2070* (1.8674)
GDPG	-0.0144 (-0.5062)	-0.0431* (-1.7869)	0.0982* (1.8117)	0.0157 (0.4048)	0.0170* (1.6488)	0.0182* (1.8778)	-0.0216 (-0.4696)	-0.0097 (-0.2127)	-0.0130 (-0.2884)
Energy	-0.0556 (-0.9980)	-0.0462 (-0.6978)	-0.5480*** (-3.3144)	-0.0298 (-0.4116)	0.2780 (0.3356)	-0.0278 (-0.3829)	-0.0436 (-0.4683)	1.8025 (1.0728)	-0.0338 (-0.3662)
ln(Patent)	0.0332** (1.9995)	0.0833* (1.8575)	-0.011* (-2.1148)	0.0042* (1.9584)	0.0056** (2.0276)	0.4927 (0.7836)	0.0329* (1.9842)	0.02** (2.0619)	1.2413* (1.2440)
ln(Business)	-0.255*** (-3.2202)	-0.4828*** (-5.5414)	0.775*** (3.3256)	-0.1449* (-1.6546)	-0.1476* (-1.8798)	-0.1286* (-1.7942)	-0.13858 (-1.8586)	-0.1559* (-1.7721)	-0.207* (-1.9331)
Openness	0.2362 (0.16571)	0.0095* (0.0059)	1.577** (2.0864)	1.1256 (0.5758)	1.0703* (1.9544)	1.04 (0.5360)	1.6357* (1.9558)	1.7129* (2.0637)	1.491* (1.8587)
Biltrade	1.5949* (1.9611)	2.7491* (1.6941)	5.2773* (1.8422)	0.8282** (2.0462)	0.9665* (1.7281)	1.1508* (1.6221)	0.1635** (2.0845)	0.9261* (1.7541)	1.234** (1.7649)
Ex-rate	0.1763 (0.5681)	0.5867 (1.0470)	0.1813 (0.1475)	0.2838 (0.5141)	0.1771 (0.3742)	0.2137 (0.4682)	0.8340 (1.5022)	0.1059 (1.0251)	0.4618 (0.7645)
Prisk	-0.959 (-0.5599)	1.5929 (0.7453)	-1.621*** (-3.6208)	-1.3659** (-2.0564)	-1.0006* (-1.9835)	-3.9242* (-1.9751)	3.3294** (2.2874)	6.2582* (1.6960)	2.614*** (2.9869)
Interaction					-0.3859 (-0.3734)	-0.6388 (-0.7941)		-2.3252 (-1.1042)	1.7058* (1.2784)
Constant	1.8255** (2.1962)	-0.5047*** (-2.3356)	12.847*** (2.998)	1.4295* (1.9631)	1.0741* (1.6457)	-2.8384** (-1.9879)	-4.1389** (-1.9732)	-6.5447* (-1.8326)	8.7253** (1.8394)
R-squared	0.4316	0.4299	0.4785	0.3923	0.3988	0.4098	0.3965	0.4193	0.4179
LLH	-155.614	-141.337	-38.869	-88.2438	-88.1746	-87.9311	-74.3452	-73.659	-73.4934

注：括号内为t统计量；***、**和*分别代表在1%、5%和10%的置信水平下显著。

业发展进入瓶颈阶段，唯有扩展海外市场才能在激烈的竞争中立足站稳，因此东道国巨大的市场是吸引我国制造企业"走出去"的重要原因。除了市场变量之外，战略资产变量（Patent）也在5%置信水平下显著，并且变量系数为正，这也说明更多的制造企业也是为了寻求战略资产而进行海外投资的。另外，营商环境指标在全样本模型中是极其显著的，这也说明制造企业进行海外投资时很容易被东道国良好的营商环境吸引。最后，两国双边贸易往来变量（Biltrade）也在10%置信水平下显著且系数为正，这说明两国之间的经济关联度越大，我国收购企业更有意愿在此投资。

对我国制造业在发达国家和发展中国家的建模结果比较可得，首先针对市场变量发现表示市场规模的GDP和代表市场发展潜能的GDP增长率两个变量都是显著的，但是出现了一个非常有趣的现象：在发达国家模型中表示市场规模的GDP系数为正，而代表市场发展潜力的GDP增长率系数为负，而在发展中国家模型中两个变量系数正好相反。这说明制造业进行海外投资区位选择的时候会选择去经济发达但增长率较低的发达国家或者是经济欠发达但具有强势增长潜力的发展中国家，这也表明了我国企业海外投资时市场规模与市场潜力并重的投资偏好。对于战略资产变量（Patent），制造企业在两类国家中的区位选择也是相反的，即在发达国家会追求战略资产而在发展中国家这种动机却不显著，毕竟当代国际经济只有那些发达国家掌握着制造业的核心制造技术，而中国作为最大的发展中国家在制造业方面已经远超其他发展中国家，因此我国企业在发达国家投资时更易被东道国制造业的核心高科技技术吸引。比如在前文中关于海尔对外投资战略的介绍，海尔海外创牌道路"先难后易"的原则是对这一模型结果最好的解释。针对Business指标，建模结果也呈现出两种相反的局面，即在发达国家追求好的营商环境，而在发展中国家即便是不太良好的营商环境，我国制造企业也有意愿在此投资。追求发达国家好的营商环境容易理解，而在发展中国家的这种偏好说明我国制造企业在发展中国家投资时是以寻求市场为主要目的的。另外，针对政治风险变量只有在发展中国家模型是显著的，但变量系数为负，也可能是由于在这一模型中样本数据中的东道国都是政治风险比中国低的国家，又或者是因为发展中国家建模样本数据只有43个，相对于166个发达国家样本数据说服力相对较弱。

最后比较制造业国有企业和私有企业在海外投资的区位选择结果。首先代表市场规模的 GDP 变量都在 10% 置信水平下显著为正，这更加说明我国制造企业海外投资对东道国市场的重视。针对市场发展潜能变量 GDP 增长率，两类企业表现不同，在国有企业模型中该变量系数显著为正，而在私有企业模型中该变量不显著，同时结合战略资产变量（Patent）在两类模型中系数显著为正，说明在国家财力、人力和政策支持下国有企业投资会更加具有国家战略意义，因此会为了追求战略资产选择去难度较高的发达国家进行投资。在两类模型中还有政治风险因素比较显著，虽然该变量系数在国有企业中为负而在私有企业中为正，至少说明了东道国的政治风险是会影响我国制造企业进行海外投资区位选择的。国有企业模型中该变量系数为负，也可能是因为国家支持使得企业不惧怕东道国的政治风险，而私有企业为保证自身生产经营活动的顺利进行会选择在风险比较低的国家进行投资。值得注意的是，在私有企业模型中还有交叉变量 Prisk×Patent（系数为正）比较显著，该指标说明我国制造业的私有企业会选择在政治风险比较低的东道国进行投资，同时还会寻求战略资产。由于在制造业模型中，私有企业样本数据和国有企业样本数据相当，因此模型中关于私有企业建模结果对我国企业"走出去"的区位选择还是具有一定借鉴意义的。

总体来说，针对制造业的建模结果不仅验证了假设 6-2，即中国制造企业为主动嵌入全球化生产体系并在全球价值链中升级，大多是寻求市场与寻求战略资产并重，因此更倾向于向市场前景广阔、战略资产丰富的国家投资。同时也验证了假设 6-5a、假设 6-5c 和假设 6-5d，即国有企业比非国有企业更愿意在政治风险高的东道国进行投资，针对制造业的国有企业来说，即便在政治风险较高的东道国，它们也会为了寻求战略资源进行投资；制造业的私有企业在海外投资过程中也属于风险规避型。

表 6-7 给出了我国服务业企业对外投资区位选择的建模分析，比较制造业和服务业的建模结果发现，两类产业模型结果中变量系数和显著性非常相似。针对全样本数据模型，市场变量中表示东道国市场规模的变量 GDP 系数为正，且在

表 6-7 服务业建模结果

	全样本	发达国家	发展中国家	国企（A）	国企（B）	国企（C）	私企（A）	私企（B）	私企（C）
ln (GDP)	0.3424*** (3.7038)	0.5362*** (4.8307)	-0.259* (-1.7533)	0.0368** (1.8303)	0.037* (1.8301)	0.0342** (2.0282)	0.4401*** (2.9417)	0.4113*** (2.6783)	0.4639*** (2.9238)
GDPG	-0.0063 (-0.2167)	-0.0434* (-1.6718)	0.353** (2.2005)	0.0029 (0.0717)	0.0293** (2.0713)	0.0007 (0.0182)	0.0023* (1.8564)	0.015* (1.7415)	0.005 (0.1204)
Energy	0.0035 (0.0478)	0.0054 (0.0650)	-0.6158** (-2.0189)	0.0413 (0.2776)	0.0248 (0.0131)	0.0391 (0.2673)	-0.0084 (-0.0942)	1.283 (0.8274)	-0.0181 (-0.1975)
ln (Patent)	0.0333* (1.6615)	0.0251** (2.0514)	-0.242* (-1.6916)	0.0215** (2.1322)	0.0215** (2.0867)	-0.193 (-0.2751)	0.0223** (2.003)	0.0256** (1.9773)	0.3595** (1.9936)
ln (Business)	-0.216** (-2.0683)	-0.3644*** (-3.2669)	1.061** (1.9925)	-0.078** (-1.9649)	-0.0784** (-1.9612)	-0.0721* (-1.7221)	-0.0866* (-1.6784)	-0.1084** (-1.9741)	-0.0997** (-2.0681)
Openness	2.3918** (1.8399)	3.2327** (2.0440)	-2.6566 (-0.9615)	1.0694 (0.5942)	1.0729* (1.6818)	1.1198* (1.7131)	1.5872* (0.6995)	1.6208 (0.7291)	1.6392* (1.7169)
Biltrade	1.322** (1.8251)	0.8993* (1.6587)	4.6535** (1.9813)	1.6038** (1.8833)	1.5988** (2.0840)	1.4675** (1.7758)	1.2338** (2.0610)	1.6363* (1.7877)	1.1927** (1.8694)
Ex-rate	0.0887 (0.1932)	0.06979 (1.1451)	0.2298 (0.1335)	0.2113 (0.2798)	0.2133 (0.2697)	0.2101 (0.2783)	0.2418 (0.3963)	0.3201 (0.5018)	0.2683 (0.4352)
Prisk	-3.0156 (-1.3726)	1.9406 (0.7086)	-5.9225* (-1.8684)	-0.5616** (-1.9801)	-0.5953* (-1.7236)	-2.3546* (-1.8301)	-0.2645 (-0.0749)	0.3314** (1.9879)	4.3762** (2.0513)
Interaction					0.0213 (0.0087)	0.233 (0.2464)		-1.6432 (-0.8357)	0.4967** (2.0255)
Constant	0.4585* (1.8216)	-3.9035** (-1.9712)	1.3332* (1.8785)	0.6375** (2.0306)	0.6625* (1.6667)	1.9599** (2.0325)	-2.786* (-1.8132)	-3.1145* (-1.8651)	0.2047* (1.9312)
R-squared	0.487	0.5362	0.6973	0.4075	0.4176	0.411	0.5173	0.5207	0.5241
LLH	-161.227	-116.5858	-17.5663	-66.4938	-66.593	-66.263	-70.548	-70.191	-70.415

注：括号内为 t 统计量；***、** 和 * 分别代表在 1%、5% 和 10% 的置信水平下显著。

1%置信水平下显著，这表示中国服务业"走出去"寻求市场的动机，虽然中国开始进入服务大国，但服务企业起步慢发展缓，国内相关行业市场混乱，唯有扩展海外市场向国外先进企业学习才能在激烈的竞争中立足站稳，因此东道国巨大的市场是吸引我国服务企业"走出去"的重要原因。除了市场变量之外，战略资产变量（Patent）也在10%置信水平下显著，并且变量系数为正，这也说明服务企业也是为了寻求战略资产而进行海外投资的。营商环境指标在全样本模型中是在5%置信水平下显著，这也说明服务企业进行海外投资时很容易被东道国良好的营商环境吸引。而且在本书服务业样本中私有企业投资项目数已经超过国有企业，因此良好的营商环境成为东道国企业投资的重要吸引力。两国双边贸易往来变量（Biltrade）也在10%置信水平下显著且系数为正，这说明两国之间的经济关联度越大，我国收购企业就更有意愿在东道国进行投资。

对我国服务业在发达国家和发展中国家的建模结果比较可知，首先针对市场变量发现表示市场规模的GDP和代表市场发展潜能的GDP增长率两个变量都是显著的，与制造业相似，在发达国家模型中表示市场规模的GDP系数为正而代表市场发展潜力的GDP增长率系数为负，而在发展中国家模型中两个变量系数正好相反。这说明服务业进行海外投资区位选择的时候会选择去经济发达但增长率较低的发达国家或者是经济欠发达但具有强势增长潜力的发展中国家，这也表明了我国企业海外投资时市场规模与市场潜力并重的投资偏好。对于战略资产变量（Patent），服务企业在两类国家中的区位选择也是相反的，即在发达国家会追求战略资产，而在发展中国家这种动机却不显著。针对Business指标，建模结果也呈现出两种相反的局面，即在发达国家追求好的营商环境，而在发展中国家即便是不太良好的营商环境我国制造企业也有意愿在此投资。追求发达国家好的营商环境容易理解，而在发展中国家的这种偏好说明我国企业在发展中国家投资时是以寻求市场为主要目的。另外，在两个模型中外资开放程度系数和双边贸易往来变量系数都为正，并且都显著，这说明较高的外资开放程度和与中国频繁的贸易往来会促进中国企业在东道国进行投资。另外，政治风险变量只有在发展中国家模型中是显著的，但变量系数为负，也可能是由于在这一模型中样本数据中的东道国都是政治风险比中国低的国家，又或者是因为发展中国家建模样本数据只有 18 个，相对于 152 个发达国家样本数据说服力相对较弱。

最后比较服务业国有企业和私有企业在海外投资的区位选择结果。首先代表市场规模的 GDP 变量都在 10% 置信水平下显著为正，这更加说明我国服务企业海外投资对东道国市场的重视，市场发展潜能变量 GDP 增长率也是如此。战略资产变量（Patent）在两类模型中系数显著为正，说明服务企业在追求市场的同时，还会追求战略资产选择海外投资。针对 Business 指标，模型中变量系数都显著为负，意味着这两类企业都愿意在营商环境良好的东道国投资。针对对外资开放程度和双边贸易往来两个指标，与发达国家和发展中国家的建模结果相似。此外，在两类模型中还有政治风险因素比较显著，虽然该变量系数在国有企业中为负而在私有企业中为正，至少说明了东道国的政治风险是会影响我国服务企业进行海外投资区位选择的。国有企业模型中该变量系数为负，也可能是因为国家支持使得企业不惧怕东道国的政治风险，而私有企业为保证自身生产经营活动的顺利进行会选择在风险比较低的国家进行投资。值得注意的是，在私有企业模型中还有交叉变量 Prisk×Patent（系数为正）比较显著，该指标说明我国服务业的私有企业会选择在政治风险比较低的东道国进行投资，同时还会寻求战略资产。

总的来说，针对服务业的建模结果不仅验证了假设 6-3，即为服务中国"走出去"的实体经济，中国服务企业的对外投资也是寻求市场和寻求战略资产类型，因此更倾向于向市场前景广阔、战略资产丰富的国家投资。同时也验证了假设 6-5a、假设 6-5c 和假设 6-5d，即国有企业比非国有企业更愿意在政治风险高的东道国进行投资，针对服务业的国有企业来说，即便在政治风险较高的东道国，它们也会为了寻求战略资源进行投资；私有企业在海外投资过程中也属于风险规避型。

值得一提的是，在制造业和服务业的模型结果中，发现它们在发展中国家投资时也注重能源变量（系数为负，且在 1% 和 5% 置信水平下显著），这一现象的发生可能是因为这两类产业在这些东道国进行投资时大多是依托于当地的采矿企业发展。毕竟我国油气企业进行海外投资不只有勘探开发、油气生产这些业务，还会有管道建设与运营、炼油和化工、国际贸易等业务，这也催生了我国更多的相关制造和服务企业在此投资。同时，这也符合我国 ODI 的产业转移特点，即从粗暴地获取自然资源到技术水平较高的制造业，或是向更高的服务业转移。

此外，在三类产业模型中虽然政治风险指标系数有时为正有时为负，但总体来说都说明我国企业在对外投资过程中将东道国的政治风险作为一个重要的区位选择指标。对模型中的另一个控制变量汇率 Ex-rate 来说，其对企业在东道国的区位选择作用并不显著。

五、本章小结

本章主要从投资区域层面、企业结构层面和产业结构层面对我国对外直接投资的区位选择问题进行详细分析。

在投资区域层面，选取了我国企业在非洲国家、金砖国家、东盟国际以及"一带一路"国家的投资特点进行分析，由于每个国家的特征不同，我国企业对其投资也表现出了不同的特点。

在企业结构层面，实证结果表明国有企业和私有企业对外投资区位选择存在明显的不同，与私有企业相比，国有企业相对来说会厌恶在政治风险高的东道国投资，更倾向于在政府干预较多的国家投资，对东道国的外汇汇率更为敏感，更容易被拥有丰富自然资源的东道国吸引而进行海外投资。此外，对拥有制造子公司的跨国企业来说，它们更愿意去劳动力成本低、市场规模大的东道国进行投资；对拥有非制造子公司的跨国企业来说，市场因素是其对外投资的主要因素，包括市场规模和市场发展潜力。

在产业结构层面，实证结果表明采矿企业因此更愿意去自然资源丰富的国家进行海外投资；中国制造企业为主动嵌入全球化生产体系并在全球价值链中升级，更倾向于向市场前景广阔、战略资产丰富的国家投资；为服务中国"走出去"的实体经济，中国服务企业的对外投资也是寻求市场和寻求战略资产类型，然而无论哪种产业，中国企业"走出去"过程中极易受到东道国政治风险因素的影响，相对来说更愿意在政治风险较低的国家投资。同时结合企业所有制结构，我们还发现即便在政治风险较高的东道国，采矿业的国有企业也会为了寻求自然资源进行投资；中国制造业和服务业的国有企业为开拓新市场和寻求战略资产，会选择政治风险较高的东道国进行投资；制造业和服务业的私有企业在海外投资过程中也属于风险规避型。

第三篇

影响我国对外直接投资的制度因素分析

第七章　投资母国与东道国制度环境对中国 ODI 的影响

对于中国企业来说，身处在社会主义初级阶段的中国，在具有中国特色社会主义市场经济制度环境下，只有将经典理论与中国国情对接才是构建中国对外直接投资理论的可行之路。改革开放 30 余年来，我国经历了长期的经济转型，这些宏观政策的转变显著地影响着企业国家化过程中的微观因素，因此，将制度环境纳入对中国企业海外投资的研究中是合乎情理的，也是必须的。

本章结构安排如下：第一部分对传统理论对我国企业实际状况的适用性进行分析；第二部分着重分析了我国企业对外直接投资过程中所面临的母国制度环境；第三部分实证分析了投资母国的制度因素对对外直接投资的影响；第四部分和第五部分分别从理论和实证上分析了东道国制度因素对对外直接投资的影响；第六部分简要总结本章的研究结论。

一、传统理论的中国适用性分析

我国快速发展的对外直接投资趋势是对源自西方发达国家传统对外直接投资理论最直接的挑战，很多现有的投资理论在面对我国的海外投资时失去了解释力。比如，Dunning 在国际生产折衷理论中提出，一个企业要想实现国际化生产必须具有独特的优势，所谓企业的对外投资活动，无疑就是将这种优势在东道国进行复制，并与当地资源相结合，充分发挥这一优势，实现跨境复制与发挥，而事实上，对我国的很多企业来说，比如东南沿海地区的很多企业，即便没有绝对优势还是进行了全球范围内的海外投资活动。与中国情形类似的印度、巴西等发展中国家近20年来的海外投资活动也越来越频繁，新兴的资源基础理论对这一现象提出了合理的解释。该理论认为，即使一些企业本身没有竞争优势，但可借助于一定的机遇实现国家化，并在跨境经营过程中不断汲取国外资源，产生独特的竞争优势，并使之成为可持续国家化的依据。此外，新兴市场国家对外直接投资理论也不能完全解释我国的对外直接投资现象。与韩国、印度、巴西等国家相比，同为发展中国家，但我国企业的对外投资便出现了与之大不相同的特点，对于这一现象的产生，发展中国家的对外直接投资理论似乎也失去了解释能力。

事实上，无论是发达国家还是发展中国家的对外直接投资理论，其核心思想都是认为企业拥有垄断优势才是进行对外投资的核心依据。差别在于，发达国家的对外投资理论是基于对发达国家跨国企业的研究，认为这种垄断优势是投资母国企业已经具有的优势；发展中国家的对外投资理论则认为这种垄断优势可以通过外部开源来获得，也就是说垄断优势是这类投资的结果，而不是依据。但对中国企业来说，长期以来外部资源不仅会造成路径依赖，而且这种途径本身对中国企业来说就是不可行的。那么我国企业"走出去"的技术优势来自哪儿？通过技术贸易或通过对外投资直接拿来境外技术的方式，只会让自己的技术流于二流技术，两种途径都不具有可持续性。那么通过市场换技术或者国际贸易中的逆向模仿与技术溢出效应来获取技术，很难将技术本土化，预想中的技术溢出效应更难实现。另外，中国的对外直接投资呈现出了东部多西部少的特点，为什么人力资源禀赋比东部强、自然资源与东部类似的西部，也出现了如此大的差异？在这些问题面前，传统的资源基础理论都失去了解释能力。

前述的所有理论从企业国家化过程中的方方面面进行了分析，对可能涉及的微观决定因素都进行了理论与实证分析，但还是很难圆满解释我国企业的对外投资活动呈现出的特征，也许是存在着一个显著的视角缺陷，因此，我们提出要从制度这一宏观视角来考察中国企业的对外直接投资行为。传统投资理论忽视了制度这一变量的重要性，将制度视为外生变量，因而忽视了投资过程中制度的动态影响。将制度纳入经济增长的分析框架，内生地考虑制度演化与经济增长的关系是新制度经济学的突出贡献。制度决定论（Institutional Constraints Perspective）认为企业的国家化行为将同时受到投资母国和东道国的双重制度约束，首先是基于公司内部制度（产权制度、公司战略等）的约束，要求海外公司必须符合投资母公司的内部同化要求；其次则是投资母国和东道国宏观政策环境的规范、引导和制约。

二、中国对外直接投资的母国制度环境

本部分从投资母国制度视角，重点回顾我国对外直接投资政策的演进、相关政府机构和职能以及对外投资过程中国有企业的重要地位三个方面。

（一）中国对外直接投资政策演进

伴随着我国经济体制的改革开放，改革开放以来，我国的对外直接投资相关政策也逐步完善起来。在 2000 年之前，为改善国内储蓄短缺和外汇短缺同时并存的"双缺口"格局，这一时期我国对外直接投资的基本指导思想是鼓励吸引外资、限制对外投资。该局面在 20 世纪 90 年代中后期得到改变，完全变成了国内储蓄和外汇"双过剩"的局面。因此我国积极推行"走出去"发展战略，从限制对外投资向放松对外投资管制和鼓励对外投资转变。之后对外直接投资相关体系得到了不断完善，并最终形成了由对外直接投资核准制度、对外直接投资鼓励政策、对外直接投资监督与服务政策三部分组成的政策体系。下面从战略、审批与管理制度以及鼓励政策三个方面来考察中国对外直接投资的政策演进历程。

2001 年在九届全国人大四次会议上通过的"十五"计划纲要中首次将"走出去"作为正式的国家发展战略。经过三个五年规划的发展，其战略目的和实施手段随着时间的推移发生了显著的变化。从"十五"计划中重点强调的"开展境外加工贸易促进产品原产地多元化"的战略目的演变成了"十二五"规划中强调的"按照市场导向和企业自主决策原则，引导各类所有制企业有序到境外投资合

作"；战略实施手段也由最初的"健全服务体系"逐步拓展到"增强投资环境研究"和"维护海外权益"两方面内容，这也表明我国的对外投资政策正逐步朝着投资自由化的方向发展。在审批与管理制度方面，现行对外投资的审批制度依据2004年通过的《国务院关于投资体制改革的决定》，确立了对外投资管理由审批制向核准制的转变，并明确由国家发改委负责境外投资项目核准，商务部负责对境外开办企业的核准；管理制度则依据2008年通过的《中华人民共和国外汇管理条例》，确立了外汇管理由强制结售汇向自愿结售汇的转变。另外，外汇管理局还于2009年发布了《境内机构境外直接投资外汇管理规定》，这一规定极大地放松了对境外直接投资的外汇管理。最后，我国对外投资鼓励政策的出台也经历了由"1998年以来一系列资金方面的支持与鼓励措施"到"2006年以来国家发改委提出的框架性鼓励政策"的转变。

（二）中国对外直接投资中相关政府机构和职能

我国政府在对外直接投资过程中发挥着重要的作用，而一些相关政策和措施由多个相关行政部门负责和实施。商务部是国务院授权的对外直接投资的归口管理部门，负责拟定境外直接投资的管理办法和具体政策，起草相关法律法规，依法核准国内企业对外投资开办企业并实施监督管理。其在2009年颁布的《境外投资管理办法》是境外投资行政管理较为全面的法规，规定海外投资的经济技术可行性由企业自行负责，这也大大方便了企业的自主选择。国家发改委负责安排国家拨款的境外资源开发类和大额用汇投资项目，其在2004年出台的《境外投资项目核准暂行管理办法》是其对境外投资进行管理的主要依据。此外，国家发改委于2006年又发布了《境外投资产业指导政策》和《境外投资产业指导目录》，其中明确规定了鼓励类和禁止类境外投资项目。

国家外汇管理局、中国人民银行、财政部、国有资产管理委员会为对外直接投资的协助管理部门，负责与对外直接投资相关的外汇汇出汇入、资金投放、境外国有资产管理等事务。财政部早在1996年就出台了《境外投资财务管理暂行办法》，在2001年印发的《企业国有资本与财务管理暂行办法》中更是强调了境外企业投资时应当依据国家有关规定，办理境外资产权属关系，并承担相应责任。

相对于财政部的行政管理功能,"国资委"更多起到的是监督管理的作用。除上述国家部门之外,地方政府和有关部委将根据本地区、行业的综合优势和特点,确定重点投资方向和领域。此外,国家开发银行、中国进出口银行和中国出口信用保险公司作为政策性金融机构将为海外投资企业提供信贷和保险支持。

(三) 中国对外直接投资过程中国有企业的重要地位

我国是典型的国有企业和私有企业并存的二元制经济体制,因此在我国的对外投资过程中这种二元特点也是显著存在的。一直以来,国有企业是我国对外直接投资的主体,占据着主导地位。我国通过国有企业进行的海外投资,最明显的特点就是可能不再追求利益最大化,某种程度上带有政治色彩,可能是出于政治利益或是国家长远战略利益的考虑。正因为如此,在国有企业"走出去"过程中,国家政府会给予更多的支持,无论是政策还是资金、人力方面,都是私有企业无法匹敌的。不同于传统投资理论提出的企业对外投资动机,国有企业投资动机的复杂性,使得对这些企业的绩效考核更加困难。此外,这种"一股独大"的现象容易滋生很多问题,即便如此,近十多年我国对外直接投资的历史实践证明,国有企业"走出去"的步伐以及它们在我国对外投资中所占的重要地位并没有动摇。

三、母国制度对我国对外直接投资影响的实证检验

由于缺乏中国对外直接投资的详细统计数据,学者们最初只能通过典型的案例分析来研究制度因素对我国企业"走出去"的影响。随着近几年微观企业投资数据的出现,学者们开始对母国制度进行分析,这些研究更进一步丰富了对我国企业对外直接投资相关问题的认识。本部分我们将利用收集到的企业并购数据,借鉴以往文献的研究方法,重点考察我国制度环境对企业并购的影响。

（一）假设提出

本部分认为母国制度环境主要体现在政府扶持力度、社会资本和企业融资能力三个方面，因此本部分的假设提出便是针对这三种制度环境进行的。

1. 政府扶持力度

在前文中已详细介绍了我国对外直接投资过程中国有企业的地位，这说明政府扶持力度对企业的海外投资行为有着显著影响。为简单起见，本书将我国企业分为两类：国有企业和私有企业。其中国有企业既包括中央所属企业也包括地方政府所属企业，除此之外均为私有企业。20世纪90年代，我国以国有经济为主导的经济模式为我国经济腾飞做出了突出的贡献，这些企业的对外扩张离不开政府的政策支持。特别是对我国这种处于转型中的经济体来说，国有企业对国家的重要性不言而喻，政府大多从宏观调控的角度来维持国有经济在国民经济中的主导地位。所以，长期以来我国的对外直接投资大多是以大型国有企业为主导的，这与我国企业的所有制结构有着必然的联系。国有企业在对外投资过程中会得到更多来自监管部门的支持，也更易获得政府政策的倾斜和便利支持，比如审批流程简化、投资资金保障、投资保险等。与此同时，私有企业在对外直接投资中获得的政府支持往往不多，甚至还会遭受来自不同方面的差别性待遇。

假设7-1：我国企业的对外直接投资与企业属性有着密切关系。

除了企业属性之外，我国政府的支持性政策还有明显的行业偏向性。在我国对外直接投资中相关政府机构及职能中提到，国家发改委于2006年发布的《境外投资产业指导政策》和《境外投资产业指导目录》中明确规定了国家鼓励类和禁止类境外投资项目。从这个角度来看，我国企业的对外投资与母国行业支持是成正比的。但对于东道国而言，我国政策支持的能源类和高技术行业属于敏感行业，而许多国家对于这类敏感行业的海外投资是限制的，尤其是涉及能源类的行业投资，审查非常严格，东道国相关审批部门多以危害国家安全的理由阻止并购。

假设7-2：我国企业的对外直接投资与产业属性也有着密切关系。但由于我国鼓励性行业多为敏感行业，出于"国家安全"考虑，其并购成功率也许不太高。

2. 社会资本

所谓社会资本是指利用个人所在组织中的特殊位置获取利益的能力。企业在对外投资过程中可以通过社会资本获取当地支持，减少经营风险。Dunning 将社会资本作为一种重要资源，并作为一种竞争优势纳入企业的垄断优势之中。Buckley（2007）也认为，中国跨国企业就受益于这种国外市场的社会资本，它有助于企业更快地抓住商业机会，促进信息传播，降低交易成本。Hitt（2002）认为，社会资本会有助于跨国企业在东道国开展业务。长期以来，我国企业的海外投资大多发生在亚洲国家，究其原因是这些国家的华裔人口相对较多，因而企业"走出去"之后可以依赖这些华裔人口获得广泛的社会资本。

假设 7-3：东道国华裔人口数量也是吸引我国企业海外投资的重要因素。

3. 企业融资能力

简单地说，跨国企业通过对外直接投资降低企业在外部市场的经营成本，最终实现全球范围内的资源配置。在企业融资方面也是如此，母公司资金实力越雄厚，海外子公司利用组织内部资源越多，对外部资本市场依赖性越弱，这样可以极大地降低国际金融市场的不确定性，企业在海外投资时的区位选择、行业选择等决策问题上自主性越强。事实上，不同类型企业的融资能力存在着较大的差异。在我国的对外投资政府机构中，只有进出口银行一家可以为对外投资企业提供资金支持，而大多数银行在面对企业提出的用汇申请时，都不同程度地"惜贷"，这在很大程度上造成了企业对外直接投资的资金门槛，因而有部分企业开始通过一些非正规渠道来寻求资金，比如民间借贷、私募基金等。在一定程度上，融资渠道是否通畅也是决定我国企业能否"走出去"的一个重要因素。

假设 7-4：中国企业对外直接投资与企业融资能力相关，企业融资能力越强，其"走出去"的可能性就越大。

（二）数据采集

本部分采用从清科和路透数据库收集到的中国上市公司海外并购数据，样本数据包括了 2001~2012 年中国 284 个上市公司在 55 个国家和地区（包括中国香港）完成的对外投资项目，同时删去了向避税地（开曼群岛、英属维尔京群岛和百慕大群岛）的投资项目，最终剩余 636 个有效投资项目。与第四章第三部分采用的最终数据相比，项目多了 32 个，这是因为前文主要是考虑采矿业、制造业和服务业三大产业类别，而本部分所研究的企业会涉及多个行业类别。最终的数据行业组成是采矿业 225 个、制造业 209 个、信息传输和计算机服务 64 个、商业服务业 51 个、金融业 28 个、交通运输业 21 个、建筑业 13 个、电力供应 12 个、农业 6 个、房地产 6 个、环保 1 个。在企业类别方面，国有企业共有 399 个，私有企业共有 237 个。

（三）变量选取与模型设定

（1）因变量 ODI。本部分以每个企业数据样本的对外直接投资规模为因变量，单位为万美元，且取自然对数。

（2）解释变量，包括制度变量和控制变量。

根据前面的假设，首先采用并购企业性质和行业支持两个变量来反映政府的扶持力度这一制度变量。其中参与并购企业的性质（Ownership）是个二元变量，该变量衡量企业是否具有国有性质，若企业是国有企业则取值为 1，若非国有企业则取值为 0。与此类似，行业支持变量（Industry）也是一个二元变量，由于一直以来自然资源领域尤其是石油、矿产是我国政策大力支持的行业类别，此外信息产业等高新技术产业也是我国重点支持的产业，如果并购企业属于这些行业领域，则该变量取值为 1，否则为 0。

根据对假设 7-3 的论述，我们采用东道国的华裔人口数量的绝对值（取自然对数）来衡量我国企业"走出去"时的社会资本（Social Capital）。该变量主要来自美国俄亥俄大学图书馆专题数据库，该数据库已被广泛应用于对华裔人口世界分布的考察研究中。

根据假设 7-4 的论述，我们将企业的融资能力（Financing Capacity）作为制度因素添加到模型中，该变量用投资当年跨国公司母公司的实收资本来表示，单位为亿美元，且取自然对数。

为增加模型的可控性，在前面所述的四个制度变量基础之上添加一些与企业对外直接投资相关的其他变量作为控制变量。首先是企业规模变量（Scale），规模经济使得企业的管理成本降低,从而提高经济效率。因而我们选用样本企业母公司的员工数来反映企业规模,取自然对数。其次是我国与东道国的地理距离变量(Distance),结合程慧芳、阮翔(2004)的相关研究,我们也将此变量作为控制变量。该指标具体表示为两国首都之间的直线距离(单位:千米),取自然对数,该数据来源于 http://www.indo.com 中的"距离计算器"(Distance Calculator)。

因为本部分的主要目的是验证这些制度变量是否与我国企业的对外直接投资相关,因此选择设定一般的线性回归模型:

$$\ln(ODI) = c + \alpha_1 Ownership + \alpha_2 Industry + \alpha_3 \ln(Social) + \alpha_4 \ln(Finance) + \alpha_5 \ln(Scale) + \alpha_6 \ln(Distance) + \varepsilon \qquad (7-1)$$

(四)检验过程与结果分析

在模型估计之前,我们对上述解释变量进行了相关性检验,如表 7-1 所示,相关性检验结果表明各个变量之间的相关系数比较小,模型不存在严重共线性问题。于是,通过 EViews 6.0 对数据进行处理,得到实证结果如表 7-2 所示。

表 7-1 各变量间的相关系数矩阵

	Ownership	Industry	Social	Finance	Scale	Distance
Ownership	1.0000					
Industry	0.0749	1.0000				
Social	−0.1042	−0.1533	1.0000			
Finance	0.0927	0.1374	0.1152	1.0000		
Scale	0.0469	0.0348	−0.1738	0.1168	1.0000	
Distance	−0.1117	−0.1654	0.0997	−0.1738	0.0879	1.0000

表 7-2 投资母国制度因素影响建模结果

变量	系数	t 统计量	p 值
Ownership	0.1389	1.8573	0.0526
Industry	0.3628	1.2759	0.2391
Social	0.0728	1.9804	0.0135
Finance	0.1637	2.3647	0.0024

续表

变量	系数	t 统计量	p 值
Scale	1.3648	0.9231	0.5361
Distance	−0.1137	−4.2648	0.0012
常数 C	−1.3749	−1.2492	0.3528
$R^2 = 0.2036$		$F = 231.364$	

根据表 7-2 提供的建模结果，不难发现代表东道国制度因素变量的 Ownership、Social Capital、Financing Capability 三个变量分别在 10%、5% 和 1% 的置信水平下显著，支持了假设 7-1、假设 7-3 和假设 7-4，这也意味着政府对企业的支持、企业在海外的社会资本以及企业的融资能力对我国企业对外直接投资得以实施有着重要的影响。对于政府对产业的支持变量 Industry 不太显著，原因可能是有些产业在我国属于鼓励型对外投资产业，但这些行业在东道国多为敏感行业，出于对"国家安全"考虑，东道国会设置一些门槛，使这类产业的海外投资成功率相对较低。

对于两个控制变量来说，首先表示企业规模的变量 Scale 在模型中并不显著，但这并不能说明企业规模与企业的海外投资没有相关性，这与以往的研究结果不太一致。但对于代表我国与东道国的地理距离变量 Distance，该变量在 1% 置信水平下显著，且系数为负，这也说明了我国企业海外投资目的地多会选择离我国地理距离比较近的国家。

总的来说，对我国企业的海外投资行为进行研究时，必须结合我国经济转型期的特殊制度环境，在传统投资理论上加以拓展，归纳出适合我国国情的，与对外投资相关的一系列特殊制度因素。通过实证分析检验，结果表明在我国政府扶持下，母公司企业性质、社会资本、融资能力这些母国制度因素与中国企业对外直接投资规模呈显著正相关。

四、东道国制度对对外投资影响的理论分析

企业的海外投资是否成功,除了与企业本身和母国制度环境有关,还和东道国的制度环境有着密切的联系。North(1990)将制度分解为正式制度和非正式制度,其中正式制度因素包括政治、经济、法律等,非正式制度包括行为规范、惯例、道德和文化等因素。企业要想在东道国成功生产经营,不仅要具有经营合法性,还要具备社会合法性。所谓经营合法性,就是企业的生产经营活动要符合东道国相关正式制度的约束,同时还要接受东道国的文化传统和传统习惯,即取得社会合法性。本部分将详细介绍正式制度和非正式制度对企业对外直接投资的影响,主要包括政治制度、经济制度和法律制度三个方面。

(一) 正式制度

1. 政治制度

东道国的政治制度是跨国企业海外生产经营的前提,有些国家为保护民族企业而对国外投资企业加以限制,这不仅造成国际市场的恶性竞争,还会限制企业的长远发展。因此,东道国有效的政治制度使政治程序更加简单透明,既降低了政治交易成本,还会提高企业经营效率,并且跨国企业良好的业绩还会给投资母国和东道国带来经济收益。一般来说,东道国的政治制度主要表现为政治条款、政治风险和行政制度的稳定性三个方面。

为给跨国企业提供良好的生产经营环境,降低投资和运营风险,两国政府可以签订相关政治条款明确双边责任和权利。在市场经济下,企业大多是以追求利润最大化为目标的,往往忽视了社会责任,而东道国更希望跨国企业在实现自身利润目标前提下主动承担社会责任,遵守并贯彻落实本国的各项政策,在民众中树立良好的形象,这必将大大减少两国之间的冲突,实现长远合作。从长远来看,履行社会责任并不意味着利益的损失,与东道国良好的合作关系,不但会降

低企业运营成本，而且会增加经济收益。在东道国政治风险方面，该国稳定的政治局面会降低跨国企业经营的不稳定性，有利于对外投资的开展。不稳定的政治环境会提高政治的非连续性，而且执政党的频繁更换会带来经济政策和产业政策的变动，影响企业的经营策略。为此，跨国企业必须投入一定的资源来应对这些政治风险，无疑给企业又增添了政治交易成本。在行政管理制度方面，若东道国的行政管理制度稳定性较强，各项规章制度连续性较好，则跨国企业在此生产经营的不确定性降低。东道国行政效率的高低也是影响我国企业对外投资的因素之一，高效率的行政管理体系意味着政府机构办事效率高，审批程序简单，对市场监管严格，对市场违规行为处罚力度较大，有利于保护跨国企业的利益。同时，东道国行政法律变化较慢，极大地保证了跨国企业持续经营的可能性。

2. 经济制度

经济制度对对外直接投资的影响主要表现在政府对经济的干预、市场化程度和国际经济制度三个方面。首先，政府对经济的干预会直接影响到跨国企业的日常生产经营活动，会增加企业的交易成本，影响市场机制的正常运行。特别是在新兴经济体，国家对经济的干预相对较多，加上政府收入大多来自税收，这会无形间增加跨国企业的税收负担，会极大打击企业的生产积极性，甚至还会出现，政府为了保护产业，对本国企业和投资国企业差别对待，造成市场经济内部的不公平竞争。因此，制定反垄断法会从根本上遏制垄断行为的发生，降低跨国企业生产经营的难度和风险。其次，政府对经济的干预越少，也就意味着市场化程度越高。市场机制强调市场在资源配置中发挥着决定性作用，只有在市场化程度较高的国家，生产者才会按照市场调整自己的生产经营活动，这种情形无论是对本土企业还是跨国企业都是相对公平的竞争环境，这样只有效率高的企业才会在竞争中获胜。在市场化程度较低的国家，政府在资源配置中的主导作用会更大，这样就会很难实现资源的优化配置，更有甚者会出现在政府的保护下资源更多地流向本国效率相对较低的企业，导致市场失灵。因此，市场化程度的提高在一定程度上能减少市场失灵现象的发生。另一种影响企业对外直接投资的经济制度就是国际经济制度，为防止投资国企业在东道国的跨国经营受到不平等待遇，国际经济制度可以为跨国企业提供有效的制度保障，比如双边投资协定。该协定可以保障投资国企业在东道国发生政治风险事故后,可向国内承保机构索赔,这在一定程度上保障了投资者的权利,促进了投资与贸易的发展。

3. 法律制度

由于跨国投资是发生在两个不同国家的经济行为,良好的国际秩序是企业投资成功的关键,而良好的国际秩序需要相应的法律法规作保障。健全的国际性法律制度可以有效防范和化解投资风险,降低交易成本。但由于每个国家的经济基础、文化背景等存在较大差异,在法律制度方面也有很多不同之处,因此投资方必须了解和熟悉东道国的各项法律法规。首先是在企业准入方面的法律制度,要提前了解东道国一些敏感性和战略性的产业部门。发达国家的投资自由化程度较高,基本上会给予投资者国民待遇,但对一些大型跨国企业的审核相对比较严格。近些年来,由于全球资源紧缺,发展中国家也开始执行比较严格的审核制度。其次是在竞争方面的法律制度,为预防跨国大型企业的垄断行为,很多发达国家拥有相对完善的反垄断法律制度,并设立统一的反垄断审查机构,对国内外企业统一对待,而澳大利亚和加拿大却将国内企业和外资企业区别对待。最后,随着经济全球化的不断发展,国家之间的金融联系越来越紧密,跨国公司这种国家化的金融组织也越来越重要。因此,在企业海外投资前,必须详尽了解东道国的金融法律制度。成熟的金融市场需要相应的法律制度来规范,完善的金融体系才能为跨国公司提供良好的金融环境。很多发展中国家要求投资企业超过一定金融的资本流出都要向本国政府申报,这种不完善的金融法律制度在一定程度上限制了跨国企业的发展。除了上述三种法律制度之外,其他凡是与跨国公司经营有关的法律条款都会对企业经营产生影响,比如东道国法律对投资形式、外资比例、企业经营权、劳动力等很多方面做出规定。这些法律条款在每个国家都不尽相同,但会对企业经营产生非常重大的影响,投资者必须给予充分考虑。

(二) 非正式制度

除了政治制度、经济制度和法律制度之外,包括风俗习惯、价值观念、文化传统等在内的非正式制度对跨国企业的生产经营也产生着重要影响。这些非正式制度决定着跨国公司在东道国经营的社会合法性,只有在认可程度较高的国家进行投资，企业才会获得持久性经营。现有研究已经表明，族裔优势和社会网络在发展中国家跨国投资中起着非常重要的作用，这种非市场途径获取的资源不容忽视。此外，文化传统是非正式制度的重要组成部分，这对研究跨国公司行为有着非常重要的意义，某种程度上，文化可以促进跨国企业的发展，让跨国企业在不同文化之间交流学习将有利于跨国公司整体竞争力的提升。但文化差异对跨国公司的本土化经营也有着一定的负面作用，文化差异增加了相互交流的困难，更容易导致文化冲突，增加管理成本。因此，文化差异对跨国企业既有积极作用也有负面作用，只有正视两国间文化差异的存在，同时加强不同文化之间的交流，才能发挥其对跨国投资的促进作用。

五、正式制度对我国对外直接投资影响的实证检验

（一）假设提出

本部分主要考察东道国的正式制度对我国对外直接投资的影响，结合本章第四部分对正式制度的理论分析，提出以下假设：

假设 7-5：我国的对外直接投资对较高质量的东道国政治制度有吸引力，投资流量与政治制度质量呈正相关。

假设 7-6：东道国完善的经济制度对我国的海外投资有吸引力，投资流量与东道国经济制度质量呈正相关。

假设 7-7：东道国完善的法律制度是我国跨国企业生产经营的有力保障，投资流量与东道国的法律制度质量呈正相关。

（二）投资引力模型

Anderson 首次将引力模型用于分析国际直接投资问题来解释投资流量，基本公式为：

$$Q_{ij} = \beta_0(Y_i)^{\beta_1}(Y_j)^{\beta_2}(N_i)^{\beta_3}(N_j)^{\beta_4}(R_{ij})^{\beta_5}(A_{ij})^{\beta_6}e^{\varepsilon_{ij}} \qquad (7\text{-}2)$$

其中，Q_{ij} 表示两国之间的投资流量，Y_i 和 Y_j 分别代表投资母国 i 和东道国 j 的经济总量，N_i 和 N_j 分别代表 i 国家和 j 国家的人口规模，R_{ij} 和 A_{ij} 属于制度因素，分别表示国家之间的阻力因素和助力因素，$e^{\varepsilon_{ij}}$ 为误差项。

为了把引力模型应用于研究对外直接投资的区位选择问题，把除经济规模和距离外的其他因素都设定为 M，则上述公式可以转化为：

$$Q_{ij} = \beta_0(Y_i)^{\beta_1}(Y_j)^{\beta_2}(D_{ij})^{\beta_3}(M_{ij})^{\beta_4}e^{\varepsilon_{ij}} \qquad (7\text{-}3)$$

其中，D_{ij} 表示两国之间的地理距离，公式两边取自然对数可得：

$$\ln Q_{ij} = \beta_0 + \beta_1\ln(Y_i) + \beta_2\ln(Y_j) + \beta_3\ln(D_{ij}) + \beta_4\ln(M_{ij}) + \varepsilon_{ij} \qquad (7\text{-}4)$$

将制度因素引入该模型，上述公式可以扩展为：

$$\ln Q_{ij} = \beta_0 + \beta_1\ln(Y_i) + \beta_2\ln(Y_j) + \beta_3\ln(D_{ij}) + \beta_4\ln(I_j) + \beta_5\ln(T_{ij}) + \varepsilon_{ij} \qquad (7\text{-}5)$$

其中，I_j 为东道国的制度变量，T_{ij} 表示两国之间除经济规模、距离和制度变量以外的其他影响因素。

（三）样本选取

2000 年以前我国对外直接投资流量相对较少且发展缓慢，没有太大的研究意义，但自从 2001 年我国加入世界贸易组织以后投资流量开始小幅增长，2003 年后开始快速增长，因此本部分分析的时间跨度为 2003~2012 年。由于在商务部统计数据中，我国对某些国家的投资数据会有所缺失，为保证数据的完整，本书所选取的东道国不包括英属维尔京群岛、开曼群岛和百慕大群岛这三个传统的"避税天堂"，样本数据涵盖了亚洲、欧洲、美洲、非洲和大洋洲的 93 个国家或地区。

（四）变量选择

本研究的主要目的是研究东道国正式制度（政治制度、经济制度和法律制度）对我国对外直接投资的影响，所以选择我国对投资东道国历年的投资流量（ODI）作为因变量。关于制度变量，继续采用鲁明泓及其他学者对制度的分类方法，把正式制度分为政治制度（7个子指标）、经济制度（6个子指标）和法律制度（2个子指标）三大类共15个子指标，具体含义和数据来源如表7-3所示。其中"全球政治治理指标"（The Worldwide Governance Indicators）可以全面反映一个国家或地区包含行政和司法在内的管制制度质量，包括民主议政程度、政治稳定性、政府管制效率、控制腐败等六个子指标体系，指标赋值区间为[-2.5，2.5]，正值得分越高代表政府治理水平越好，制度质量越高，而负值则意味着较差的制度质量。"美国传统基金会"（The Heritage Foundation）是较全面刻画一国市场经济制度的指标体系，包括贸易政策、货币政策、产权保护等十个方面，指标值范围为[0，100]，数值越大表示得分越高，该指标的自由度越高。结合投资引力模型，还选取了东道国和我国历年的经济规模GDP、两国之间的地理距离这三个传统解释变量，其中两国的GDP来源于联合国统计署数据库。

表7-3 正式制度变量说明及数据来源

	解释变量名	含义	数据来源
政治制度变量	政治民主度（VC）	该国言论、社交和舆论自由的程度	全球政治治理指标
	政治稳定性（PS）	政府对动乱、恐怖主义的控制能力	全球政治治理指标
	政府效能（GE）	政府提供公共服务的质量，政策制定和实施质量	全球政治治理指标
	政府规模（GS）	政府支出占国民收入的比重	美国传统基金会
	监管质量（RQ）	政府制定和实施健全法律法规、允许和促进私有部门发展的能力	全球政治治理指标
	腐败控制（CC）	对腐败行为的惩治力度	全球政治治理指标
	政府清廉（FC）	政府公务公开透明度，公务员的清廉奉公能力	美国传统基金会
经济制度变量	商业自由度（BF）	对开办、运营和关闭企业所花成本和办理程序的测量	美国传统基金会
	贸易自由度（TF）	对影响进出口的关税和非关税壁垒的综合考量	美国传统基金会
	财政自由度（FN）	衡量政府征税情况	美国传统基金会
	货币自由度（MF）	用物价稳定性指标衡量	美国传统基金会
	投资自由度（IF）	对个人和企业资本自由流动难易程度的衡量指标	美国传统基金会
	金融自由度（FF）	用银行效率指标来表示	美国传统基金会
法律制度变量	法制完善（RL）	衡量个人和机构对社会规则的遵守情况	全球政治治理指标
	产权保护（PP）	国家通过法律对私人财产权的保护力度	美国传统基金会

基于以上变量的选取，分别设定政治制度质量、经济制度质量和法律制度质量对我国对外直接投资影响的计量方程式为式（7-6）、式（7-7）和式（7-8），设定三种制度因素对我国对外直接投资综合影响的计量方程式为式（7-9），以便比较单项制度因素和整体制度因素对我国对外直接投资的影响。

$$\ln ODI_{ijt} = \beta_0 + \beta_1 \ln GDP_{it} + \beta_2 \ln HGDP_{jt} + \beta_3 \ln D_{ij} + \beta_4 VC_{jt} +$$
$$\beta_5 PS_{jt} + \beta_6 GE_{jt} + \beta_7 GS_{jt} + \beta_8 RQ_{jt} + \beta_9 CC_{jt} + \beta_{10} FC_{jt} + \varepsilon_t \quad (7-6)$$

$$\ln ODI_{ijt} = \beta_0 + \beta_1 \ln GDP_{it} + \beta_2 \ln HGDP_{jt} + \beta_3 \ln D_{ij} + \beta_4 BF_{jt} +$$
$$\beta_5 TF_{jt} + \beta_6 FN_{jt} + \beta_7 MF_{jt} + \beta_8 IF_{jt} + \beta_9 FF_{jt} + \mu_t \quad (7-7)$$

$$\ln ODI_{ijt} = \beta_0 + \beta_1 \ln GDP_{it} + \beta_2 \ln HGDP_{jt} + \beta_3 \ln D_{ij} + \beta_4 RL_{jt} + \beta_5 PP_{jt} + \nu_t \quad (7-8)$$

$$\ln ODI_{ijt} = \lambda_0 + \lambda_1 \ln GDP_{it} + \lambda_2 \ln HGDP_{jt} + \lambda_3 \ln D_{ij} + \lambda_4 VC_{jt} + \lambda_5 PS_{jt} +$$
$$\lambda_6 GE_{jt} + \lambda_7 GS_{jt} + \lambda_8 RQ_{jt} + \lambda_9 CC_{jt} + \lambda_{10} FC_{jt} + \lambda_{11} BF_{jt} + \lambda_{12} TF_{jt} +$$
$$\lambda_{13} FN_{jt} + \lambda_{14} MF_{jt} + \lambda_{15} IF_{jt} + \lambda_{16} FF_{jt} + \lambda_{17} RL_{jt} + \lambda_{18} PP_{jt} + \eta_t \quad (7-9)$$

（五）结果分析

结合面板数据，本部分首先进行了固定效应建模，而 Hausman 检验结果发现在固定效应模型中出现了近似奇异矩阵，因此又结合广义最小二乘法对变量的自相关性和异方差性进行有效修正，回归结果比较理想，因此本部分最终选用该方法分别对政治制度、经济制度、法律制度进行了单因素建模和综合建模，结果如表 7-4、表 7-5、表 7-6 和表 7-7 所示。

政治制度因素对我国对外直接投资的影响回归结果如表 7-4 所示。从表 7-4 中可以看出，传统解释变量中东道国经济规模和两国间的地理距离对我国对外直接投资的影响比较显著，系数在 1% 置信水平显著，且符号相反。针对政治制度变量，所有的变量都通过了显著性检验，这说明我国的对外直接投资和东道国的政治制度有着密切关系，其中政府效能变量系数最大，表明东道国政府所提供的公共服务质量以及政策的制定与实施能力等都是我国企业海外投资时优先考虑的重要制度因素。该指标值越大，政府为跨国企业提供的政策环境越优越，越能吸引我国企业的海外投资。值得注意的是，在这些政治制度指标中，只有政治民主度变量系数为负且在 10% 的置信水平下显著，这可能是由于较高的民主度会降低

表 7-4　包含政治制度的投资引力模型结果

	模型 1	模型 2	模型 3	模型 4	模型 5	模型 6	模型 7	模型 8
ln (GDP)	0.129 (0.642)	0.072 (0.207)	0.128 (0.936)	0.157 (0.833)	0.201 (0.153)	0.163 (0.881)	0.273 (0.915)	0.217 (1.033)
ln (HGDP)	0.591*** (16.374)	0.489*** (18.562)	0.577*** (17.263)	0.612*** (19.271)	0.667*** (20.382)	0.681*** (19.374)	0.582*** (18.368)	0.709*** (19.003)
ln (D)	−0.527*** (−20.817)	−0.602*** (−19.264)	−0.587*** (−18.362)	−0.59*** (−18.489)	−0.617*** (−20.661)	−0.638*** (−19.417)	−0.587*** (−18.592)	−0.576*** (−17.472)
VC	−0.0062* (1.735)							−0.0072** (−2.004)
PS		0.0069*** (6.281)						0.0067*** (5.385)
GE			0.0086*** (4.271)					0.0093*** (2.104)
GS				0.0077*** (3.478)				0.0075** (2.189)
RQ					0.0058*** (3.278)			0.0067*** (3.159)
CC						0.0042*** (3.863)		0.0041* (1.748)
FC							0.0061*** (4.827)	0.0058** (2.245)
常数项	8.472 (0.475)	−10.374 (−0.562)	−11.365 (−0.486)	11.575 (0.401)	12.756 (0.859)	10.464 (0.821)	13.001 (0.392)	−11.376 (−0.618)
修正后 R^2	0.881	0.789	0.866	0.846	0.879	0.835	0.871	0.850
F 值	1738.4	1748.9	1648.3	1947.4	1739.4	1804.2	1832.4	1593.2

注：括号内为系数的 t 统计值，*、** 和 *** 分别代表在 10%、5% 和 1% 的置信水平下显著。

政府制定政策的效率，从而影响企业的经营效率。

东道国经济制度因素对我国对外直接投资的影响回归结果如表 7-5 所示。从表 7-5 中可以看出，传统解释变量中东道国经济规模和两国间的地理距离对我国对外直接投资的影响比较显著，系数在 1% 置信水平下显著，且符号相反。而且表示我国经济规模的变量在模型 4 和模型 7 中是显著的，这也说明了添加经济制度因素后，投资母国的经济规模也是促进企业"走出去"的动力之一。针对经济制度因素，所有子指标的建模系数在 1% 置信水平下都显著为正，这说明东道国良好的经济制度环境是我国企业在海外投资时重点考虑的相关因素。比较变量系

表7-5 包含经济制度的投资引力模型结果

	模型1	模型2	模型3	模型4	模型5	模型6	模型7
$\ln(\text{GDP})$	0.173 (0.164)	0.169 (0.275)	0.261 (0.389)	0.297* (1.735)	0.182 (0.529)	0.214 (1.231)	0.472** (2.193)
$\ln(\text{HGDP})$	0.572*** (22.193)	0.581*** (20.374)	0.590*** (19.463)	0.602*** (21.461)	0.593*** (18.739)	0.616*** (19.618)	0.568*** (20.364)
$\ln(D)$	−0.597*** (−17.475)	−0.582*** (−18.007)	−0.612*** (−18.905)	−0.593*** (−17.789)	−0.619*** (−18.351)	−0.610*** (−17.782)	−0.603*** (−19.576)
BF	0.1077*** (2.854)						0.0294 (0.372)
TF		0.0328*** (9.472)					0.0309*** (8.478)
FN			0.0056** (2.485)				0.0048* (1.586)
MF				0.0091*** (5.698)			0.0068*** (4.660)
IF					0.0071*** (4.261)		0.0069*** (3.995)
FF						0.0073*** (5.373)	0.0102*** (3.677)
常数项	11.374 (0.386)	18.583 (0.499)	11.401 (1.362)	12.563 (1.465)	11.223 (1.321)	14.769 (1.449)	16.431* (1.883)
修正后 R^2	0.861	0.817	0.894	0.882	0.870	0.851	0.863
F 值	1648.6	1748.9	1603.5	1709.2	1861.3	1903.8	1476.9

注：括号内为系数的 t 统计值，*、** 和 *** 分别代表在10%、5%和1%的置信水平下显著。

数不难发现，商业自由度、贸易自由度和货币自由度三个子指标系数相对较大，这些相对应的因素对我国企业的对外投资吸引力较强，东道国政府要积极建立良好的经济制度环境。

东道国法律制度因素对我国对外直接投资的影响回归结果如表7-6所示，模型结果表明东道国的法制完善和产权保护两个制度变量系数在1%置信水平下显著为正，说明两者都会对我国的对外直接投资产生正向影响，其中产权保护变量系数较大，也说明我国的海外投资非常注重东道国对私人财产权的保护力度以及这些法律的执行力度。因此，不单单是对投资企业来说，要在投资前详细了解东道国的法律法规体系，而且东道国也应该不断完善自身的法律体系，增强执法能

表 7-6 包含法律制度的投资引力模型结果

	模型 1	模型 2	模型 3
$\ln(GDP)$	0.058 (0.658)	0.076 (0.472)	0.095 (0.405)
$\ln(HGDP)$	0.518*** (20.481)	0.579*** (21.380)	0.523*** (19.492)
$\ln(D)$	−0.629*** (−19.473)	−0.603*** (−20.472)	−0.583*** (−21.382)
RL	0.0076*** (3.869)		0.0058*** (3.016)
PP		0.0102*** (4.583)	0.0097** (2.039)
常数项	10.374 (0.459)	−11.372 (−0.596)	−18.334 (−0.379)
修正后 R^2	0.893	0.902	0.887
F 值	1537.4	1487.2	1621.3

注：括号内为系数的 t 统计值，** 和 *** 分别代表在 5% 和 1% 的置信水平下显著。

力，为跨国公司提供法律保障。

除了单独对政治、经济和法律制度进行建模分析之外，表 7-7 给出了全变量的实证分析结果。从回归结果看，大部分的制度变量都是显著的，这也说明了东道国的制度因素的确是影响我国对外直接投资的重要因素。东道国较高的政治制度能为企业的海外投资创造良好的政治环境，提供有力的政策保障；较高的经济制度体系能大幅降低企业的经营成本，提高企业投资意愿；高质量的法律制度体系不仅能保护海外投资企业的权益，还能为企业的生产经营行为提供法律保障，从而促进投资的发生与发展。总的来说，以上四个建模结果验证了本部分提出的三个假设，同时表明了我国的对外直接投资和东道国的正式制度环境密切相关。

表 7-7 包含制度变量的投资引力模型结果

	模型 1	模型 2	模型 3
$\ln(GDP)$	0.348 (0.583)	0.269 (1.364)	0.483 (1.285)
$\ln(HGDP)$	0.728*** (20.482)	0.716*** (19.273)	0.692*** (20.229)

续表

	模型1	模型2	模型3
ln(D)	-0.659*** (-14.482)	-0.701*** (-15.354)	-0.695*** (-12.778)
VC	-0.0089*** (-5.785)	-0.0104*** (-4.826)	-0.0132*** (-6.483)
PS	0.0068*** (4.682)	0.0052*** (2.378)	0.0069*** (4.676)
GE	-0.0032 (-0.591)	0.0045 (1.036)	0.0103** (2.546)
GS	0.0305*** (8.382)	0.0196*** (7.371)	0.0147*** (9.873)
RQ	0.0037* (1.783)	0.0041** (2.011)	0.0147*** (9.349)
CC	0.0020* (1.738)	0.0019* (1.836)	0.0031* (1.789)
FC	0.0049*** (3.586)	0.0051* (1.674)	0.0044 (0.465)
BF		0.0021* (1.853)	0.0019* (1.929)
TF		0.0209*** (6.381)	0.0199*** (5.390)
FN		0.0041* (1.683)	0.0051* (1.927)
MF		0.0031* (7.281)	0.0026* (6.912)
IF		0.0056* (1.671)	0.0050* (1.748)
FF		0.0087*** (2.937)	0.0100*** (3.261)
RL			0.0101*** (2.948)
PP			0.0217*** (4.271)
常数项	-10.221 (-0.353)	-11.209 (-0.474)	-12.408 (-1.172)
修正后 R^2	0.829	0.901	0.865
F值	1730.5	1689.9	1625.3

注：括号内为系数的t统计值，*、** 和 *** 分别代表在10%、5%和1%的置信水平下显著。

针对东道国非正式制度环境对我国对外直接投资影响方面，非制度环境的构成要素非常复杂，包括风俗习惯、价值观念、文化传统等多个方面，其中文化是比较重要的方面。荷兰学者 Hofstede 曾提出一个模型来量化评价不同地域文化价值观之间的差异，通过权力的距离指数、个人价值指数、男性倾向指数、不确定性规避指数和长期导向指数来综合得出国家文化指数。但也有不少学者认为，用文化指数代表东道国非正式制度进行实证研究，其结果是没有意义的，因为文化本身没有优劣之分。所以，Hofstede 也指出，只有进行两国间的比较才有意义。这样的实证研究将在第八章中详细介绍。

除了国家文化指数这一指标，也有不少学者采用东道国华裔关系资产来衡量东道国的非正式制度因素，而这一指标与本章中提出的社会资本变量是一致的，在某种程度上，该变量既可以作为投资母国制度因素，也可以作为东道国非正式制度因素。综合以上原因，东道国非正式制度因素对我国对外直接投资的影响在此不再赘述。

六、本章小结

本章的主要目的是分析投资母国和投资东道国制度因素对我国对外直接投资的影响。首先，回顾了传统投资理论在分析中国企业海外投资时解释力不足，造成这一现象的主要原因是传统投资理论忽视了制度这一变量的重要性，将制度视为外生变量，因而忽视了投资过程中制度的动态影响，特别是对我国企业的海外投资进行研究时，必须将之置于我国处于社会主义初级阶段这一大背景下。其次，本章对我国对外直接投资的制度环境进行了分析，回顾了我国投资政策的演进历程，并对与对外直接投资相关的政府职能机构进行分析，还特别强调了国有企业在我国市场经济中的重要地位，更是把对制度因素的分析放在了重要地位。

在实证分析方面，主要是通过母国制度和东道国制度两方面进行的。其中，投资母国制度包括政府对企业或行业的扶持力度、社会资本的获得和企业融资能力三个方面，通过建立一般线性回归模型，结果表明企业性质、社会资本和企业的融资能力都是影响我国对外投资的重要制度因素，而政府对产业的扶持力度不太明显。在东道国制度因素的分析方面，结合制度决定理论，将东道国的制度环境分为正式制度和非正式制度，其中正式制度又包括政治制度、经济制度和法律制度三个方面。通过将正式制度指标纳入投资引力模型，建模结果表明东道国良好的政治、经济和法律制度环境都会吸引我国的对外直接投资。对于东道国非正式制度，将在第八章进行详细分析。

第八章 制度距离对中国对外直接投资的影响

以往基于制度视角对企业对外直接投资的分析,大多只分析了投资母国或东道国因素的单边影响,而较少地研究两国制度环境的差异对于FDI的作用。本章主要研究我国和东道国制度距离对我国企业的海外投资影响,包括管制距离和文化距离两个方面。

本章结构安排如下:第一部分介绍了制度距离的概念和内涵、构成及测量方法。第二部分分别从外来者劣势、制度性优势、制度逃离与制度套利的理论视角分析了制度距离对企业对外直接投资的影响。第三部分简单回顾了制度距离对ODI影响的相关文献。第四部分进行了实证研究,首先针对管制距离和文化距离提出研究假设;其次通过样本、变量、模型的设定实证分析具有方向性的管制距离和文化距离对我国企业对外直接投资的影响机制。最后一部分简要总结本章的研究结论。

一、制度距离的含义、构成及测量

Kostova（1996）最早提出了制度距离的概念,表示两个国家之间制度环境上的差异。国家制度环境由管制、规范和认知三个方面组成:管制制度反映了一个国家或地区的法律政策及监管执行力度;规范制度涉及社会信仰和规范;认知制度是行动者对环境的理解,嵌入于人们对社会知识的认识。基于此,Kostova 和

Zaheer（1999）又将制度距离定义为投资双方国家在管制、规范和认知制度方面的差异，其中制度差异的每一维度都反映了国家制度在相应维度上的差异。Xu和Shenkar（2002）直接将制度距离分为管制距离、规范距离和认知距离三种。在制度距离的三个维度上，一般认为管制距离和规范距离对企业海外投资的区位选择影响较大，因此本书不再对认知距离做研究。此外，在涉及规范距离的研究中，学者们多用文化距离来表示两国之间的规范距离（Estrin et al.，2009；Yiu & Makino，2002），本部分仍然采用该方法，而且主要使用文化距离称谓，较少使用规范距离称谓。

制度距离的概念提出之后，基于实证分析的需要，学者们分别提出了制度距离的分类方法，有二分法、三支柱和四象限等分类方式。所谓二分法就是将制度距离分为正式制度距离和非正式制度距离（Estrin，2009），其中正式制度距离就是指两国之间在政治、经济、法律等这些正式制度上的差异，非正式制度距离包括行为规范、惯例、道德和文化等方面的差异，其中多以文化差异作为代理变量。在此基础上，Phillips等（2009）认为Kostova对制度距离的定义只涉及了国家之间的制度差异，忽略了制度本身的不稳定性，无法体现该国制度化程度，因此，再结合两国制度差异大小和东道国制度不确定性程度的高低，提出了四象限的制度距离。在这种方式的启发下，Wu（2009）提出了制度距离应该用文化距离、经济距离、政治距离和管制距离来全面衡量。更有甚者，Berry（2010）提出了包括经济、金融、政治、管理、文化、人口、知识、全球联通和地理距离在内的九种制度差异，来全面衡量两国之间的制度差异。不过也有许多学者将此简化，Gaura和Lu（2007）将规范距离和认知距离统称为规范距离。总的来说，将制度距离细分为管制、规范和认知距离的分类方法得到了学者们的广泛认同（Eden & Miller，2004；Xu & Shenkar，2002；Rottig，2008），其中正式制度距离即为管制距离，非正式制度距离包括规范距离和认知距离，同时以文化距离作为规范距离的代理变量来衡量国际制度上的差异（Estrin，2009；Yiu & Makino，2002）。

二、制度距离与对外直接投资的理论分析

本部分将从外来者劣势、制度性优势、制度逃离与制度套利三个视角分析制度距离对跨国企业海外投资的影响,这些理论视角对分析处在 ODI 发展初级阶段的中国企业有着重要的指导意义。

(一) 外来者劣势视角

Zaheer(1995)认为,跨国企业在母国拥有更多的信息优势,而在东道国可能会受到来自政府、消费者等不公平的待遇,这些劣势就是"外来者劣势"(Liability of Foreignness)。此外,Zaheer 认为,企业跨境经营带来的与空间距离相关的附加成本、跨国企业特定成本(对海外文化制度不适应带来的成本)、东道国特定成本(跨境经营缺乏合法性、消费者民族主义等)和母国特定成本(对技术外流的限制)是造成"外来者劣势"的主要来源。在某种意义上说,"外来者劣势"既是一个经济概念,又是一个社会概念,因为跨国企业面对的劣势主要有两类:一是与东道国企业相比,跨国企业经营需要付出更多的经济成本;二是跨国企业为适应东道国环境而必须付出的社会成本。相对于"外来者劣势"的经济成本来说,社会成本相对隐蔽而且难以控制,因此两国之间的制度距离是造成这一劣势的重要来源。

Zaheer 认为,跨国企业"外来者劣势"中的经济成本主要是由地理距离带来的,而这里所说的距离,除了有形的地理距离之外,更多地强调两国间正式制度和非正式制度距离。除了跨文化管理带来的内部治理成本(Hennart et al., 2002),两国之间的制度距离可能会给跨国企业带来更多的歧视成本、信息成本和关系成本这三类附加经营成本。首先,跨国企业在东道国缺乏合法性,以及民族中心主义会造成东道国消费者对外来产品的排斥,因此东道国政府可能会在国内压力下对跨国企业做出一些歧视性的行为;其次,相对于跨国企业在母国拥有

更多的信息，而在东道国为获得这些信息将会付出较大的信息成本；最后，跨国企业为实现持续经营，必须与当地消费者、供应商等建立信任关系，这也需要承担较高的关系成本（Eden & Miller，2004）。

对于我国对外直接投资企业来说，除了正常的生产经营活动之外，企业应更加努力嵌入东道国制度环境，获取管制合法性，以便得到东道国政府、供应商、消费者等相关利益者的认可和接纳。相对来说，两国之间的管制距离越大，对我国的跨国企业来说其难度就越大。2004 年，华为虽然成功收购了法国阿尔卡特公司的研发团队、技术专利等资源，但最终由于与法国在劳资制度上的巨大差异，导致生产运营成本居高不下，企业期待的协同效应并未出现。除了管制合法性，企业还应建立社会合法性，二者相比较，后者会更困难，因为社会合法性更容易被内化。两国之间的文化差距是企业在东道国获得社会合法性的重要障碍，差距越大，越难获得。为更好地融入当地文化，联想在收购 IBM 之后，不仅将公司总部迁到了美国，还将英语作为企业官方语言。国内还有许多公司并购失败就是因为对国外劳工制度不熟悉而引发矛盾冲突。因此，从"外来者劣势"视角看，我国企业在海外投资中选择与母国制度距离较近的国家有利于减轻这一劣势，无论是管制距离还是文化距离。

（二）制度性优势视角

中国制度转型为我国企业的海外直接投资提供了某些获取资源、能力的特殊途径，这是发达国家跨国公司并不具备的优势，可以视为一种特殊的制度性优势，这一优势在我国企业对发展中国家的投资中表现得更为明显。在我国制度转型期间，法律体系尚未健全、产权不明晰，因此非正式制度在一定程度上代替正式制度发挥作用，这就使得我国企业在类似制度环境的东道国进行投资时具备了发达国家企业所没有的制度能力、制度经验和关系能力。Yeung 和 Liu（2008）的研究认为中国企业在母国经营使得企业对信息不完全或市场失效的环境更有经验，即便是在最困难的发展中国家投资也有着一定的优势，研究中比较分析了日美跨国企业和中国跨国企业在印度尼西亚和泰国等国家的活动，结果发现中国企业会比其他国家的企业更快、更灵活地适应当地环境。这也就是说，由于资源禀赋和文化的不同，与发达国家竞争对手相比，我国跨国企业拥有的竞争优势会有所不同。比如 TCL 成功开发越南市场，就是用"关系法"开拓销售渠道，并用情感营销法巩固该渠道；哈尔滨电气公司有效地利用了自己的关系能力，可以与不同政府机构打交道，积累了宝贵的政治资源。因此，对于中国跨国企业来说，在母国，企业自身所具备的这种非市场优势是同外资跨国企业竞争的基础，而在海外市场就会更加依赖非市场优势弥补自身的不足。

除了前面分析的非市场优势之外，政府政策也是我国企业"走出去"的重要因素，同时结合所有制结构对企业 ODI 的重要影响作用（Ramasamy，2012），政府支持和政策倾斜也使得国有和民营跨国企业在海外区位选择上存在着较大差异。国有跨国公司不仅是一种经济组织，还是政府为实现其目的而扶持和依靠的一种政治工具，因此与非国有跨国企业追求利润最大化目标不同，其经济目标和绩效考核都具有双重性。UNCTAD 的《世界投资报告》也认为发展中国家的国有跨国企业在对外直接投资中受政府政策导向影响较大，除了寻求市场和效率之外，实现政府对企业规定的战略要求也是重要的投资动机。除了政府对国有企业的政策支持，其在 ODI 中的主力地位与政府政策倾斜也有着密不可分的关系，政府可以给予国有企业某种特权、资源倾斜配置和优惠政策以激励企业开展海外经营。因此，相对于民营企业，管制距离和文化距离对国有跨国企业区位选择的影响被弱化。

（三）制度逃离与制度套利视角

制度基础观认为制度环境对跨国企业的投资决策起着重要作用，尤其是新兴市场国家及转型经济国家的对外直接投资并不完全是为了利用企业本身具备的竞争优势，而是为了逃离和规避母国制度环境（Witt & Lewin，2007），这一现象的另一面就是利用 FDI 进行制度套利（Hall & Soskice，2001）。Boisot 和 Meyer（2008）提出对于许多的国内跨国企业的对外直接投资来说，特别是在发达国家的对外投资，不仅可以逃离母国制度约束带来的竞争劣势，还可充分利用东道国完善的制度措施提高自身竞争力。当东道国制度约束较少时，企业更倾向于通过对外直接投资来获取东道国便利的制度环境，虽然较大的制度距离会带来较高的国际化成本，但在未来利用良好的制度环境提高技术和竞争力，从长远来看也是有益的（Nitin & Pangarkar，2010）。依据传统对外投资理论，我国企业在海外投资时应该选择经济发展条件落后于我国的东道国，这样既能保证企业继续保持市场竞争能力，还能得到一定的投资回报，不少学者将这种现象叫作"慢半拍"原则。但事实上，我国企业的对外直接投资并未遵循这个原则，反而具有非常明显的市场取向、制度取向和运营条件取向（周长辉，2004）。这就是传统投资理论与制度套利理论的区别之处，即制度套利理论认为新兴市场国家的对外直接投资是出于对国外优势制度的寻求，因此，企业会把价值链中的某个或某些环节放在相对发达的国家进行。比如联想收购IBM的PC业务之后，不仅将公司总部迁至美国，还把英语作为企业内部官方语言，其制度套利动机非常明显（Boisot & Meyer，2008）。

虽然对"外来者劣势"的研究表明，两国之间制度差距越大，企业在海外投资过程中所要付出的成本就越高，但国家间多样化的制度体制也为跨国公司利用不同制度进行套利提供了机会，为企业获取不同于母国文化和制度的、难以复制的战略性资产提供了可能。因此，通过对制度质量比较高的国家进行对外直接投资，我国企业不仅可以规避国内市场面临的制度缺失与制度约束，还可利用东道国制度优势，提高企业的经营绩效和竞争力。

三、制度距离对对外直接投资影响的文献综述

制度距离对对外直接投资的影响体现在区位选择、投资模式选择、公司治理和绩效等方面（Bae & Salomon，2010）。在现有的制度距离对对外直接投资区位选择问题的研究中，焦点集中在地理距离和文化距离，涉及管制距离的文献相对较少。最初的学者多以"外来者劣势"理论和制度合法性理论为基础，对发达国家的跨国企业进行研究，认为管制距离给公司带来了竞争劣势，企业在东道国投资时要付出更多的成本（Zaheer，1995）。管制距离与国际直接投资的负向关系

在以后的研究中得到了验证,有关研究表明,随着两国管制距离的增加,日本跨国公司在东道国的投资意愿变得较弱。因为两国制度差异越大,企业跨国经营的适应期就越长,这也就增加了企业的额外成本,随之风险也会越大,因此,企业一般不会选择与母国制度差异较大的国家进行投资。然而,这些理论解释在新兴市场国家的企业对外投资中却不再适用,Habi和Zurawicki(2002)的研究就表明两国之间在腐败制度上的绝对差异会抑制双边FDI流量,这是因为这类企业的母国制度不够完善,使得企业适应恶劣环境的能力比发达国家企业更强,因此它们会选择在制度环境较差的国家进行投资,这就是基于制度接近的"心理接近"(Psychic Closeness),这种接近性会降低企业在东道国的学习成本以及对市场不确定性的认知程度,Cuervo-Cazurra和Genc(2008)的研究就证明了这一现象。这些结论都表明,从制度距离视角分析新兴经济体跨国企业对外直接投资区位选择有助于解释现有研究结论的不一致。Malhotra等(2010)以新兴经济体国家的跨国企业为目标,研究了制度距离对企业海外投资区位选择的影响,结果表明制度距离与企业在东道国的投资次数成正比,与结论假设正好相反。郭苏文和黄汉民(2010)利用2003~2008年我国对45个国家或地区的ODI数据进行建模,结果表明两国制度距离对我国的ODI有反向作用,而Li(2012)的研究却发现两者之间是互相促进的作用,因此,即便是对新兴经济体的研究,其结果也不尽相同。

关于制度距离影响跨国企业投资模式选择的文献大多是以Dunning的ILO范式为基础的,认为企业只有结合自身的所有权优势并结合东道国的区位优势才会进入东道国市场,而由制度距离特别是管制距离带来的"外来者劣势"则会阻碍企业优势从母国转到东道国(Xu & Shenkar,2002),因此,只有那些具有组织优势转移能力的企业才能更好地克服这种管制距离。Kittilaksanawong(2009)也指出组织冗余的跨国企业更容易在制度距离较大的东道国投资,而且自身组织特性还有助于提高公司对不确定环境的适应能力。制度距离与企业ODI的战略选择交互影响着跨国企业在海外的生产经营绩效,一般而言,外来者劣势会使得企业难以获得社会合法性,使公司面临巨大的风险,从而降低子公司的存活率和绩效。然而,随着东道国制度环境的变化和两国制度距离的变化,制度距离对企业绩效的影响也存在差异（Prescott，1986；Venkatraman，1989）。虽然制度距离会对跨国子公司的绩效产生负面影响，但制度距离的存在也使得企业从利用国家之间差异的制度套利行为中获益。Gaur 和 Lu（2010）通过研究管制距离与日本跨国子公司生存率的相互关系发现，二者存在倒"U"形关系，即在管制距离较小的情况下，子公司存活率随着距离的增加而增加；在管制距离较大情况下，子公司存活率却随着距离的增加而降低。同时他们还发现，在管制距离较大时，企业采取独资形式进入海外市场其存活率比较高；在规范距离较大时，宜采取高股权形式进入。与 Gaur 和 Lu 的研究方法不同，Higon 和 Antonlin（2012）从调节作用的角度发现制度距离在研发活动影响企业绩效过程中发挥着调节作用。Chao 和 Kumar（2010）也指出管制距离、规范距离会负向调节"国际多元化战略—绩效"之间的关系。

总的来说，关于制度距离对跨国企业 ODI 区位选择的影响，在以发达国家跨国公司为对象的研究中得到了比较一致的结论，而对新兴经济体特别是对中国企业进行研究时还需加以修正。

四、制度距离对中国对外直接投资影响的实证检验

从制度角度研究 ODI 的文献大多只分析了投资母国或东道国因素的单边影响，而两国之间的制度距离对投资有着更重要的影响。然而，从制度距离视角的研究分析并不多见，以中国为研究对象的研究就更少了，而且现有的文章只关注了绝对管制制度，忽视了管制距离的方向对企业 ODI 区位选择的影响。本部分主要考虑管制距离和文化距离两类制度距离对我国对外直接投资的影响。

（一）研究假设

1. 管制距离与中国对外直接投资

一国的管制距离可以做出关于质量"好"与"差"的判断，以及用相应的指标来评价这种"好"与"差"。一般来讲，管制制度质量较高的国家具备法制健全、政府管制和干预少、公共部门服务质量高、社会基础设施健全、金融环境宽松和政府官员腐败程度低的特点，否则该国管制制度质量较低。因此，管制距离具有方向性，当东道国管制制度质量比中国好时，二者管制距离为正，称为正向管制距离；当东道国管制制度质量比中国差时，二者管制距离为负，称为负向管制距离。因此，对管制距离和中国企业对外直接投资关系进行假设时，还应考虑分析不同管制距离方向的影响。

关于正向管制距离的影响：根据前文中的理论分析，正向管制距离的增加会使企业面临的外来者劣势增加，非市场优势的区位限定程度增加且价值随之降低，但东道国良好的制度环境对中国企业逃离型ODI的吸引力以及制度套利收益也会增加。因此，正向管制距离与我国对外直接投资并不是简单的线性关系，可能会表现出较为复杂的非线性关系。

当正向管制距离较小时，东道国相对于我国的制度优势并不明显，因此对于我国跨国企业制度逃离型ODI的吸引力并不大。正向管制距离增加时，并不会带来制度逃离和制度套利型ODI的显著增加，但却会使我国企业面临的外来者劣势增加，非市场优势的区位限定程度增加且价值随之降低，中国的ODI将会受到抑制。当正向管制距离增加到一定水平时，东道国相对于我国的制度优势开始显现，而且由此带来的制度套利收益将会非常明显，因此，在这种情况下，不仅不会抑制反而会吸引更多的中国企业进行对外直接投资。这也就衍生出了本部分的第一个假设：

假设8-1：东道国与我国正向管制距离与我国在东道国的对外投资倾向是一种非线性的正"U"形关系。即存在一个阈值，当正向管制距离低于该阈值时，随着正向管制距离的增加，我国企业在东道国投资的意愿减弱；当正向管制距离超过该阈值时，随着正向管制距离的增加，我国企业在东道国投资的意愿增强。

关于负向管制距离的影响：来自发达国家的跨国企业在发展中国家的投资就属于负向管制距离下的对外直接投资，负向管制距离的增加对于这类投资的抑制作用已经得到证实，随着负向管制距离的增加，发达国家企业的外来者劣势会更加明显，对东道国较差的制度环境越来越不适应，因此，负向管制距离的增加会明显抑制发达国家企业的投资倾向。基于新兴市场国家跨国公司的研究表明，其所拥有的这类非市场优势使得它们对东道国较差的制度环境不敏感。Malhotra 等（2010）检验了腐败对中国和美国跨国企业的影响，结果表明中国跨国企业并购价值并没有受到东道国腐败水平的影响，由于自备相关经验，中国企业更易面对这种较差的制度环境。此外，负向管制距离被弱化的另一个重要原因是我国国有企业特殊的对外投资行为。由于政府政策支持与政策倾斜，即便在这些管制制度较差的东道国投资时，国有企业面临的外来者劣势和合法性问题较小。基于以上分析，本部分提出第二个假设：

假设 8-2：负向管制距离对中国跨国企业的对外投资影响并不明显，负向管制距离的增加不会抑制我国企业的对外投资。

关于管制距离（不区分方向）的影响：忽略管制距离的方向性，在理论上认为管制距离与国家之间的对外投资呈负向关系，这一关系在已有的对发达国家的对外直接投资研究中得到了证实，而对新兴国家的 ODI 研究时却得出了不一致的结论。Malhotra 等（2010）以新兴经济体国家的跨国企业为目标，研究了制度距离对企业海外投资区位选择的影响，结果表明制度距离与企业在东道国的投资次数成正比，郭苏文和黄汉民（2010）的研究结果表明，两国制度距离对我国的 ODI 有反向作用，而 Li（2012）的研究却发现两者之间是互相促进的关系，因此，即便是对新兴经济体的研究，其结果也不尽相同。基于此，本部分提出了以下待检验的假设：

假设 8-3：管制距离（不区分方向）的增加对中国跨国公司的对外直接投资影响具有不确定性。

2. 文化距离与中国对外直接投资

文化距离被认为是跨国企业在东道国获得规范合法性的主要障碍，对企业的对外直接投资有着重要影响。按照外来者劣势理论的观点，两国的文化距离越大，中国跨国企业的外来者劣势就越明显，在东道国获取规范合法性的难度就越大，因此，两者之间应为负向关系；然而实证研究结果却并不一致，有些结果证明是负向关系（Flores & Aguilera，2007；潘镇，2006），有些是正向关系（Randly & Dibrell，2002；Thomas & Grosse，2001），有些证明两者并无关系（Benito & Gripsrud，1992）。

随后便有学者提出根据跨国企业国家化过程模型（Johanson & Vahlne，1977，1990）来解释企业国际化早期阶段的行为，而且对我国企业的对外投资行为仍然具有一定的解释能力。基于以上分析，本部分提出以下假设：

假设 8-4：两国文化距离会抑制中国跨国公司在东道国的直接投资，两国文化差异越大，中国对东道国的投资越少。

由于文化制度本无优劣之分，因此文化距离不可能像管制距离一样存在正向和负向之分，但文化距离对中国跨国企业对外投资行为的影响在管制制度不同的东道国会有所不同。在管制制度质量比较低的东道国投资时，中国的海外投资多以国有企业为主，政策支持和政策倾斜的双重作用机制弱化了文化距离对企业投资的影响。而且管制制度质量比较差的这些国家往往是经济发展水平较低，但自然资源较为丰富的国家，而在这些国家中我国国有企业多以寻求资源为主要动机，因此在某种意义上来说，东道国丰富的自然资源对我国ODI的吸引力超越了文化距离的影响。基于此，本部分提出以下假设：

假设 8-5：与管制制度质量低的东道国相比，文化距离的增加对我国企业进入管制制度质量较高国家的抑制作用会更大。

（二）实证研究设计

1. 样本选取

2000年以前我国对外直接投资流量相对较少且发展缓慢，没有太大的研究意义，但自从2001年我国加入世界贸易组织以后投资流量开始小幅增长，2003年后开始快速增长，因此本部分分析的时间跨度为2003~2012年。由于在商务部统计数据中，我国对某些国家的投资数据会有所缺失，为保证数据的完整，本部分所选取的东道国不包括英属维尔京群岛、开曼群岛和百慕大群岛这三个传统的避税天堂，样本数据涵盖了亚洲、欧洲、美洲、非洲和大洋洲的93个国家和地区。

2.变量选择

本研究的因变量为我国企业在2003~2012年对上述93个国家和地区直接投资流量，数据来源于《中国对外直接投资统计公报》（2003~2012年）。

（1）关于自变量制度距离：参照Globerman和Shapiro（2003）的做法，本部分选用世界银行开发的全球治理指数（Worldwide Governance Indicators，WGI）来衡量各国管制制度。WGI可以全面反映一个国家或地区包含行政和司法在内的管制制度质量，包括民主议政程度、政治稳定性、政府管制效率、控制腐败等六个子指标体系，指标赋值区间为[-2.5，2.5]，正值得分越高代表政府治理水平越好，制度质量越高，而负值则意味着较差的制度质量。为得到一个综合管制制度值，本部分将六个子指标值加权平均。东道国与我国综合指标值之差反映了两国之间的管制距离，当东道国指标值大于我国时，两国制度距离为正，记作PRD；当东道国指标值小于我国时，两国制度距离为负，记作NRD，并用绝对值大小代表管制距离大小；不区分方向的管制距离则用指标值之差的绝对值来测量，记为RD。

（2）关于自变量文化距离：本部分继续采用Hofstede的国家文化指数来刻画一国的文化特征，该指数分别从权力距离（Power Distance）、不确定性规避（Uncertainty Aviodance）、个人/集体主义（Individualism/Colletivelism）、男性/女性主义（Masculinity/Femininity）四个维度来区分国家之间的文化差异，指标值区间为[0，100]。基于此，借鉴Kought和Singh（1988）的做法，按下式就算出两国之间的文化距离：

$$CD_j = \frac{1}{4} \sum_{i=1}^{4} \frac{(I_{ij} - I_{ic})^2}{V_i} \tag{8-1}$$

其中，CD_j表示我国与东道国j之间的文化距离，I_{ij}表示东道国j在第i个文化维度指标值，I_{ic}表示我国在第i个文化维度指标值，V_i表示第i个文化维度指标值的方差。

（3）关于控制变量：依据传统对外直接投资理论，首先选取东道国GDP来测量东道国绝对市场规模，记为GDP，数据来源于世界银行的发展指标；同时选择东道国 GDP 增长率,来反映市场发展潜能,记为 GDPG,数据同样来源于世界银行的发展指标。参考 Holburn 和 Zelner (2010),用东道国和母国的人均 GDP 之差的绝对值来测量两国之间的经济距离,记为 ED,数据来源于世界银行的发展指标。除了上述三个市场变量之外,依据 Dunning 提出的企业对外直接动机,寻求自然资源和战略资源也是我国企业海外投资的主要动机,因此添加自然资源变量和技术水平变量。其中东道国的自然资源变量用东道国矿石、金属和燃料出口占商品出口的比例来衡量,记为 RES,数据来源于世界银行的发展指标。关于东道国的技术水平,依照 Ramasamy (2012) 的做法,以东道国的高技术产品出口额占总产品出口额的比例来衡量,记为 TEC,数据来源于世界银行的发展指标。

对外投资和进出口贸易是一种互动的关系。理论上,跨国公司的对外直接投资以扩大出口为主要目的,同时也是替代进口的一种方式,基于此,本章选取中国对东道国的出口、进口作为控制变量,分别记为 EXP、IMP,数据来源于国家统计局网站。另外,添加东道国的通货膨胀指标来评价东道国的经济稳定程度,记为 INF,数据来源于世界银行的发展指标;添加两国之间的地理距离 GD(单位:千米),数据来源于CEPII 距离数据库。

3. 模型设定

本部分采用半对数的形式建立回归模型,为控制异方差问题,对有些变量取了自然对数。依据上文选取的因变量、自变量和控制变量,在引力模型基础上建立如下实证模型。为验证假设 8-1,设立正向管制距离模型:

$$\ln ODI_{it} = \alpha_0 + \alpha_1 PRD_{it} + \alpha_2 PRD_{it}^2 + \alpha_3 CD_{it} + \alpha_4 \ln GDP_{it}$$
$$+ \alpha_5 GDPG_{it} + \alpha_6 \ln ED_{it} + \alpha_7 RES_{it} + \alpha_8 TEC_{it} + \alpha_9 \ln EXP_{it}$$
$$+ \alpha_{10} \ln IMP_{it} + \alpha_{11} INF_{it} + \alpha_{12} \ln GD_i + \lambda_i + \delta_t + \varepsilon_{it} \qquad (8-2)$$

其中,ODI_{it} 表示我国在第 t 年对东道国 i 的对外投资流量,PRD_{it} 为我国与东道国 i 的正向管制距离,PRD_{it}^2 为正向管制距离的二次方,CD_{it} 为两国间的文化距离,λ_i 为国家效应,δ_t 为时间效应,ε_{it} 为误差项,其他变量解释参见本章第二部分变量选择的内容。

为验证假设 8-2,设立负向管制距离模型:

$$\ln ODI_{it} = \alpha_0 + \alpha_1 NRD_{it} + \alpha_2 CD_{it} + \alpha_3 \ln GDP_{it} + \alpha_4 GDPG_{it}$$
$$+ \alpha_5 \ln ED_{it} + \alpha_6 RES_{it} + \alpha_7 TEC_{it} + \alpha_8 \ln EXP_{it} + \alpha_9 \ln IMP_{it}$$
$$+ \alpha_{10} INF_{it} + \alpha_{11} \ln GD_i + \lambda_i + \delta_t + \varepsilon_{it} \tag{8-3}$$

为验证假设 8-3，设立管制距离（不区分方向）模型：

$$\ln ODI_{it} = \alpha_0 + \alpha_1 RD_{it} + \alpha_2 CD_{it} + \alpha_3 \ln GDP_{it} + \alpha_4 GDPG_{it}$$
$$+ \alpha_5 \ln ED_{it} + \alpha_6 RES_{it} + \alpha_7 TEC_{it} + \alpha_8 \ln EXP_{it} + \alpha_9 \ln IMP_{it}$$
$$+ \alpha_{10} INF_{it} + \alpha_{11} \ln GD_i + \lambda_i + \delta_t + \varepsilon_{it} \tag{8-4}$$

针对假设 8-4 和假设 8-5 不需要建立新的模型，假设 8-4 的验证从式（8-2）、式（8-3）和式（8-4）的模型结果中可以得到，假设 8-5 的验证只需要比较式（8-2）和式（8-3）中文化距离的回归结果即可。

本部分计量分析所采用的数据是中国在 2003~2012 年对 93 个国家和地区的对外直接投资面板数据，由于文化距离变量和地理距离控制变量是非时变变量，因此本部分不再采用固定效应模型，而是使用随机效应模型进行检验。

（三）实证结果分析

1. 正向管制距离回归结果

表 8-1 给出的是正向管制距离的建模回归结果，即管制质量高于我国的样本回归结果。模型 1 是只有正向管制距离（PRD）的建模结果，模型 2 是为了验证假设 8-1 添加了 PRD 的二次方，模型 3 是只有文化距离的建模结果，模型 4 是只有 PRD 和 CD 的建模结果，模型 5 是添加了所有制度距离的建模结果。回归结果表明，模型 1 中 PRD 的系数在 1%置信水平下显著为负；模型 2 中 PRD 的系数在 1%置信水平下显著为负，PRD 的平方项在 5%置信水平下显著为正；模型 4 和模型 5 将 CD 纳入方程后，PRD 和 PRD 的平方项无论是系数还是显著性都没有发生改变，这也直接证明了假设 8-1 的主要内容：东道国与我国正向管制距离与我国在东道国的对外投资倾向是一种非线性的正"U"形关系，即存在一个阈值，当正向管制距离低于该阈值时，随着正向管制距离的增加，我国企业在东道国投资的意愿减弱；当正向管制距离超过该阈值时，随着正向管制距离的增加，我国企业在东道国投资的意愿增强。

表 8-1　正向管制距离建模结果

	模型 1	模型 2	模型 3	模型 4	模型 5
PRD	−2.746*** (−3.481)	−4.028*** (−3.929)		−3.535*** (−3.782)	−2.382*** (−3.485)
PRD^2		0.981** (2.143)			0.839** (2.018)
CD			−0.684*** (−3.209)	−0.673*** (−3.157)	−0.740*** (−3.295)
lnGDP	0.052 (1.261)	0.061 (1.039)	0.078 (1.027)	0.083 (1.204)	0.058 (1.305)
GDPG	1.027*** (5.292)	1.292*** (5.025)	0.894*** (3.485)	1.255*** (3.694)	1.202*** (3.091)
lnED	0.078 (0.297)	0.056 (0.783)	0.023 (0.374)	0.126 (0.385)	0.107 (0.452)
RES	0.0173 (1.220)	0.0160 (1.002)	0.0201 (0.992)	0.019 (0.847)	0.0201 (0.822)
TEC	−0.008 (−0.993)	−0.007 (−0.892)	−0.030 (−0.993)	−0.017 (−0.855)	−0.003 (0.921)
lnEXP	0.736*** (3.003)	0.517** (2.091)	0.499** (2.010)	0.481** (1.989)	0.502** (2.011)
lnIMP	−0.283* (−1.892)	−0.262* (−1.832)	−0.221* (−1.732)	−0.223* (−1.869)	−0.214 (−1.837)
INF	−0.003 (−1.028)	−0.002 (−1.009)	−0.003 (−0.832)	−0.003 (−0.781)	−0.003 (−0.819)
lnGD	−1.116** (−2.038)	−1.181** (−2.127)	−1.163*** (−2.099)	−1.113*** (−2.462)	−1.038*** (−2.374)
常数项	2.394 (0.817)	2.661 (0.925)	1.374 (0.883)	1.492 (0.839)	1.063 (1.046)
R^2	0.367	0.436	0.462	0.342	0.391
LM 检验	83.89***	88.83***	70.38***	50.37***	68.37***

注：模型采用随机效应估计，括号内为 t 统计量；***、**、* 分别代表在 1%、5% 和 10% 的置信水平下显著。

在控制变量方面，代表东道国绝对市场规模的 GDP 变量均不显著，但表示其发展潜能的 GDP 增长率变量系数却在 1% 置信水平下显著为正，这样从侧面证明了我国海外投资选择的管制质量较高的国家大多是经济较发达、发展潜能较大的国家。经济距离变量系数均为正，但都没有通过显著性检验。自然资源变量的系数均为正，但也都不显著，这说明我国在管制质量较高的东道国的投资不是以寻求自然资源为主要动机的。与自然资源变量类似，变量 TEC 系数在所有模型中均为负但都不显著，说明东道国的技术水平对投资影响不够明显，这也许是因为我国跨国企业技术竞争力较差，难以在技术先进的国家立足。对于进出口两个变量，首先，我国对东道国的出口变量在5%置信水平下显著为正，这也侧面证明了跨国企业寻求市场的动机；其次，我国对东道国的进口变量在大多数模型中不显著，这也许是因为进口代替了我国企业在东道国的投资；最后，地理距离变量系数都显著为负，这也说明距离的增加带来的成本增加一定程度上会抑制我国企业的对外直接投资。

2. 负向管制距离回归结果

表8-2给出了负向管制距离的建模结果，即管制质量低于我国的样本回归结果。其中模型1是只有负向管制距离NRD的建模结果，模型2是只有文化距离CD的建模结果，模型3是添加了两种距离的建模结果。在模型1中，NRD变量系数为正且不显著，即便是模型3中添加了文化距离变量之后，该变量的系数仍然为正且不显著，这也间接证明了假设8-2的主要内容：负向管制距离对中国跨国企业的对外投资影响被弱化，负向管制距离的增加不会抑制我国企业的对外投资。一般理论认为，东道国的管制制度质量越差，我国企业在此投资时所面临的风险就越大，但我国企业似乎对这些制度质量较低的国家制度并不敏感，甚至会出现东道国的政治风险不仅不会阻止我国的对外投资，反而会更加吸引我国企业的现象，这也许是由于我国对外直接投资主体多以国有企业为主。

表8-2 负向管制距离建模结果

	模型1	模型2	模型3
NRD	0.482 (1.283)		0.441 (1.392)
CD		−0.244 (−1.384)	−0.220 (−1.203)
lnGDP	−0.283* (−1.731)	−0.385*** (−2.850)	−0.361** (1.992)
GDPG	0.318 (1.203)	0.454* (1.883)	0.374* (1.832)
lnED	0.601*** (2.394)	0.584*** (2.201)	0.573*** (2.304)
RES	0.0223*** (4.279)	0.0223*** (4.217)	0.0211*** (4.019)

续表

	模型1	模型2	模型3
TEC	−0.0172 (−0.293)	−0.0201 (−0.274)	−0.0184 (−0.357)
lnEXP	0.834*** (3.460)	0.864*** (3.927)	0.833*** (3.829)
lnIMP	−0.002 (−0.289)	0.0018 (1.283)	0.0038 (1.274)
INF	−0.0001 (−0.362)	−0.0001 (−0.384)	−0.0001 (−0.372)
lnGD	−0.635 (−0.930)	−0.673* (−1.938)	−0.75* (1.837)
常数项	2.485 (1.294)	4.694 (1.038)	4.927 (1.393)
R^2	0.483	0.459	0.462
LM 检验	58.67***	36.59***	55.37***

注：模型采用随机效应估计，括号内为 t 统计量；***、**、* 分别代表在 1%、5%和 10%的置信水平下显著。

在控制变量方面，与表 8-1 中的结果相反，东道国经济规模变量 GDP 系数为负，且在 5%和 10%的置信水平下显著；GDP 增长率变量系数为正，但显著性相对不太明显。经济距离变量 ED 在所有模型中都在 1%置信水平下显著为正。这说明在管制制度质量较低的东道国投资时，绝对市场规模变量对我国的企业没有较大吸引力，反而是两国之间的经济距离有较大的吸引力，我国在这样的东道国投资时会具有挤出效应。此外，ED 变量还说明经济距离越大，我国企业就越会在这些国家投资，这些国家可能正是那些发达国家企业不愿意投资的地区。自然资源变量的回归系数在所有模型中都在 1%的置信水平下显著为正，说明我国在管制制度质量低的东道国投资时多是以寻求自然资源为主要动机的。此外，我国对东道国的出口变量在所有模型中都在 1%的置信水平下显著为正，说明出口同样是促进我国企业 ODI 的重要因素；地理距离变量在个别模型中也显著为负，两国之间的地理距离一定程度上抑制了我国的对外直接投资。但我国对东道国的进口变量（IMP）、技术水平（TEC）和通货膨胀（INF）变量的回归结果都没有通过显著性检验。

3. 管制距离（不区分方向）回归结果

表 8-3 给出了不区分方向管制距离的建模结果，即全样本数据的建模，其中模型 1 是只有管制距离 RD 的建模结果，模型 2 是只有文化距离 CD 的建模结果，模型 3 是添加了两种距离的建模结果。在模型 1 和模型 3 中 RD 的估计系数在 1% 和 5% 置信水平下显著为负，这表明东道国与中国的管制距离总体上对我国跨国企业的对外投资起到抑制作用。同时结合表 8-1 和表 8-2 中的结果，正向管制距离和负向管制距离的作用不同，因此本部分验证了假设 8-3 的主要内容：管制距离（不区分方向）的增加对中国跨国公司的对外直接投资影响具有不确定性，这一结果也说明了区分管制距离方向的重要性和必要性。

表 8-3 管制距离（不区分方向）建模结果

	模型 1	模型 2	模型 3
RD	−1.001*** (−4.291)		−0.694** (−2.016)
CD		−0.573*** (−3.409)	−0.626*** (−3.273)
lnGDP	0.104 (0.923)	0.0837 (0.829)	0.0668 (0.372)
GDPG	0.319* (1.746)	0.513** (1.982)	0.584** (2.016)
lnED	0.39* (1.837)	0.323 (1.372)	0.410* (1.896)
RES	0.0305*** (4.382)	0.0279*** (4.193)	0.0265*** (3.994)
TEC	−0.0171* (−1.732)	−0.0283*** (−2.993)	−0.024** (−2.001)
lnEXP	0.632*** (4.201)	0.575*** (3.499)	0.566*** (3.819)
lnIMP	−0.0215* (−1.782)	−0.0283*** (−2.995)	−0.024** (−2.019)
INF	−0.0003 (−0.392)	−0.0003 (−0.284)	−0.0002 (−0.328)
lnGD	−1.000*** (−3.485)	−1.153*** (−3.002)	−1.096*** (−3.826)
常数项	2.373 (0.384)	4.294 (0.369)	4.361 (0.930)
R^2	0.403	0.472	0.501
LM 检验	173.48***	136.55***	128.30***

注：模型采用随机效应估计，括号内为 t 统计量；***、**、* 分别代表在 1%、5% 和 10% 的置信水平下显著。

在控制变量方面，与表 8-1 的回归结果类似，描述东道国市场规模的 GDP 变量并不显著，但描述市场发展潜力的 GDPG 增长率变量系数分别在 1% 和 5% 置信水平下显著为正，另外我国对东道国的出口变量 EXP 在所有模型中都在 1% 置信水平下显著为正，这也说明了我国企业对外直接投资的市场寻求动机，而且我国企业关心的是东道国的经济发展潜力，而不是绝对市场规模。另外，回归结果还证实了我国企业海外投资的寻求自然资源动机，因为自然资源变量在所有模型中都在 1% 置信水平下显著为正，而技术水平变量 TEC 在所有模型中都显著为负，说明东道国的技术水平对我国企业的对外投资有着一定的抑制作用。在所有回归中，我国对东道国的进口变量系数都显著为负，说明进口替代了中国跨国公司在东道国的投资。地理距离变量也显著为负，说明该距离明显抑制了我国企业的对外投资。与表 8-1、表 8-2 的回归结果一样，通货膨胀变量系数都没有通过显著性检验，说明东道国的通货膨胀不是影响我国跨国公司海外投资的重要因素。

4. 文化距离回归结果

根据表 8-1 中的文化距离变量的回归结果，在模型 3、模型 4 和模型 5 中变量系数都显著为负，这表明在管制质量高的东道国，两国之间的文化距离会显著抑制我国的对外直接投资。但这一结果仍然需要其他的回归结果来验证假设 8-4 和假设 8-5。

表 8-2 中对文化距离变量的回归结果表明，该变量系数虽然为负，但并不显著，说明在管制制度质量低于我国的东道国投资时，两国之间的文化距离并不显著影响我国的对外直接投资。这一研究结果可以与表 8-1 的实证结果结合起来验证假设 8-5：与管制制度质量低的东道国相比，文化距离的增加对我国企业进入管制制度质量较高国家的抑制作用会更大。

在表 8-3 中，模型 2 和模型 3 是添加了文化距离变量的建模结果，发现 CD 变量系数在 1% 置信水平下显著为负，这表明两国间的总体文化距离与我国的 ODI 的确存在着负向关系，即总体文化距离阻碍了我国对东道国的对外直接投资，因此假设 8-4 的内容得到证实。因为两国文化距离越大，投资企业要花费越多的额外成本来适应东道国的文化习俗等，所以我国企业在对外投资时更倾向于与我国文化相近的国家或地区。

五、本章小结

"外来者劣势"理论认为，我国企业在海外投资中选择与母国制度距离较近的国家有利于减轻这一劣势，无论是管制距离还是文化距离。中国制度转型为我国企业的海外直接投资提供了某些获取资源、能力的特殊途径，这是发达国家跨国公司并不具备的优势，可以视为一种特殊的制度性优势，这一优势在我国企业对发展中国家的投资中表现得更为明显。而且新兴市场国家及转型经济国家的对外直接投资并不完全是为了利用企业本身具备的竞争优势，而是为了逃离和规避母国制度环境，这一现象的另一面就是利用 FDI 进行制度套利。即便是从这三个视角分析制度距离对企业对外投资的影响，仍然得不到一致的结论，对我国的对外投资来说更是如此。

为解决这一问题，本章的主要目标就是实证检验制度距离对我国对外直接投资的影响。通过实证分析，结果表明东道国与我国正向管制距离与我国在东道国的对外投资倾向是一种非线性的正"U"形关系；负向管制距离对中国跨国企业的对外投资影响被弱化，负向管制距离的增加不会抑制我国企业的对外投资；不区分方向的管制距离增加对中国跨国公司的对外直接投资影响具有不确定性。在文化距离方面，实证结果表明东道国与中国的文化距离会抑制中国跨国公司在东道国的直接投资，两国文化差异越大，中国对东道国的投资越少；而且与管制制度质量低的东道国相比，文化距离的增加对我国企业进入管制制度质量较高国家的抑制作用会更大。

第九章　国际制度环境对中国对外直接投资的影响
——以双边投资协定为例

经济全球化使得自由化成为经济快速发展的先决条件，而对外投资是推动国民经济发展的强劲动力。不同政治体制类型的国家，在产权、信誉及政策透明度等方面的表现特征都不一样，甚至会有很大的差别，因此对海外投资企业的影响也不一样，为降低投资风险和成本，跨国公司可以通过国际制度预期政府行为，以实现投资保护和投资自由化。海外投资的国际机制虽然还没有形成一个富有成效的全球性协定，但还是包括了多边投资协定、区域性投资协定和双边投资协定三个方面。此外，华盛顿协定还设定了一个针对投资者和东道国政府间纠纷的多边仲裁机构"国际投资纠纷解决中心"（ICSID）。20世纪90年代以来，出现了类似经合组织的《多边投资协定》、世界贸易组织的《与贸易有关的投资措施协定》，以及欧盟、北美自贸区签订的区域性自由贸易协定等，但各国政府还是希望通过签署双边投资协定来保护本国企业海外投资或促进本国的外资流入，于是，双边投资协定逐渐成为国际投资领域调节投资母国和东道国关系的主要工具。

本章结构安排如下：第一部分简要概述双边投资协定的内涵与功能以及演变过程；第二部分对BIT对FDI作用的相关文献进行回顾；第三部分实证检验了BIT对我国对外投资的作用，特别是对制度环境的作用；第四部分简要总结本章的研究结论。

一、双边投资协定概述

(一) 双边投资协定的内涵与功能

1. 双边投资协定的内涵

双边投资协定（Bilateral Investment Treaties，BIT）是两个投资国（政府）为投资保护和促进投资而签署的法律协定，其内容主要包括序言、定义条款、实质性条款和附件四个部分。其中序言部分说明了协定签订的初衷，为发展缔约双方各方面的经济合作，特别是当一方在另一方领土内精心创立投资条件，在平等互利基础上，缔约该协定，以鼓励投资者的经济性，为增进双方经济繁荣做出贡献。定义条款主要定义了投资、投资者、领土、收益、赔偿等。实质性条款又分为实体性条款和程序性条款，其中实体性条款主要包括投资准入或促进条款、投资待遇条款、征收及其补偿条款、资金转移条款、代位权条款、透明度和安全例外条款等。程序性条款主要是针对解决争端，包括缔约国间争端解决条款和投资者与缔约国间争端解决条款。

2. 双边投资协定的功能

签订双边投资协定的主要目的是为了鼓励投资者的积极性，从而为增进缔约各方的经济繁荣做出贡献。为达到这一目的，BIT 必须依靠两个因果关系：BIT 必须推进国际投资，国际投资必须促进经济繁荣，因此，本部分主要从经济学角度分析 BIT 的主要功能。

首先，BIT 是经济自由化的工具。BIT 的实体性条款和程序性条款约定的内容是保证投资安全的前提，特别是对争端解决的缔约，更是为投资方提供了法律保障。通过 BIT，东道国把投资保护承诺作为法律体现，这就为投资者降低了风险，解决了动态矛盾的问题。有研究表明，BIT 的确引发了对外投资的适度增长。此外，BIT 保证跨国投资的自由流动，其中明确禁止东道国基于国籍对投资企业进行歧视性对待,外国投资者在东道国应享受国民待遇及最惠国待遇,极大促进了投资中立。

其次,BIT 是部分干预的工具。许多国家采用政府干预来促进国际投资流动,BIT 也允许东道国实施大量的干预措施,以纠正市场失灵。就自由化不能产生发展中国家追求的分配后果而言,政府必须采取相应的措施干预经济,以达到公平分配的目的。另外,BIT 许可东道国在外汇储备水平特别低下时实施外汇控制,东道国也可以对外国投资进行征收,尽管需要赔偿。

3. 双边投资协定的不足之处

虽然 BIT 的签署有效改善了投资环境,保护了海外投资者的利益,但影响海外投资的因素有很多,比如自然资源、劳动力、市场规模与发展潜力、政治风险等,因此,缔结 BIT 对吸引外资的作用还很难评估。对于追求海外自然资源的投资来说,资源带来的投资回报会比 BIT 更多,追求市场投资也是一样的道理。所以说,BIT 的签署不可能成为海外投资的决定性因素。此外,BIT 的签署也解决不了利益的公平分配。尽管在签署内容上,发展中国家已经减少了部分的不公平,然而,更为公平的财富分配仍将是包括我国在内的发展中国家的发展目标之一。

(二) 双边投资协定的演变

1. 国际双边投资协定的演变

国际社会有关国际投资保护的双边协定主要有三种模式:友好通商航海条约 (Friendship, Commerce and Navigation Treaties)、投资保证协定 (Investment Guarantee Agreement) 与促进和保护投资协定 (Agreement for Promotion and Protection of Investment)。友好通商航海条约,实质上是一种贸易条约,为消除缔约国之间商品和资本流通限制,摒弃歧视性待遇,保证两国的友好合作关系。投资保护协定是真正意义上的双边投资协定,主要关注代为求偿权和争端解决程序,保障海外投资活动中的政治风险。促进和保护投资协定重点规定了对外国投资者的促进和保护,已成为 BIT 中的主体条约类型。

图 9-1 给出了国际上签署的 BIT 数量,从 1969 年底的 72 件达到 2012 年底

的 2857 件。其中 BIT 的发展也经历了三个主要过程：20 世纪 60 年代到 70 年代，缔约双方通常是发达国家和发展中国家，将投资保护功能作为重点，兼顾处理投资促进方面的问题。即使如此，此时的 BIT 仍包含保证投资的公平和公正待遇、适当和有效的征用补偿以及资本自由转移权力和投资争端解决的规定等基本内容。20 世纪 70 年代到 90 年代，发达国家为应对发展中国家的国有化运动，投资协定新增加了给予投资者国民待遇以及最惠国待遇权力的条款，属于促进和保护投资协定模式。20 世纪 90 年代以来，发展中国家逐渐成为国际资本输出国，动摇了发达国家缔结 BIT 的主导地位。这一时期，发达国家缔结的 BIT 比重不断下降，发展中国家之间南南 BIT 签署得越来越多。保护和促进投资是协定的主要内容，并衍生出一种同时包含贸易要件和投资要件的新型国际投资协议。随着发展中国家成为重要的资本输出国，这将对双边投资协定的实践与发展产生重大影响。

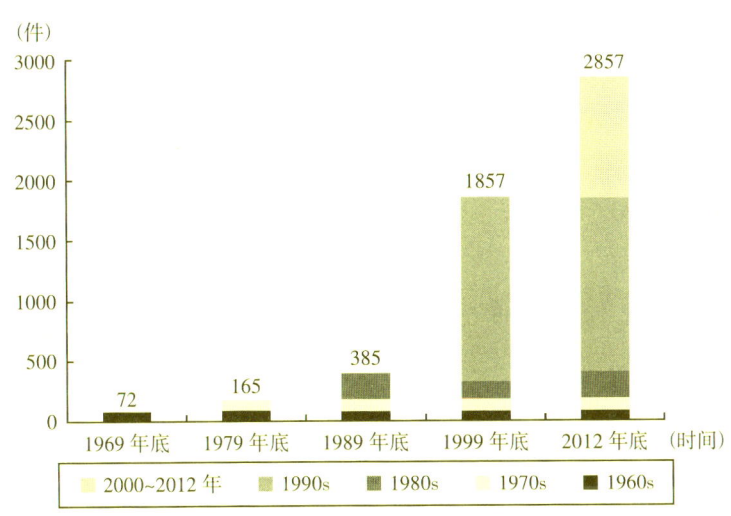

图 9-1　国际 BIT 签署数量

资料来源：UNCTAD。

2. 中国双边投资协定的演变

我国的对外投资起步较晚，但经过多年的探索发展之后，无论是在投资流量还是在存量方面都达到了历史新高度，同时在双边投资协定方面也积累了丰富的经验。我国的双边投资协定演变主要分为三个阶段：20 世纪 70 年代到 90 年代中期的"保守主义范式"、20世纪90年代中期到2003年的"自由主义范式"和2003年之后的"平衡范式"。

随着20世纪70年代我国在联合国恢复了合法地位，并与世界其他几个大国恢复了正常的外交关系，逐渐优越的国际环境和改革开放带来的国内环境共同推动着我国企业进行海外投资的步伐。在起步探索阶段，我国的对外投资主要在政府各项政策驱动下发展，BIT主要遵循国际社会的BIT基本模式，主要内容包括投资定义、待遇、代位权、征收条件和补偿、支付转移以及争端解决程序六项。对海外投资提供的保障也是相对有限的，特别是在投资争端解决问题上，只能寻求双边的解决机制。

20世纪90年代中期到2003年间，我国与周边国家和地区的友好关系进一步加强，与东盟、俄罗斯和中亚等国家和地区的经贸往来也迅速发展，我国抓住由计划经济向市场经济转型的重要机遇，开始了大规模的对外投资。中国对外投资主体呈现了多元化发展，民营企业参与国际活动增加；投资区域继续拓展，开始进军欧美发达国家；涉及领域更广，新兴产业比重越来越大。这一时期的BIT更多地接受了国际上通行的做法，在很大程度上提高了外资和外国投资者的待遇标准，在最惠国待遇的基础上增加了国民待遇标准，严格制定征收补偿标准，扩展了投资者与东道国投资争端的解决方式。

2003年之后，我国对外投资进入了快速发展阶段，中国企业国家化经验日益丰富，投融资能力增强，投资方式日益多样化。我国BIT勇于尝试新的模式和内容，尝试将国民待遇扩展到准入前阶段，以寻求技术和贴近市场对北美和西欧发达国家的投资，利用优惠税务安排对拉美离岸金融市场投资，同时放宽了投资转移限制，开始接受最低标准待遇和关于禁止绩效要求的内容。在投资争端解决方面，开始全面接受国际仲裁管辖。

结合图9-2可知，截至2012年底，我国已与127个国家签订了双边投资协定，其中，与107个国家签订了避免双重征税协定。同时，我国已经签署并实施了10个自由贸易协定，分别是中国与东盟、新加坡、巴基斯坦、新西兰、智利、秘鲁、哥斯达黎加自由贸易协定，中国内地与中国香港、澳门的更紧密经贸关系安排，以及中国大陆与中国台湾的海峡两岸经济合作框架协议。我国在建中的有与海湾合作委员会、澳大利亚、挪威、瑞士、冰岛、韩国的六个自贸区。图 9-3 给出了我国 BIT 签订的主要分布，20 世纪 80 年代与我国签订 BIT 的国家主要集中在亚洲和西欧，90 年代逐渐扩大到了东欧、美洲和非洲，进入 21 世纪之后，我国签署 BIT 在国际分布较为平均，亚洲、欧洲、美洲、非洲所占比例相当。

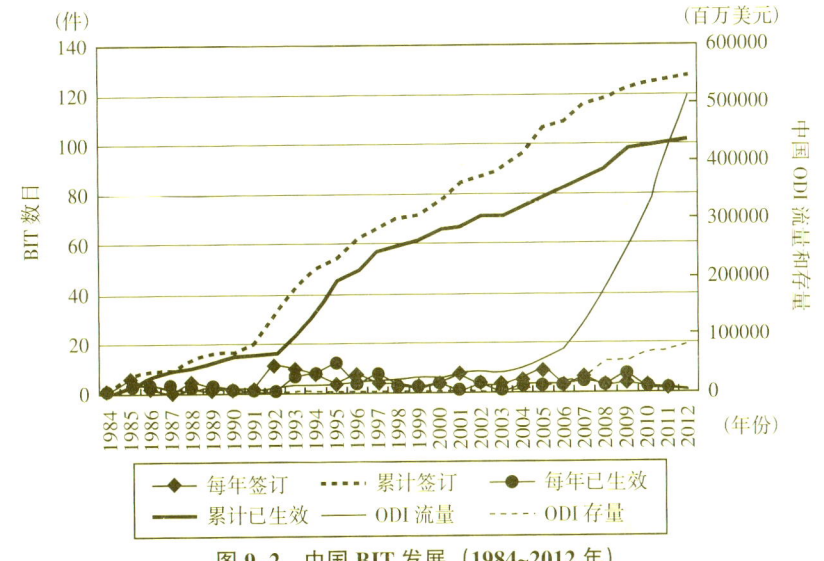

图 9-2　中国 BIT 发展（1984~2012 年）

资料来源：UNCTAD。

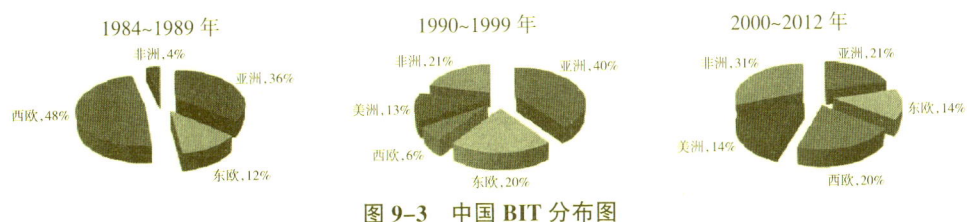

图 9-3　中国 BIT 分布图

二、BIT 对 FDI 作用的文献综述

早在 20 多年前，Schneider 和 Frey（1985）就发现研究影响 FDI 因素的文献大多出现了两个极端，强调政治因素的文章几乎忽略经济因素，而强调经济因素

的文章大多忽略政治因素的影响。虽然之后 Schneider 和 Frey 极力呼吁要用"Politico-Economic"模型进行分析更为合理，但原来的二分法仍然存在。后来，学者们在研究时添加了单边和双边协定两种影响 FDI 的政策措施。

Gastanaga 等（1998）、Asiedu 和 Lien（2004）、Pica 和 Rodriguez Mora（2005）、Asiedu（2006）以及 Desai 等（2006）是研究单边贸易措施对 FDI 影响的代表学者。Gastanaga 等验证了包括投资管制制度等政策措施对 FDI 流量的影响，在研究中，他们采用了两种指标来评价一国国际资本流量的开放程度，数据均来自国际货币基金组织（IMF）年度报告中对外汇管理和限制的要求说明，研究对象是 1970~1995 年的 49 个发展中国家，结果表明较为宽松的资本控制制度会吸引更多的国际资本流入。Asiedu 和 Lien 于 2004 年在 Gastanaga 等的研究启发下，将研究对象扩展到 1970~2000 年 96 个发展中国家，对三种投资管制制度（复汇率制、资本账户交易管制、外汇收入管制）对对外投资的作用进行分析，在建模结果中三类变量系数统计显著，均会对投资流入产生影响；同时，资本账户交易管制缺失会使 FDI/GDP 比例提高 0.6 个百分点。在 Asiedu（2006）的另一篇文章中，将主要研究对象推广到非洲国家的 FDI，并用 ICRG 的风险数据来评价东道国对外资的态度，其中风险指标包括运营、税收、母国收益和劳动力成本四个方面，研究结果证明滞后一阶的 FDI 开放程度对非洲国家的 FDI 会有促进作用，然而，这些风险指标并没有包括资本账户交易管制方面。2005 年，Pica 和 Rodriguez Mora 对"管制距离"进行研究，结果表明该指标与双边 FDI 流量负相关。相反地，Desai 等（2006）用了一种比 IMF 评价资本控制更为详细的办法来评价该指标，研究结果表明，这种外资管制对美国国家企业"走出去"的负面影响作用更大。

相对来说，大多数学者都在关注单边投资管制对 FDI 的影响，即使在同一时期 BIT 的签订也呈快速增长态势。但 Neumayer 和 Spess（2005）认为这种单边措施不具有约束力，原因是人们认为双边的合同约定比单边政策更能提供可信的承诺，特别是在解决一些时间不一致问题上（Vandevelde，1998；Hallward-Driemeier，2003；Elkins et al.，2006），即东道国投资已经发生但又要违约的情况。无论怎样，BIT 是否比单边政策更有效促进投资仍然是未解决的问题。理论上，如果吸引外资是一次性的游戏，那么 BIT 会更有优势。因为，对单边协定来说，若国外投资者意识到在东道国投资的沉没成本，东道国会更容易违约。实际上，吸引外资是个持久性的活动，国外投资者更会看重东道国在以往实践中的表现，换句话说，扭转单边自由化会阻碍以后外资的进入。

另外，Vandevelde（1998）认为两国签订 BIT 的内容是有限的价值构成，因为 BIT 只包括小部分的自由投资机制但却给了东道国非常大的自由裁量权。大多数 BIT 有着相同的保护机制，因为它们都是出于本国大型跨国公司而发展起来的（Tobin & Rose-Ackerman，2005），因此，在 BIT 中会特别提及国民待遇和最惠国待遇，但在传统的招商模式中，这些保证只有在 FDI 项目完成之后才能得到。总的来说，单边的 FDI 自由协定会在物质方面给予更多，而 BIT 只会承诺更多。

除了被作为承诺机制，Elkins 等（2006）认为 BIT 也是给东道国带来更多外资流入的"竞争"手段。一旦签署 BIT，东道国就会面临许多的成本，比如主权成本，因此，抵制外国投资人签署 BIT 是最好的办法，但对个别东道国来说，签署 BIT 会获得更好的声誉，可能会吸引更多本该去竞争国家的国外投资。特别地，当多个国家在竞争同一类海外投资时，BIT 的签署将成为一种竞争优势（Tobin & Rose-Ackerman，2005），但这种推理不仅适用于 BIT，也适用于单边 FDI 自由协定。

虽然也有不少研究 BIT 对对外投资作用的文章，即使都不考虑单边 FDI 自由协定，但由于样本数据、东道国和投资母国方面都有很大差异，所以实证研究结果非常不一致也就不难解释了。Hallward-Driemeier（2003）首次研究了多个国家的双边贸易协定，但却没有发现 BIT 能够有效促进 OECD 国家在其他发展中国家的投资，虽然样本中包括 31 个东道国，但并没有提供样本的具体信息，可能造成了 FDI 都流去了 OECD 没有统计到的极少数东道国的现象。Neumayer 和 Spess（2005）认为 Hallward-Driemeier 的二元方法低估了 BIT 对 FDI 的作用，认为针对可获得的累计 FDI 流量值用非二元的方法即可，并且这种非二元的方法还可以捕捉到与重点国家签订 BIT 对 FDI 带来的溢出效应。的确，他们验证了发展中国家签署 BIT 会吸引更多的外资流入。与他们相反，Tobin 和 Rose-Ackerman（2005）的研究却发现 BIT 并没有促进 FDI，除了在那些政治风险比较高的东道国投资之外。此外,该研究还拒绝 BIT 可以替代东道国良好营商环境的观点,于是,在 2006 年的文章中他们开始针对 BIT 对政治和经济因素的补充作用进行研究,并得出结论,即 BIT 对 FDI 的促进作用主要取决于东道国是否有一个良好的政治经济环境。上述这些文章得出不同的结论可能是因为样本数据的问题,Neumayer 和 Spess(2005)要比 Tobin 和 Rose-Ackerman(2005)的样本量更大,Salacuse 和 Sullivan(2005)对这一争论进行了另外一种解释,因为他们的研究发现,发展中国家与美国签署 BIT 会比与其他国家签署 BIT 更能促进 FDI。

Daude 和 Fratzscher(2008)应用重力模型验证了 BIT 对促进外资流量的稳健性,但他们只是把 BIT 作为一个控制变量,主要研究双边 FDI 投资存量的信息摩擦问题。总的来说,BIT 对 FDI 的作用与样本数据有很大的关系,并且大多数学者所采用的数据是截面数据,因此,这样的问题还有待研究。但这篇文章还是给了学者们一种新的视角,除了重力模型,Daude 和 Fratzscher 两人还评价了其他可能引起东道国固定效应的变量,尤其是引入了资本账户开放和与投资者保护有关的制度指标(征用、违约、争端解决时间)作为哑变量。虽然研究结果表明,FDI 与这些变量的关系不太敏感,但这些分析非常有特点,因为不仅考虑到了 FDI 决定因素的双边维度,还考虑到了由于单边自由协定引起的东道国因素。

三、BIT 对中国 ODI 作用的实证分析

在文献综述部分,虽然许多学者对 BIT 签署对 FDI 的作用进行了分析,但还较少对中国对外投资数据进行分析,因此,本部分旨在研究中国签署 BIT 和海外投资的关系,并结合东道国制度环境,分析 BIT 对投资环境的替代或互补作用。

(一)变量选择与数据采集

2000 年以前我国对外直接投资流量相对较少且发展缓慢,没有太大的研究意义,但自从 2001 年我国加入世界贸易组织以后,投资流量开始小幅增长,

2003年后开始快速增长，因此本部分分析的时间跨度为2003~2012年。由于在商务部统计数据中，我国对某些国家的投资数据会有所缺失，为保证数据的完整，本部分所选取的东道国不包括英属维尔京群岛、开曼群岛和百慕大群岛这三个传统的避税天堂，样本数据涵盖了亚洲、欧洲、美洲、非洲和大洋洲的93个国家和地区。

为描述东道国对中国的FDI吸引力，本部分用中国每年流入该国的FDI流量作为因变量，使用FDI流量绝对值而不用FDI占GDP的比例，因为FDI/GDP只关注了外资对东道国国民收入重要性的变化，而未捕捉到投资流量的直接变化。很有可能的是，世界范围内越来越多签署的BIT也与越来越多的外资流入发展中国家。该因变量取自然对数以减少偏度，而对于出现负值的国家，我们认为是反向投资，本部分都将这类投资流量设为1美元。

在自变量方面，最主要的自变量就是BIT，根据UNCTAD的报告，虽然有些BIT已经签署，但还未生效，因此，本部分只选取已经生效的BIT作为自变量。将BIT变量设置成哑变量，若该协定已生效，则变量取值为1，否则为0。

结合前文中对中国企业投资动机的分析，本部分选取其他自变量：市场因素变量GDP和GDPG：①用东道国每年GDP（现价美元）的对数来测量东道国的市场规模；②用东道国GDP增长率来测量东道国的市场发展潜力和吸引力。在自然资源变量方面仍然选择Energy变量，用东道国能源净进口占能源使用量（石油当量）的百分比来衡量东道国的能源禀赋程度。若该变量值为负，意味着东道国为资源丰富的石油出口国家；反之，为资源相对匮乏的石油进口国。对战略资源变量，本部分选用传统的研发占GDP比例来表示，由于中国的部分企业对外投资是为了获得东道国的先进技术或促进本企业的技术水平，因此战略资源禀赋越高，对中国的直接投资吸引力越大（见表9-1）。

表9-1 变量列表与数据来源

变量	含义	数据来源
ODI	中国对东道国投资流量	中国投资公报
GDP	东道国GDP（单位：美元）	世界银行发展指标
GDPG	东道国GDP增长率（%）	世界银行发展指标

续表

变量	含义	数据来源
Energy	能源进口/能源使用×100%	世界银行发展指标
R&D	研发支出/GDP（%）	世界银行发展指标
BIT	BIT实施=1，不实施=0	UNCTAD
Risk	综合政治风险指标	ICRG
Invest	投资方面子指标	ICRG
Govern	政府稳定性子指标	ICRG
Law	法律制度子指标	ICRG
Inflation	东道国通货膨胀率	世界银行发展指标

关于 BIT 对东道国的制度环境的作用，本部分仍然采用 PRS 集团的 ICRG 政治风险指标作为制度环境指标，但由于该指标包含了描述一国政治环境的 12 个子指标（见表 9-2），但这些指标中并不是所有都与投资直接相关，因此又选择了政府稳定性（government stability）、投资方面（investment profile）和法律制度（law and order）三个子指标作为自变量。其中，政府稳定性指标，得分从 0（高风险）到 12（低风险），并由政府团体、法律力量和民众支持三个因素构成；投资方面指标得分也从 0（低风险）到 12（高风险），由合同可行性、收益征收和付款延迟三个因素构成；法律制度指标得分从 0（最差）到 6（最好），并由评价法律机制强度、公正的法律因素、评价遵守法律程度的法律因素构成。

表 9-2 ICRG 综合制度风险指标

排序	子指标	最大得分
A	government stability	12
B	socioeconomic conditions	12
C	investment profile	12
D	internal conflict	12
E	external conflict	12
F	corruption	6
G	military in politics	6
H	religion in politics	6

续表

排序	子指标	最大得分
I	law and order	6
J	ethnic tensions	6
K	democratic accountability	6
L	bureaucracy quality	4
总计		100

资料来源：http://www.prsgroup.com。

将东道国的通货膨胀作为控制变量，在一定程度上说，一国的通货膨胀率可以看作是该国经济稳定性的重要指标，该指标值越高，说明东道国经济越不稳定，应该会有更少的 FDI 流入。此外，本部分有样本数据时间从 2003 年到 2012 年，每个变量在建模时都滞后一阶。

(二) 模型设定

本部分的主要研究目的有两个：第一，验证中国与东道国签订 BIT 对中国在该国投资的促进或抑制作用；第二，验证 BIT 在投资发生时对东道国政治制度的补充或替代作用。从 BIT 的签署目的来说，对东道国的制度有可能是替代作用，因为 BIT 签署的出发点就是保护和促进投资，特别是在一些制度环境较差的东道国，BIT 提供安全或争端解决方法的内容将会更加有效。但学者们对此看法也有不同的认识，Neumayer 和 Spess（2005）支持这一想法，而 Tobin 和 Rose-Ackerman（2005）却不这样认为。本书认为，BIT 对制度环境的作用主要还是取决于东道国制度差异，也许会在较高政治风险国家起替代作用，而在较低风险国家只是起着补充作用。因此，本部分除了对全样本数据进行建模之外，还会对东道国进行分类，分类依据就是该国政治风险高低。另外，由于 ICRG 提供的政治综合风险指标也有与投资不相关的子指标，因此，结合上文内容中对三个子指标的描述，分别建立模型，以期更为全面直观地验证 BIT 对制度环境的作用。

本部分应用固定效应的面板数据回归模型建模，其模型分别为：

$$\ln ODI_{it} = \alpha_1 \ln GDP_{it} + \alpha_2 GDPG_{it} + \alpha_3 Energy_{it} + \alpha_4 R\&D_{it} + \alpha_5 INF_{it} + \alpha_6 BIT_{it}$$
$$+ \alpha_7 Risk_{it} + \alpha_8 BIT_{it} \times Risk_{it} + \lambda_i + \delta_t + \varepsilon_{it} \quad (9-1)$$

$$\ln ODI_{it} = \alpha_1 \ln GDP_{it} + \alpha_2 GDPG_{it} + \alpha_3 Energy_{it} + \alpha_4 R\&D_{it} + \alpha_5 INF_{it} + \alpha_6 BIT_{it}$$
$$+ \alpha_7 Invest_{it} + \alpha_8 BIT_{it} \times Invest_{it} + \lambda_i + \delta_t + \varepsilon_{it} \quad (9-2)$$

$$\ln ODI_{it} = \alpha_1 \ln GDP_{it} + \alpha_2 GDPG_{it} + \alpha_3 Energy_{it} + \alpha_4 R\&D_{it} + \alpha_5 INF_{it} + \alpha_6 BIT_{it}$$
$$+ \alpha_7 Govern_{it} + \alpha_8 BIT_{it} \times Govern_{it} + \lambda_i + \delta_t + \varepsilon_{it} \quad (9-3)$$

$$\ln ODI_{it} = \alpha_1 \ln GDP_{it} + \alpha_2 GDPG_{it} + \alpha_3 Energy_{it} + \alpha_4 R\&D_{it} + \alpha_5 INF_{it} + \alpha_6 BIT_{it}$$
$$+ \alpha_7 Law_{it} + \alpha_8 BIT_{it} \times Law_{it} + \lambda_i + \delta_t + \varepsilon_{it} \quad (9-4)$$

在模型中，ODI_{it} 表示我国在第 t 年对东道国 i 的对外投资流量，BIT_{it} 为我国与东道国 i 的双边投资协定已实施，λ_i 为国家效应，δ_t 为时间效应，ε_{it} 为误差项。

（三）检验过程与结果分析

表 9-3、表 9-4 和表 9-5 是添加了固定效应的面板回归模型结果，表 9-3 为全样本数据，表 9-4 是在政治风险低（制度指标得分值高于中国）的国家建模结果，表 9-5 是在政治风险比较高（制度指标值得分低于中国）的国家建模结果。在每个表格中都有四种模型，其中模型（1）是添加了综合政治风险指标 Risk 和 BIT×Risk，模型（2）是添加了综合政治风险指标 Invest 和 BIT×Invest，模型（3）是添加了综合政治风险指标 Govern 和 BIT×Govern，模型（4）是添加了综合政治风险指标 Law 和 BIT×Law。

总的来说，几乎所有的变量结果都符合理论假设，表 9-3 是针对全样本数据建模的固定效应模型，结果表明，我国对外投资流量与东道国市场规模呈正相关，这说明企业海外投资多以开拓海外市场为主要目的，因为 GDP 变量系数在 1% 置信水平下显著为正。在市场发展潜力方面，GDP 增长率变量的系数也在 1% 置信水平下显著为正，这说明我国企业在海外投资时是非常注重东道国市场因素的，不仅关注市场规模，还关注市场发展潜力。对于能源变量的表现，虽然不及上述两个变量显著性水平高，但 4 个模型中仍有 3 个是显著为负的，这也可以说明企业"走出去"寻求自然资源的动机，而且自从我国积极推动"走出去"战略以来，能源行业企业一直是海外投资的主力军，在对外投资中所占比例一直居于前列。因为本部分选取的能源变量与传统的变量不同,选用的是能源进口占能源消耗的比例,这也说明油气行业是我国企业寻求自然资源的主要行业,这也从另一侧面证实了第六章中关于产业分类的建模结果。此外,针对寻求战略资源的研发变量,该变量系数结果在1%置信水平下显著为正,这表明我国企业的海外投资非常注重对高科技技术的追求,这也是参与激烈国际竞争必须要具备的战略优势。然而对于控制变量通货膨胀率来说,其建模结果都不太显著,除了模型(1)之外,这也说明该变量并不是我国企业海外投资区位选择时的重要决策因素。下面开始针对BIT和制度因素进行分析。BIT变量的建模系数有3个在1%置信水平下显著为正,除了模型(2),在一定程度上,该结果可以说明中国与东道国签署的BIT能够促进中国对其进行投资,因为与其他发展中国家一样,出于投资保护和投资促进的考虑,我国才会和东道国签订协议,以保证各项海外投资能够顺利进行。对于制度环境变量来说,建模结果不尽相同。首先,模型(1)中的综合政治风险变量在1%置信水平下显著为正,说明政治风险指标得分越高,东道国风险越低,我国的海外投资倾向越明显;同时交互变量BIT×Risk在10%置信水平下显著为负,说明BIT与政治风险是替代关系,即在政治风险较低的东道国投资时,双边签订的投资协定可以代替东道国在投资方面的制度保护和约束。其次,模型(2)中的投资变量在1%置信水平下显著为正,这也说明该子指标得分越高,东道国制度风险越低,会更加吸引我国的企业对其进行投资;交互变量BIT×Invest在此情况下不显著,说明BIT对该子指标的替代或互补作用不明显。再次,模型(3)中的政府管制子指标在10%置信水平下显著为正,说明该子指标得分越高,东道国制度风险越低,会更加吸引我国的企业对其进行投资;交互变量BIT×Govern在此情况下不显著,说明BIT对该子指标的替代或互补作用不明显。最后,模型(4)中的法律制度变量Law和交互变量BIT×Law都不显著,说明两者无明显的替代或互补关系。

表9-4是针对在政治风险比较低的东道国(即Risk指标得分比中国高的国家)建模的固定效应模型结果,表明我国对外投资流量与东道国市场规模呈正相关,因为有三个模型结果的GDP变量系数在1%置信水平下显著为正。在市场发展潜力方面,其结果与表7-4中有所不同,GDP增长率变量的系数只有在模型

表 9-3 全样本固定效应模型

	模型（1）	模型（2）	模型（3）	模型（4）
GDP	0.577*** (2.513)	0.589*** (2.853)	0.549*** (2.651)	0.577*** (2.731)
GDPG	0.074*** (2.895)	0.068*** (2.580)	0.065*** (2.395)	0.07*** (2.691)
Energy	−0.095** (1.975)	−0.074* (1.725)	−0.039 (−0.921)	−0.072* (−1.673)
R&D	2.985*** (3.804)	2.947*** (3.832)	2.484*** (3.294)	2.643*** (3.471)
Inflation	−0.002* (−1.699)	−0.002 (−0.975)	−0.004 (−0.911)	−0.003 (−0.962)
BIT	0.834*** (3.672)	0.683 (1.008)	0.711*** (2.823)	0.208*** (2.419)
Risk	0.015*** (2.231)			
BIT × Risk	−0.014* (−1.836)			
Invest		0.162*** (2.661)		
BIT × Invest		0.050 (0.685)		
Govern			0.142* (1.748)	
BIT × Govern			0.062 (0.619)	
Law				0.128 (1.413)
BIT × Law				−0.093* (−1.758)
R-squared	0.339	0.342	0.343	0.340

注：括号内为 t 统计量；***、** 和 * 分别代表在 1%、5% 和 10% 的置信水平下显著。

（2）和模型（3）中在 10% 置信水平下显著为正，另外两个模型中变量系数不仅为负而且不显著。

这只能说明我国企业在政治风险比较低的东道国进行投资时非常注重东道国市场规模，关注市场发展潜力的表现不够明显。对于能源变量的表现，虽然不及

GDP 变量显著性水平高，但 4 个模型中仍有 3 个是显著为负的，这也可以说明企业"走出去"寻求自然资源的动机。针对寻求战略资源的研发变量，在最后 3 个模型中该变量系数结果在 1% 置信水平下显著为正，这表明我国企业的海外投资非常注重对高科技技术的追求，这也是参与激烈国际竞争必须要具备的战略优势。然而对于控制变量通货膨胀率来说，其建模结果都不太显著，除了模型（1）之外，这也说明该变量并不是我国企业海外投资区位选择时的重要决策因素。针对 BIT 和制度因素进行分析，首先针对 BIT 变量，该变量的建模系数有 3 个在 1% 置信水平下显著为正，除了模型（2），在一定程度上，该结果可以说明即便是在政治风险较低的东道国进行投资，我国也愿意通过和东道国签订协议，来保证各项海外投资能够顺利进行。对于制度环境变量来说，建模结果不尽相同。首先，模型（1）中的综合政治风险变量在 1% 置信水平下显著为正，说明政治风险指标得分越高，东道国风险越低，我国的海外投资倾向越明显；同时交互变量 BIT×Risk 变量在 10% 置信水平下显著为正，说明 BIT 与政治风险是互补关系，即在政治风险较低的东道国投资时，双边签订的投资协定可以补充东道国在投资方面的制度保护和约束。其次，模型（2）中的投资变量在 1% 置信水平下显著为正，这也说明该子指标得分越高，东道国制度风险越低，会更加吸引我国的企业对其进行投资；交互变量 BIT×Invest 在此情况下不显著，说明 BIT 对该子指标的替代或互补作用不明显。再次，模型（3）中的政府管制子指标在 1% 的置信水平下显著为正，说明该子指标得分越高，东道国制度风险越低，会更加吸引我国的企业对其进行投资；交互变量 BIT×Govern 在此情况下不显著，说明 BIT 对该子指标的替代或互补作用不明显。最后，模型（4）中的法律制度变量 Law 显著为正，说明该子指标得分越高，东道国制度风险越低，会更加吸引我国的企业对其进行投资；交互变量 BIT×Law 不显著，说明两者无明显的替代或互补关系。

表 9-4 政治风险低的东道国模型结果

	模型（1）	模型（2）	模型（3）	模型（4）
GDP	0.188*** (2.368)	0.404*** (2.798)	0.288 (0.708)	0.357*** (2.726)
GDPG	−0.032 (0.848)	0.029* (1.854)	0.020* (1.933)	−0.003 (−0.163)

续表

	模型（1）	模型（2）	模型（3）	模型（4）
Energy	−0.075* (−1.861)	−0.083* (−1.892)	−0.071** (−2.147)	−0.047 (−1.162)
R&D	0.771 (1.057)	3.235*** (4.014)	2.166*** (3.753)	2.123*** (2.989)
Inflation	−0.005*** (−4.492)	−0.001 (−0.56)	−0.001 (−1.101)	−0.001 (−0.808)
BIT	0.969*** (2.498)	0.807 (1.136)	0.801*** (2.722)	0.569*** (2.396)
Risk	0.110*** (2.871)			
BIT × Risk	0.068* (2.145)			
Invest		0.434*** (6.803)		
BIT × Invest		−0.084 (−1.096)		
Govern			0.581*** (7.358)	
BIT×Govern			0.193 (1.508)	
Law				0.914*** (7.779)
BIT × Law				0.338 (1.593)
R-squared	0.367	0.364	0.357	0.493

注：括号内为 t 统计量；***、** 和 * 分别代表在 1%、5% 和 10% 的置信水平下显著。

表 9-5 是针对在政治风险比较高的东道国（即 Risk 指标得分比中国低的国家）建模的固定效应模型结果，表明我国对外投资流量与东道国市场规模呈正相关，这也说明企业海外投资多以开拓海外市场为主要目的，因为 GDP 变量系数在 1% 置信水平下显著为正。在市场发展潜力方面，GDP 增长率变量的系数也在 1% 置信水平下显著为正，这也说明我国企业海外投资时是非常注重东道国市场因素的，不仅关注市场规模，还关注市场发展潜力。对于能源变量的表现，虽然不及 GDP 变量显著性水平高，4 个模型中只在模型（1）和模型（4）中是显著为

负的,这也可以说明企业"走出去"寻求自然资源的动机。针对寻求战略资源的研发变量,只在模型(1)中该变量系数结果在1%置信水平下显著为正,这表明我国企业在制度风险较高的东道国进行海外投资时对战略资产的寻求动机并不明显。与此类似,对控制变量通货膨胀率来说,其建模结果都不太显著,除了模型(1)之外,这也说明该变量并不是我国企业海外投资区位选择时的重要决策因素。BIT 变量的建模系数有3个在1%置信水平下显著为正,除了模型(3),在一定程度上,该结果可以说明即便是在政治风险较高的东道国进行投资,我国更愿意通过和东道国签订协议,来保证各项海外投资能够顺利进行。对于制度环境变量来说,建模结果不尽相同。首先,模型(1)中的综合政治风险变量在1%置信水平下显著为正,说明虽然政治风险指标得分越低,东道国风险越高,我国的海外投资也愿意向此倾斜;同时交互变量 BIT×Risk 变量在1%置信水平下显著为负,说明 BIT 与政治风险是替代关系,即在政治风险较高的东道国投资时,双边签订的投资协定在一定程度上可以替代东道国在投资方面的制度保护和约束。其次,与模型(1)结果类似,模型(2)和模型(4)中的投资变量和法律制度变量在1%置信水平下显著为正,说明虽然这些子指标得分越低,东道国风险越高,我国的海外投资也愿意向此倾斜;同时交互变量 BIT×Invest 和 BIT×Law 在1%置信水平下显著为负,说明 BIT 与这类制度指标是替代关系,即在政治风险较高的东道国投资时,双边签订的投资协定在一定程度上可以替代东道国在投资方面的制度保护和约束。最后,模型(3)中的政府管制子指标在1%的置信水平下显著为正,说明即使该子指标得分低,东道国制度风险高,我国的企业仍对其进行投资;交互变量 BIT×Govern 在此情况下不显著,说明 BIT 对该子指标的替代或互补作用不明显。

表 9-5 政治风险高的东道国模型结果

	模型(1)	模型(2)	模型(3)	模型(4)
GDP	0.389*** (2.761)	0.185*** (2.525)	0.521*** (2.325)	0.22*** (3.563)
GDPG	0.106*** (2.747)	0.038*** (3.304)	0.044*** (2.612)	0.073*** (4.293)

续表

	模型（1）	模型（2）	模型（3）	模型（4）
Energy	−0.171*** (−4.003)	0.09 (0.318)	−0.032 (−0.679)	−0.119*** (−3.08)
R&D	2.215*** (2.89)	0.289 (0.564)	0.318 (0.385)	0.520 (0.763)
Inflation	−0.003*** (−2.534)	−0.001 (−1.635)	−0.003 (−1.487)	−0.002 (−1.296)
BIT	0.802*** (2.775)	0.49*** (3.364)	0.09 (0.151)	0.777*** (2.470)
Risk	0.125*** (2.943)			
BIT × Risk	−0.082*** (2.879)			
Invest		0.596*** (4.713)		
BIT × Invest		−0.134*** (−2.755)		
Govern			0.439*** (4.942)	
BIT × Govern			−0.131 (−1.188)	
Law				1.042*** (2.81)
BIT × Law				−0.431*** (−3.923)
R-squared	0.371	0.366	0.274	0.404

注：括号内为 t 统计量；*** 代表在 1% 的置信水平下显著。

为增强模型的解释能力，本部分还进行了灵敏性分析，其结果如表9-6所示，为节约篇幅，表中只列出了制度风险指标 Risk 和交互变量 BIT×Risk 的系数及显著性水平。每次建模时，仍然分三步进行，分别是全样本数据建模、在政治风险高的东道国建模和在政治风险低的东道国建模。首先，对模型的因变量进行改变，分别引用我国对东道国投资流量占比、ODI存量和ODI存量占比三个因变量进行建模；其次，针对东道国的发展水平分类建模，分别得到发达国家和发展中国家的建模结果；最后，为平均分配样本数据，将样本区间按时间分为2003~2007年和2008~2012年进行建模分析。总的来说，固定效应模型和灵敏性分析建模结果都支持BIT的签署能够促进中国企业在东道国的海外投资，同时，BIT在制度风险比较高的东道国投资时其替代作用要明显强于在制度风险比较低的国家投资时的互补作用。

表9-6 灵敏性分析

	全样本		政治风险低的东道国		政治风险高的东道国	
	BIT	BIT×Risk	BIT	BIT×Risk	BIT	BIT×Risk
ODI流量占比	4.511*** (2.485)	-0.066 (-0.937)	4.031*** (3.362)	-0.060 (-0.374)	4.211*** (4.274)	-0.037 (-3.462)
ODI存量	4.321*** (3.475)	-0.074* (-1.758)	6.236*** (3.681)	0.153* (1.779)	4.625** (2.011)	-0.093*** (-2.459)
ODI存量占比	16.26*** (3.585)	-2.060** (-2.114)	17.127** (1.993)	0.392* (1.746)	17.374*** (3.475)	-1.576* (-1.790)
发达国家	8.004* (1.884)	0.122 (0.274)	9.303** (2.016)	0.132* (1.799)	0.734 (0.475)	-0.004 (-0.835)
发展中国家	5.262** (1.992)	-0.069* (-1.747)	-0.492 (-1.638)	0.006 (1.252)	5.934*** (3.472)	-0.077*** (-3.778)
2003~2007年	1.856* (1.849)	0.015 (0.992)	0.012* (1.773)	0.004 (1.271)	-0.924 (-1.279)	0.011 (0.898)
2008~2012年	0.387** (2.128)	0.026 (1.363)	6.875** (1.979)	0.102 (1.372)	6.340*** (4.711)	-0.728** (-1.991)

注：括号内为t统计量；***、**和*分别代表在1%、5%和10%的置信水平下显著。

四、本章小结

为降低投资风险和成本，跨国公司可以通过国际制度预期政府行为，以实现投资保护和投资自由化，于是，双边投资协定逐渐成为国际投资领域调节投资母国和东道国关系的主要工具。我国的对外投资虽然起步较晚，但经过多年的探索发展之后，在双边投资协定方面也积累了丰富的经验。截至 2012 年底，我国已与 127 个国家签订了双边投资协定，与 107 个国家签订了避免双重征税协定，还签署并实施了 10 个自由贸易协定。本部分利用 2003~2012 年我国在 93 个国家和地区的投资数据进行实证分析，结果表明 BIT 的签订会明显促进我国对东道国的投资，而且在政治风险较高的国家投资时 BIT 对制度质量的替代作用明显强于在政治风险较低的国家投资时 BIT 对制度质量的互补作用。

| 第四篇 |

总结与未来研究展望

第十章 总结与展望

一、主要研究结论

本书根据我国对外直接投资研究中存在的问题，提出了一个从区位选择和制度角度分析的理论框架。本书一方面从区域、产业和企业结构三个层次分析了我国对外直接投资的区位选择问题；另一方面，也建立了影响对外直接投资的制度体系，既包括母国和东道国的制度因素，也包括两者之间的制度差距与关系。本书为政治政策制定和企业对外直接投资活动提供了参考依据和科学方法。

本书的主要研究内容、结论及创新点与特色如下：

第一，在投资区域层面进行投资分析，发现我国企业在非洲的主要投资动机是寻求自然资源；对东盟的投资采矿业仍然是投资重点，但传统专有技术领域（中药、茶叶等）的投资也呈现出了良好势头，而对高科技和新能源领域的投资是近些年的投资新亮点；对于金砖国家，我国应全面拓展对巴西的直接投资，加大对俄罗斯全面投资，扩大对印度高科技产业投资，提升对南非直接投资层次。另外，在"一带一路"的指导下，我国的投资格局也会发生新变化。

第二，企业所有制结构是我国企业特有的属性特征，国有企业和私有企业在投资行为、投资动机和区位选择方面都会存在着不同。通过实证分析，结果表明国有企业和私有企业对外投资区位选择有着明显的不同之处，与私有企业相比，国有企业相对来说会厌恶在政治风险高的东道国投资，更倾向于在政府干预较多的国家投资，对东道国的外汇汇率更为敏感，更容易被拥有丰富自然资源的东道国吸引而进行海外投资。此外，对拥有制造子公司的跨国企业来说，它们更愿意去劳动力成本低、市场规模大的东道国进行投资；对拥有非制造子公司的跨国企业来说，市场因素是其对外投资的主要因素，包括市场规模和市场发展潜力。

第三，产业结构方面，选取采矿业、制造业和服务业的企业投资数据，利用泊松回归模型验证产业特性下的对外投资区位选择问题。通过实证分析，结果表明中国采矿企业更愿意去自然资源丰富的国家进行海外投资；中国制造企业更倾向于向市场前景广阔、战略资产丰富的国家投资；为服务中国"走出去"的实体经济，中国服务企业的对外投资也是寻求市场和寻求战略资产类型，然而无论哪种产业，中国企业在"走出去"过程中极易受到东道国政治风险因素的影响，相对来说更愿意在政治风险较低的国家投资。此外结合企业所有制结构，我们还发现即便在政治风险较高的东道国，采矿业的国有企业也会为了寻求自然资源进行投资；中国制造业和服务业的国有企业为开拓新市场和寻求战略资产，会选择政治风险较高的东道国进行投资；制造业和服务业的私有企业在海外投资过程中也属于风险规避型。

第四，从母国制度视角来看，选择政府扶持力度、社会资本和企业融资能力三种制度因素，建立一般的回归模型，验证母国制度因素对企业对外投资的影响。通过建立一般线性回归模型，结果表明企业性质、社会资本和企业的融资能力都是影响我国对外投资的重要制度因素，而政府对产业的扶持力度不太明显。

第五，从东道国制度视角来看，将东道国的制度环境分为正式制度和非正式制度，其中正式制度又包括政治制度、经济制度和法律制度三个方面。结合制度决定理论，通过将正式制度指标纳入投资引力模型，建模结果表明东道国良好的政治、经济和法律制度环境都会吸引我国的对外直接投资。对东道国非正式制度来说，文化传统是一个重要方面，而研究文化本身并没有太大意义，研究文化距离会更有意义。

第六，从两国制度距离的角度来看，选择管制距离（区分方向）和文化距离两个指标建立回归模型分析制度距离对企业对外投资的影响。通过实证分析，结果表明东道国与我国的正向管制距离与我国在东道国的对外投资倾向是一种非线性的正"U"形关系；负向管制距离对中国跨国企业的对外投资影响被弱化，负向管制距离的增加不会抑制我国企业的对外投资；不区分方向的管制距离增加对中国跨国公司的对外直接投资影响具有不确定性。在文化距离方面，实证结果表明东道国与中国的文化距离会抑制中国跨国公司在东道国的直接投资，两国文化差异越大，中国对东道国的投资越少；而且与管制制度质量低的东道国相比，文化距离的增加对我国企业进入管制制度质量较高国家的抑制作用会更大。

第七，除了投资双方的制度环境，两国之间的合作关系也影响着企业的对外投资，因此选取双边投资协定，分析BIT在投资时对东道国制度因素的作用。利用 2003~2012 年我国在 93 个国家和地区的投资数据进行实证分析，结果表明 BIT 的签订会明显促进我国对东道国的投资，而且在政治风险较高的国家投资时 BIT 对制度质量的替代作用明显强于在政治风险较低的国家投资时 BIT 对制度质量的互补作用。

二、政策建议

（一）优化中国企业 ODI 行业布局

进一步加大采矿业的投资规模，促进投资区位多元化。为解决我国能源需求与供给之间的矛盾，我国采矿业应进一步加大投资规模，注重与非洲、东南亚、南美洲等发展中国家的合作，但要避免在某一区域过度集中，防范投资风险。为免受东道国政治风险影响，政府应通过政治、外交等手段与东道国建立良好的互信合作关系。

细化行业，推动制造业中的"边际产业"（家电、纺织、食品等）向周边国家转移。针对边际产业产能过剩、成本劣势的特点，积极利用"境外经贸合作区"开展对外投资合作，将这些相关产业向周边国家（如东盟四国）转移。

发挥我国农业竞争优势，加强对发展中国家农、林、牧、渔业的投资。推动中国农业企业在非洲、东盟等发展中国家的投资，这不仅能与东道国共享合作带来的经济利益，还利于保障我国的粮食安全，提高农业的国际竞争力。

（二）制定与完善相关政策，科学引导企业海外投资

继续加强国内相关制度建设，特别要加强民营企业和中小企业"走出去"的政策扶持力度，消除各种歧视性政策，彻底实现从"管"到"促"的转变，全面提高我国对外投资促进体系的效率。

积极利用外交手段，为企业营造良好的国际投资环境，积极地通过外交资源，建立良好的国际关系，积极推动与发达国家和发展中国家的合作关系。

积极参与多层次国际投资制度建设，通过修订或重新签订，增强协定内容对我国作为资本输出国的利益保护；通过自贸区协议，进一步促进区域投资自由化；积极参与投资公约谈判，为我国企业在海外的长期发展提供良好的国际环境。

加强对跨国企业的绩效考核与监督，建立完善的企业信息汇报机制，特别是对国有企业加强监管，将绩效考核与投资促进等优惠政策相结合，在最大程度上确保国家海外利益。

三、未来研究展望

本书在查阅大量文献资料、掌握国内外相关领域最新进展的基础上，对中国对外直接投资的区位选择和制度因素影响进行了系统深入的研究。虽然本书取得了一些有价值的成果，但还有不少问题值得进一步研究。主要存在以下几个方面的问题：

1. 企业层面的中国对外直接投资区位选择研究

企业所有制结构可以归为企业异质性，但这只是企业异质性的一个方面，除此之外还可以研究企业的生产率因素。加上第五章、第六章所用的样本数据

是企业层面的微观数据，因此较多关注企业的特性，会对企业的海外投资提供更有意义的借鉴。

2. 产业层面的中国对外直接投资区位选择研究

本书针对产业层面的区位选择研究，只选取了投资流量占比比较高的采矿业、制造业和现代服务业。然而农业、高新技术产业虽然占比较低，但也是我国对外投资的重点领域，因此还可以对这些产业进行扩展。但是在对这些产业进行分析时，会出现数据量较少的局面，建议采用案例分析的方法。

3. 制度距离对企业对外投资的影响

在第八章的制度距离分析中，本书只是将管制距离的六个子指标进行简单加和平均，并没有反映出这些子指标所代表的具体方面，文化距离指标也是如此。因此，可对管制距离和文化距离进一步细化，进而研究它们对投资的作用。

4. 经济外交对对外直接投资的影响

本书第八章从国际制度环境角度分析了其对我国对外直接投资的影响，但我国的经济外交活动和外交政策也在一定程度上影响着对外投资的进程。经济外交常见的方式有经济合作、经济援助、经济制裁、第三世界发展外交等，这些也都可以作为研究的切入点。

参考文献

[1] Aisbett E.. Bilateral Investment Treaties and Foreign Direct Investment: Correlation versus Causation [A]. In Sauvant K. P., Sachs L. E.. The Effect of Treaties on FDI: Bilateral Investment Treaties, Double Taxations Treaties and Investment Flows [C]. Oxford: Oxford University Press, 2009.

[2] Alcacer J.. Location Choices across the Value Chain: How Activity and Capability Influence Collocation [J]. Management Science, 2006, 52 (10): 1457–1471.

[3] Alcacer J., Chung W.. Location Strategies and Knowledge Spillovers [J]. Management Science, 2007, 53 (5): 760–776.

[4] Amighini A., Rabellotti R., Sanfilippo M.. Outward FDI from Developing Country MNEs a Channel for Technological Catch-up [J]. Seoul Journal of Economics, 2010, 23 (2): 239–260.

[5] Asiedu E.. Foreign Direct Investment in Africa: The Role of Natural Resources, Market Size, Government Policies, Institutions and Political Instability [J]. World Economy, 2006, 29 (1): 63–77.

[6] Aliber M.. The Informal Economy Informal Finance in the Informal Economy: Promoting Decent Work [R]. Software Engineering Workshop, 2008.

[7] Antonlin P.. Coverage of Private Pension Systems: Evidence and Policy Options [J]. OECD Working Papers on Finance Insurance & Private Pensions, 2012 (30): 89–118.

[8] Asiedu E., Lien D.. Capital Controls and Foreign Direct Investment [J]. World Development, 2004, 32 (3): 479–490.

[9] Baier S. L., Bergstrand J. H.. Do Free Trade Agreements Actually Increase Members' International Trade? [J]. Journal of International Economics, 2007, 71 (1): 72-95.

[10] Bartik T.. Business Location Decisions in the United States: Estimates of the Effects of Unionization, Taxes and Other Characteristics of States [J]. Journal of Business & Economic Statistics, 1985, 3 (1): 14-22.

[11] Basile R., Castellani D., & Zanfei A.. Location Choices of Multinational Firms in Europe: The Role of EU Cohesion Policy [J]. Journal of International Economics, 2008 (74): 328-340.

[12] Bevan A., Estrin S.. The Determinants of Foreign Direct Investment into European Transition Economies [J]. Journal of Comparative Economics, 2004 (32): 775-787.

[13] Bevan A., Estrin S., & Meyer K.. Foreign Investment Location and Institutional Development in Transition Economies [J]. International Business Review, 2004 (13): 43-64.

[14] Bhardwaj A., Diets J., & Beamish P.. Host Country Culture Influences on Foreign Direct Investment [J]. Management International Review, 2007 (47): 29-50.

[15] Blonigen B. A.. A Review of the Empirical Literature on FDI Determinants [R]. NBER Working Paper (No.11299), 2005.

[16] Blonigen B., Davies R.. The Effects of Bilateral Tax Treaties on U.S. FDI Activity [J]. International Tax and Public Finance, 2004 (11): 601-622.

[17] Blundell M., Koniger J., Nunnenkamp P.. FDI Promotion through Bilateral Investment Treaties: More Than a Bit? [J]. Review of World Economincs, 2010, 146 (1): 147-177.

[18] Boisot M., Meyer M. W.. Which Way through the Open Door? Reflections on Internationalization of Chinese Firms [J]. Management and Organization Review, 2008, 4 (3): 349-365.

[19] Braunerhjelm P., Svenson R.. Host Country Characteristics and Agglomera-

tion in Foreign Direct Investment [J]. Applied Economics, 1996 (28): 833-840.

[20] Bubb R., Rose-Ackerman S.. BITs and Bargains: Strategic Aspects of Bilateral and Multilateral Regulation of Foreign Investment [J]. International Review of Law and Economics, 2007, 27 (3): 291-311.

[21] Buch C., Farid T.. Determinants and Effects of Foreign Direct Investment: Evidence from German Firm-level Data [J]. Economic Policy, 2005, 20 (41): 52-110.

[22] Buckley P.J., Clegg L. J., Cross A. R. et al.. The Determinants of Chinese Outward FDI [J]. Journal of Intenational Business Studies, 2007 (38): 499-518.

[23] Buckley P. J., Cross A. R., Tan H., Liu X. & Voss H.. Historical and Emergent Trends in Chinese Outward Direct Investment [J]. Management International Review, 2008 (48): 715-748.

[24] Buckley P. J., Devinney T. M., Louviere J. J.. Do Managers Behave the Way Theory Suggests? A Choice-Theoretic Examination of Foreign Direct Investment Location Decision-making [J]. Journal of International Business Studies, 2007, 38 (7): 1069-1094.

[25] Buthe T., Milner H. V.. Bilateral Investment Treaties and Foreign Direct Investment: A Political Analysis [A]. In Saucant K. P., Sachs L. E.. The Effect of Treaties on Foreign Direct Investment: Bilateral Investment Treaties, Double Taxation Treaties and Investment Flows [C]. New York: Oxford University Press, 2009.

[26] Bae J. H., Salomon R.. Institutional Distance in International Business Research [J]. Advances in International Management, 2010 (23): 327-349.

[27] Benito G., Gripsrud G.. The Expansion of Foreign Direct Investments: Discrete Retional Location Choices or a Cultural Learning Process? [J]. Journal of International Business Studies, 1992, 23 (3): 461-476.

[28] Berry H., Guillen M., Zhou N.. An Institutional Approach to Cross-national Distance [J]. Journal of International Business Studies, 2010, 41 (9): 1460-1480.

[29] Cai K. G.. Outward Foreign Direct Investment: A Novel Dimension of China's Integration into Regional and Global Economy [J]. The China Quarterly, 1999 (160): 856–880.

[30] Cantwell J.. Location and the Multinational Enterprise [J]. Journal of International Business Studies, 2009, 40 (1): 35–41.

[31] Chao M. C., Kumar V.. The Impact of Institutional Distance on the International Diversity-performance Relationship [J]. Journal of World Business, 2010, 45 (1): 93–103.

[32] Chen G., Firth M., Xu L.. Does the Type of Ownership Control Matter? Evidence from China's Listed Companies [J]. Journal of Banking & Finance, 2009, 33 (1): 171–181.

[33] Cheng L. K., Ma Z.. China's Outward FDI: Past and Future [EB/OL]. http://www.nber.org/books_in_progress/china07/cwt07/cheng.pdf, 2008.

[34] Chen Y., Young M.. Cross-border Megers and Acquisitions by Chinese Listed Companies: A Principal Perspective [J]. Asia Pacafic Journal of Management, 2010, 27 (3): 523–539.

[35] Cheung Y., Qian X.. Empirics of Chinese Outward Direct Investment [J]. Pacific Economic Review, 2009, 14 (3): 312–341.

[36] Child J., Rodrigues S.. The Internationalization of Chinese Firms: A Case of Theoretical Expansion? [J]. Management and Organization Review, 2005, 1 (3): 381–410.

[37] Chung W., Alcacer J.. Knowledge Seeking and Location Choice of Foreign Direct Investment in the United States [J]. Management Science, 2002, 48 (12): 1534–1554.

[38] Cuervo-Cazurra A., Genc M.. Transforming Disadvantage into Advantages: Developing-countries MNEs in the Least Developed Countries [J]. Journal of International Business Studies, 2008 (39): 957–979.

[39] Cuervo-Cazurra A., Genc M.. Obligating, Pressuring, and Supporting Di-

mensions of the Enviroment and the Non-market Advantages of Developing-country Multinational Companies [J]. Journal of Management Studies, 2011 (48): 441-455.

[40] Cui L., Jiang F.. FDI Entry Mode Choice of Chinese Firms: A Strategic Behavior Perspective [J]. Journal of World Business, 2009, 44 (4): 434-444.

[41] Chakrabarti A.. The Determinants of Foreign Direct Investments: Sensitivity Analyses of Cross-country Regressions [J]. Kyklos, 2001, 54 (1): 89-114.

[42] Cheng S., Stough R.. The Pattern and Magnitude of China's Outward FDI in Asia [M]. Morgantown, West Virginia University Press, 2007.

[43] Christaller W.. The Central Places in Southern Germany [M]. Prentice Hall, 1966.

[44] Claessen, Vanhoren. Emerging Market Liquidity and Crises [J]. Journal of the European Economic Association, 2008, 6 (2/3): 668-682.

[45] Davies K.. While Global FDI Falls, China's Outward FDI Doubles [R]. Columbia FDI Perspective (No. 5), 2009.

[46] Deardorff A.. Determinants of Bilateral Trade: Does Gravity Work in a Neo-classical World [M]. Chicago: University of Chicago Press, 1998.

[47] Deng P.. Investment for Strategic Resources and Its Rationale: The Case of Outward FDI from Chinese Companies [J]. Business Horizons, 2007, 50 (1): 72-81.

[48] Deng P.. Why Do Chinese Firms Tend to Acquire Strategic Assets in International Expansion? [J]. Journal of World Business, 2009, 44 (1): 74-84.

[49] Disdier A., Meyer T.. How Different is Eastern Europe: Structure and Determnants of Location Choices by French Firms in Eastern and Western Europe [J]. Journal of Comparative Economics, 2004 (32): 280-296.

[50] Dollar D., Wei S.. Firm Ownership and Investment Efficiency in China [R]. NEBR Working Paper (No.13103), Cambridge, MA: National Bureau of Economics Research, 2007.

[51] Dougherty S., Herd R., He P.. Has a Private Sector Emerged in China's

Industry? Evidence from a Quarter Million Chinese Firms [J]. China Economic Review, 2007, 18 (3): 309-334.

[52] Duanmu J. L.. Firm Heterogeneity and Location Choice of Chinese Multinational Enterprises [J]. Journal of World Business, 2011, 47 (1): 328-339.

[53] Dunning J. H.. Internatiional Production and the Multinational Enterprises [M]. London: Allen & Unwin, 1981.

[54] Dunning J. H.. Multinational Production Enterprises and the Global Economy [M]. MA: Addison-Wesley, 1993.

[55] Dunning J. H.. Location and the Multinational Enterprises: A Neglected Factor? [J]. Journal of International Business Studies, 1998, 29 (1): 45-86.

[56] Dunning J. H.. The Eclectic Paradigm as an Envelope for Economic and Business Theories of MNE Activity [J]. International Business Review, 2000 (9): 163-190.

[57] Dunning J. H., Lundan S. M.. Multinational Enterprises and the Global Economy [M]. MA: Edward Elgar, 2008.

[58] Dylan S., Ning L.. Exploring Onward-journey ODI Strategies in China's Private Sector Business [J]. Journal of Chinese Economic and Business Studies, 2011, 9 (1): 43-65.

[59] Daude C., Fratzscher M.. The Pecking Order of Cross-border Investment [J]. Journal of International Economies, 2008, 74 (1): 94-119.

[60] Desai, et al.. Capital Controls, Liberalizations, and Foreign Direct Investment [J]. Review of Financial Studies, 2006, 19 (4): 1433-1464.

[61] Duanmu J. L., Guney Y.. Heterogeneous Effect of Ethnic Networks on the International Trade of Thailand: The Role of Family Ties and Ethnic Diversity [J]. International Business Review, 2013, 22 (1): 126-139.

[62] Dunning J. H., Stewart D. J., et al.. Spatially Explicit Population Models: Current Forms and Future Uses [J]. Ecological Applications, 1995 (5): 3-11.

[63] Dunning J. H.. The International Competitiveness of the UK and Its Multi-

national Enterprises [J]. Structural Change and Economic Dynamics, 2001, 12 (3): 277-294.

[64] Eden L., Miller S. R.. Distance Matters: Liability of Foreigness, Institutional Distance and Ownership Strategy [D]. Texas: Texas A&M University, 2004.

[65] Egger P., Merlo V.. The Impact of Bilateral Investment Treaties of FDI Dynamics [J]. World Economy, 2007, 30 (10): 1536-1549.

[66] Estrin S., Baghdasaryan D., Meyer K. E.. The Impact of Instituional and Human Resource Distance on the International Entry Strategy [J]. Journal of Management Studies, 2009 (46): 1171-1196.

[67] Elkins Z., et al.. Competing for Capital: The Diffusion of Bilateral Investment Treaties, 1996-2000 [J]. International Organization, 2006, 60 (Fall): 811-846.

[68] Filippaios F., Papanastassiou M. & Pearce R.. The Evolution of US Outward Foreign Direct Investment in the Pacific Rim: A Cross-time and Country Analysis [J]. Applied Economics, 2003 (35): 1779-1787.

[69] Fornes G., Butt-Philip A.. Chinese Companies' Outward Internationalization to Emerging Countries: The Case of Latin America [J]. Chinese Business Review, 2009, 8 (7): 13-28.

[70] Froot K. A., Stein J.. Exchange Rates and Foreign Direct Investment: An Imperfect Capital Markets Approach [J]. Quarterly Journal of Economics, 1991 (106): 1191-1217.

[71] Feenstra R. C.. Integration of Trade and Disintegration of Production in the Global Economy [J]. Journal of Economic Perspectives, 1998, 12 (4): 31-50.

[72] Flores R. G., Aguilera R. V.. Globalization and Location Choice: An Analysis of US Multinational Firms in 1980 and 2000 [J]. Journal of International Business Studies, 2007, 38 (7): 1187-1210.

[73] Frynas J. G., Paolo M.. A New Scramble for African Oil? Historical, Political, and Business Perspectives [J]. African Affairs, 2007 (106): 229-251.

[74] Gallagher K. P., Birch M. B.. Do Investment Agreements Attract Investment?

Evidence from Latin American [J]. Journal of World Investment and Trade, 2006, 7 (6): 961-974.

[75] Gatignon H., Anderson E.. The Multinational Corporation's Degree of Control over Foreign Subsidiaries: An Empirical Test of a Transaction Cost Explanation [J]. Journal of Law, Economics and Organization, 1988, 4 (2): 305-336.

[76] Gaur A. S., Lu J. W.. Ownership Strategies and Survival of Foreign Subsidiaries: Impacts of Institutional Distance and Experience [J]. Journal of Management, 2010, 33 (1): 84-110.

[77] Ginsburg T.. International Substitutes for Domestic Institutions: Bilateral Investment Treaties and Governance [R]. University of Illinois College of Law, Working Paper, 2004.

[78] Globerman S., Shapiro D.. The Impact of Government Policies on FDI: The Canadian Experience [J]. Journal of International Businee Studies, 1999, 30 (3): 513-532.

[79] Globerman S., Shapiro D.. Economic and Strategic Considerations Surrounding Chinese FDI in the United States [J]. Asia Pacific Journal of Management, 2009, 26 (1): 163-183.

[80] Globerman S., Shapiro D.. Global Foreign Direct Investment Flows: The Role of Governance Infrastructure [J]. World Development, 2002, 30 (11): 1899-1919.

[81] Globerman S., Shapiro D.. Governance Infrastructure and US FDI [J]. Journal of International Business Studies, 2003, 34 (1): 19-39.

[82] Guzman A.. The Design of International Agreements [J]. European Journal of International Law, 2005, 16 (4): 579-612.

[83] Garcia-Canal E., Guillen M. F.. R&D Outsourcing and the Effectiveness of Intangible Investment: Is Proprietary Core Knowledge Walking Out of the Door [J]. Journal of Management Studies, 2008, 50 (1): 67-91.

[84] Gastanaga, et al.. Host Country Reforms and FDI Inflows: How Much Dif-

ference Do They Make? [J]. World Development, 1998, 26 (7): 1299-1314.

[85] Hallward-Driemeier M.. Do Bilateral Investment Treaties Attract FDI? Only a Bit and They Could Bite [R]. World Bank Policy Research Paper (No.WPS 3121), 2003.

[86] Henisz W. J.. The Institutional Environment Foreconomic Growth [J]. Economics and Politics, 2000, 12 (1): 1-31.

[87] Hennart J. F., Roehl T., Zeng M.. Do Exits Proxy a Liability of Foreignness? The Case of Japanese Exits from the US [J]. Journal of International Management, 2002 (8): 241-264.

[88] Hitt M. A., Dacin M. T., et al.. Partner Selection in Emerging and Developed Market Contexts: Resource-based and Organizational Learning Perspective [J]. Academy of Management Journal, 2000, 43 (3): 449-467.

[89] Hofstede G.. Culture's Consequences: International Differences in Work-related Values [M]. CA, Sage: Beverly Hills, 1980.

[90] Hong E., Sun L.. Dynamics of Internationalization and Outward Investment: Chinese Corporations' Strategies [J]. The China Quarterly, 2004 (187): 610-634.

[91] Hong J.. Firm Heterogeneity and Location Choices: Evidence from Foreign Manufacturing Investments in China [J]. Urban Studies, 2009, 46 (10): 2143-2157.

[92] Hymer S. H.. The International Operations of National Firms: A Study of Direct Foreign Investment [M]. Cambridge, MIT Press, 1976.

[93] Habib M. L., Zurawicki. Corruption and Foreign Direct Investment [J]. Journal of International Business Studies, 2002, 33 (2): 291-307.

[94] Hall P. A., Soskice D.. Varieties of Capitalism: The Institutional Foundations of Comparative Advantage [M]. Oxford: Oxford University Press, 2001.

[95] Henisz W., Swaminathan A.. Introduction: Institutions and International Business [J]. Journal of International Business Studies, 2008, 39 (4): 537-539.

[96] Hitt L. M.. Investment in Enterprise Resource Planning: Business Impact

and Productivity Measures [J]. Journal of Management Information Systems, 2002, 19 (1): 71-98.

[97] Holburn G. L., Zelner B. A.. Political Capabilities, Policy Risk, and International Investment Strategy: Evidence from the Global Electric Power Generation Industry [J]. Strategic Management Journal, 2010, 31 (12): 1290-1315.

[98] Hymer S. H.. The International Operations of National Firms: A Study of Direct Foreign Investment [M]. Cambridge, MIT Press, 1960.

[99] Janeba E.. Attracting FDI in a Politically Risky World [J]. International Economic Review, 2002, 43 (4): 1127-1155.

[100] Johanson J., Vahlne J.. The Internationalization Process of the Firm: A Model of Knowledge Development and Increasing Foreign Market Commitments [J]. Journal of International Business Studies, 1977 (8): 411-432.

[101] Johanson J., Vahlne J. E.. The Mechanism of Internationalization [J]. International Marketing Review, 1990, 7 (4): 11-24.

[102] John H. Dunning. Toward an Eclectic Theory of International Production [J]. Thunderbird International Business Review, 1980, 3 (22): 1-3.

[103] Kang Y. F., Jiang F. M.. FDI Location Choice of Chinese Multinational in East and Southeast Asia: Traditional Economic Factors and Institutional Perspective [J]. Journal of World Business, 2012 (47): 45-53.

[104] Kemer A.. Why Should I Believe You? The Costs and Consequences of Bilateral Investment Treaties [J]. International Studies Quarterly, 2009, 53 (1): 73-102.

[105] Kogut B., Singh H.. The Effect of National Culture on the Choice of Entry Model [J]. Journal of International Business Studies, 1988, 19 (3): 411-432.

[106] Kolstad I., Wiig A.. What Determines Chinese Outward FDI? [J]. Journal of World Business, 2012 (47): 26-34.

[107] Kostova T., Zaheer S.. Organizational Legitimacy under Conditions of Complexity: The Case of the Multinational Enterprise [J]. Academy of Management

Review, 1999 (24): 64-81.

[108] Kittilaksanawong W.. How Do Institutional Distance Shape Entry Strategies of Taiwanese High-tech Firms [R]. Working Paper, 2009.

[109] Kogut B., Chang S. J.. Technological Capabilities and Japanese Foreign Direct Investment in the United States [J]. Review of Economics & Statistics, 1991, 73 (3): 401-413.

[110] Koll A., Pinkse J.. Business Responses to Climate Change: Identifying Emergent Strategies [J]. California Management Review, 2005, 47 (3): 6-20.

[111] Kolstad I., Wiig A.. Multinational Corporations and Host Country Institutions: A Case Study of CSR Activities in Angola [J]. International Business Review, 2010, 19 (2): 178-190.

[112] Kostova T.. Transnational Transfer of Strategic Organizational Practices: A Contextual Perspective [J]. Academy of Management Review, 1996 (24): 308-324.

[113] Lau C. M., Burton G. D.. FDI in China: What We Know and What We Need to Study Next [J]. Academy of Management Perspective, 2008, 22 (4): 30-44.

[114] Laurenceson J.. Chinese Investment in Australia [R]. East Asia Econominc Research Group Discussion Paper NO. 12, The University of Queensland, 2007.

[115] Li W.. The Impact of Economic Reforms on the Performance of Chinese State-owned Enterprises [J]. Journal of Political Economy, 1997, 105 (5): 1080-1106.

[116] Li S., Park S.. Determinants of Locations of Foreign Direct Investment in China [J]. Management and Organization Review, 2006 (2): 95-119.

[117] Liu X., Xiao W., Huang X.. Bounded Entrepreneurship and Internationalization of Indigenous Chinese Private-owned Firms [J]. International Business Review, 2008, 17 (4): 488-508.

[118] Lunding A.. Global Champions in Waiting: Perspective on China's Overseas Direct Investment [R]. Deutche Bank Research, 2006.

[119] Luo Y., Rui H.. An Ambidexterity Perspective toward Multinational En-

terprises from Emerging Economies [J]. Academy of Management Perspective, 2009, 23 (4): 49-70.

[120] Luo Y., Tung R.. International Expansion of Emerging Market Enterprises: A Springboard Perspective [J]. Journal of International Business Studies, 2007 (38): 1-18.

[121] Luo Y., Wen X., Huang X.. Bounded Entrepreneurship and Internationalization of Indigenous Chinese Private-owned Firms [J]. International Business Review, 2008, 17 (4): 488-508.

[122] Luo Y., Xue Q., Han B.. How Emerging Market Governments Promote Outward FDI: Experience from China [J]. Journal of World Business, 2009, 45 (1): 68-79.

[123] Li J., Li Y., Daniel S.. Knowledge Seeking and Outward FDI of Emerging Market Firms: The Moderating Effect of Inward FDI [J]. Global Strategy Journal, 2012, 34 (5): 1320-1339.

[124] Loch A.. The Economics of Location [M]. New Haven, Yale University Press, 1940.

[125] Mathews J. A.. Dragon Multinationals: New Players in 21st Century Globalization [J]. Asian Pacific Journal of Management, 2006, 23 (1): 5-27.

[126] McFadden D.. Conditional Logit Model Analysis of Qualitative Choice Behavior [M]. New York and London: Academic Press, 1974.

[127] McMillan J., Woodruff C.. The Central Role of Entrepreneus in Transition Economies [J]. Journal of Economic Perspective, 2002, 16 (3): 153-170.

[128] Meyer M. W.. China's Second Economic Transition: Building National Markets [J]. Management and Organization Review, 2008 (4): 13-15.

[129] Meyer K., Estrin S., Bhaumik S., Peng M.. Institutions, Resources and Entry Strategies in Emerging Economies [J]. Strategic Management Journal, 2009, 30 (1): 61-80.

[130] Miller S. R., Parkhe A.. Is There a Liability of Foreignness in Global Bank-

ing? An Empirical Test of Banks' X-efficiency [J]. Strategic Management Journal, 2002, 39 (3): 337-350.

[131] Morck R., Yeung B., Zhao M.. Perspectives on China's Outward Foreign Direct Investment [J]. Journal of International Business Studies, 2008, 39 (3): 337-350.

[132] Malhotra, et al.. Irrelevant Events Affect Voters' Evaluations of Government Performance [J]. Proceedings of the National Academy of Science of United States, 2010, 107 (29): 12804.

[133] Markusen J. R., Maskus K. E.. Genel-equilibrium Approaches to the Multinational Firms: A Review of Theory and Evidence [J]. Social Science Electronic Publishing, 2001.

[134] Meyer K. E., Peng M. W.. Probing Theoretically into Central and Eastern Europe: Transactions, Resources and Institutions [J]. Journal of International Business Studies, 2005, 36 (6): 600-621.

[135] Neumayer E.. Self-interest, Foreign Need and Good Governance: Are Bilateral Investment Treaty Programs Similar to Aid Allocation? [R]. Mimeo, London School of Economics and Political Science, 2005.

[136] Neumayer E., Spess L.. Do Bilateral Investment Treaties Increase Foreign Direct Investment to Developing Countries? [J]. World Development, 2005, 33 (10): 1567-1585.

[137] Nijman T., Verbeek M.. Nonresponse in Panel Data: The Impact on Estimates of a Life Cycle Consumtion Function [J]. The Review of Economic Studies, 1982, 49 (4): 533-549.

[138] North D. C.. Structure and Change in Economic History [M]. New York: Norton, 1981.

[139] North D. C.. Institutions, Institutional Change, and Econimic Performance [M]. Cambridge: Cambridge University Press, 1990.

[140] Nitin J., Pangarkar N.. The Bidirectional Relationship between Competi-

tive Intensity and Collaboration: Evidence from China [J]. Asia Pacific Journal of Management, 2010, 27 (3): 503-522.

[141] Oliver C.. Sustainable Competitive Advantage: Combining Institutional and Resource-based Views [J]. Strategic Management Journal, 1997, 18 (9): 679-713.

[142] Pajunen K.. Institutions and Inflows of Foreign Direct Investment: A Fuzzy-set Analysis [J]. Journal of International Business Studies, 2008 (39): 652-669.

[143] Pattnaik C., Choe S.. Do Institional Quality and Institutional Distance Impact Subsidiary Perfprmance [R]. Working Paper, 2007.

[144] Peng M. W.. Towards an Instituional-based View of Business Strategy [J]. Asia Pacific Journal of Management, 2002, 19 (2): 251-267.

[145] Peng M. W., Wang D. Y., Jiang Y.. An Instition-based View of International Business Strategy: A Focus on Emerging Economies [J]. Journal of International Business Studies, 2008 (39): 920-936.

[146] Perry A.. Effective Legal Systems and Foreign Direct Investment: In Search of the Evidence [J]. International and Comparative Law Quarterly, 2000 (49): 779-799.

[147] Pistor K.. The Standardization of Law and Its Effect on Developing Economies [J]. The American Journal of Comparative Law, 2002, 50 (1): 97-130.

[148] Poulsen L. S.. The Importance of BITs for Foreign Direct Investment and Political Risk Insurance: Revisiting the Evidence [A]. In: Saucant K. P. Yearbook on International Investment Law and Policy 2009/2010 [C]. Oxford: Oxford University Press, 2010.

[149] Phillips N., Tracey P., Karra N.. Rethinking Institutional Distance: Strengthening the Tie Between New Institutional Theory and International Management [J]. Strategic Organization, 2009, 7 (3): 339-348.

[150] Pica G., Rodriguez Mora. FDI, Allocation of Talents and Differences in Regulation [R]. CSEF Working Papers, 2005.

[151] Prescott J. E.. Environments as Moderators of the Relationship between

Strategy and Performance [J]. Academy of Management Journal, 1986, 29 (2): 329-346.

[152] Qi D., Wu W., Zhang H.. Shareholding Structure and Corporate Performance of Partially Privatized Firms: Evidence from Listed Chinese Companies [J]. Pacific-Basin Finance Journal, 2000, 8 (5): 587-610.

[153] Qian G., Li L. & Qian Z.. Regional Diversification and Firm Performance [J]. Journal of International Business Studies, 2008 (39): 197-214.

[154] Raghavan C.. Bilateral Investment Treaties Play Only a Minor Role in Attracting FDI [J]. Third World Economics, 1997 (162): 1-15.

[155] Rajah R., Peter G., Yang J.. Home Government Policies for Outward FDI from Emerging Economies: Lessons from Asia [J]. International Journal of Emerging Markets, 2010, 5 (3): 333-357.

[156] Ramasamy B., Yeung M., Laforet S.. China's Outward Foreign Direct Investment: Location Choice and Firm Ownership [J]. Journal of World Business, 2010, 47 (1): 17-25.

[157] Ren B., Liang H., Zheng Y.. An Institutional Perspective and the Role of the State for Chinese OFDI [M]. New York: Palgrave Macmill, 2012.

[158] Rugman A. M.. The Regional Multinationals [M]. Cambridge: Cambridge University Press, 2005.

[159] Rugman A. M., Li J.. Will China's Multinationals Succeed Globally or Regionally [J]. European Management Journal, 2007, 25 (5): 333-343.

[160] Rui H. C., Yip G. S.. Foreign Acquisitions by Chinese Firms: A Strategic Intent Perspective [J]. Journal of World Business, 2008, 43 (2): 213-226.

[161] Randly T., Dibrell C.. How and Why Norwegian MNCs Commit Resources Abroad: Beyond Choice of Entry Mode [J]. Mir Management International Review, 2002, 42 (2): 119-140.

[162] Rottig D.. Institutional Distance, Organizational Legitimacy, and the Performance of Foreign Acquisitioms in the United States [D]. Florida: Florida At-

lantic University, 2008.

[163] Salacuse J. W.. BIT by BIT: The Frowth of Bilateral Investment Treaties and Their Impact on Foreign Investment in Developing Countries [J]. The International Lawyer, 1990, 24 (3): 655-675.

[164] Salacuse J., Sullivan N.. Do BITs Really Work? An Evaluation of Bilateral Investment Treaties and Their Grand Bargain [J]. Harvard International Law Journal, 2005, 46 (1): 67-130.

[165] Schneidier F., Frey B.. Economic and Political Determinants of Foreign Direct Investment [J]. World Development, 1985 (13): 161-175.

[166] Scott W. R.. Institutions and Organizations [M]. CA: Sage, 1995.

[167] Scott W. R.. The Changing World of Chinese Enterprises: An Institutional Perspective [M]. Boston: Kluwer Academic Press, 2002.

[168] Sethi D., Guisinger S., Ford D. L. & Phelan S. E.. Seeking Greener Pastures: A Theoretical Flows in Response to Institutional and Strategic Factors [J]. International Business Review, 2002 (11): 685-705.

[169] Sethi D., Guisinger S., Phelan S. E. & Berg D. M.. Trends in Foreign Direct Investment Flows: A Theoretical and Empirical Analysis [J]. Journal of International Business Studies, 2003 (34): 315-326.

[170] Schuller M., Turner A.. Global Ambitions: Chinese Companies Spread Their Wings [J]. Journal of current Chinese Affairs, 2005 (4): 3-14.

[171] Shenkar O.. Instional Distance and the Multinational Enterprise [J]. Academy of Management Review, 2002, 27 (4): 608-618.

[172] Taylor C. J.. The Impact of Host Country Government Policy on US Multinational Investment Decisions [J]. The World Economy, 2000 (23): 635-647.

[173] Taylor R.. Globalization Strategies of Chinese Companies: Current Developments and Future Prospect [J]. Asian Business and Management, 2002 (2): 209-225.

[174] Tobin J., Rose-Ackerman S.. Foreign Direct Investment and the Business

Environment in Developing Countries: The Impact of Bilateral Investment Treaties [R]. Yale Law School Center for Law: Economics and Public Policy Research Paper (No. 293), 2005.

[175] Trevino L., Thomas D. & Cullen J.. The Three Pillars of Institutional Theory and FDI in Latin America: An Institutionalization Process [J]. International Business Review, 2008 (17): 118-133.

[176] Thomas D. E., Grosse R.. Country-of-origin Determinants of Foreign Direct Investment in an Emerging Market: The Case of Mexico [J]. Journal of International Management, 2002, 7 (1): 59-79.

[177] UNCTAD. World Investment Report, 2005-2013 [R]. New York and Geneva, United Nations, 2013.

[178] UNCTAD. World Investment Report 2003: FDI Policies for Development National and International Perspective [R]. New York and Geneva, United Nations, 2003.

[179] UNCTAD. The Role of International Investment Agreements in Attracting Foreign Direct Investment to Developing Countries [R]. New York, United Nations, 2009.

[180] Vandevelde K.. The Political Economy of a Bilateral Investment Treaty [J]. The American Journal of International Law, 1998, 92 (4): 621-641.

[181] Vandevelde K.. The Economics of Bilateral Investment Treaties [J]. Harvard International Law Journal, 2000, 41 (2): 469-502.

[182] Vernon R.. International Investment and International Trade in the Product Cycle [J]. Quarterly Journal of Economics, 1966 (80): 190-207.

[183] Voss Hinrich et al.. The Impact of Home Country Institutional Effects on the Internationalization Strategy of Chinese Multinations [J]. Business Review, 2010, 18 (3): 25-48.

[184] Venkatraman N.. The Concept of Fit in Strategy Research: Toward Verbal and Statistical Correspondence [J]. Academy of Management Review, 1989, 14 (3):

423-444.

[185] Wang J., Zhao J., Ning Y., Yu P.. Transformation of Chinese State-owned Enterprises: Challenges and Response [J]. The Multinational Business Review, 2009, 17 (4): 99-121.

[186] Wang Y., Suh C.. Towards a Re-conceptualization of Form Internationalization: Heterogeneous Process, Subsidiary Roles and Knowledge Flow [J]. Journal of International Management, 2009 (15): 447-459.

[187] Wei Y., Liu X.. Foreign Direct Investment in China: Determinants and Impact [M]. Cheltenham, UK & Northamption USA: Edward Elgar, 2001.

[188] Wright M., Fliatotchev I., Hoskisson R. E. & Peng M. W.. Strategic Research in Emerging Economies: Challenging the Conventional Wisdom [J]. Journal of Management Studies, 2005 (42): 1-33.

[189] Witt M. A., Lewin A. Y.. Outward Foreign Direct Investment as Escape Response to Homen Country Institutional Constraints [J]. Journal of International Business Studies, 2007, 38 (4): 579-594.

[190] Wong J., Chan S.. China's Outward Direct Investment: Expanding Worldwide [J]. China: An International Journal, 2003, 1 (2): 273-301.

[191] World Bank. World Development Indicators 2006 [R]. Washington DC: The World Bank, 2006.

[192] World Economic Forum. Global Competitiveness Report 2006-2007 [R]. Basingstoke: Palgrave Macmillan, 2007.

[193] Welsum D. V.. Measuring the Macroeconomic Effects of Reducing Benefit Dependency [J]. National Institute Economic Review, 2013 (186): 85-97.

[194] Wernerfelt B.. The Resource-based View of the Firm [J]. Strategic Management Journal, 1984, 5 (2): 171-180.

[195] Woo B., Zhang Y.. An Option Perspective on Generating and Maintaining Plant Variety Fights in China [J]. Agricultural Economics, 2006, 35 (1): 35-48.

[196] Wright M., Filatotchev I., Hoskisson R. E., Peng M. W.. Strategy Re-

search in Emerging Economies [J]. Journal of Management Studies, 2005, 42 (1): 1-33.

[197] Wu Z.. Three Essays on Distance: Examining the Role of Institutional Distance on Foreign Firm Entry, Local Isomorphism Strategy and Subsidiary Performance [D]. California: University of Southern California, 2009.

[198] Xie Q. Y.. State Ownership, Firm Size and Chinese Firms' Entry Mode Choices [J]. Asia Pacific Journal of Management, 2011, 37 (5): 201-212.

[199] Yackee J.. Do BITs Really Work? Revisiting the Empirical Link between Invesrment Treaties and Foreign Direct Investment [A]. In: Sauvant, K.P., Sachs, L.E. (Eds). The Effect of Treaties on Foreign Direct Investment: Bilateral Investment Treaties, Double Taxation Treaties, and Investment Flows [C]. Oxford, Oxford University Press, 2009: 379-394.

[200] Yiu D. W., Lau C., Burton G. D.. International Venturing by Emerging Economy Firms: The Effects of Firm Capabilities, Home Country Networks and Corporate Entrepreneurship [J]. Journal of International Business Studies, 2007 (38): 519-540.

[201] Yeung H. C., Liu W. D.. Globalizing China: The Rise of Mainland Firms in the Global Economy [J]. Eurasian Geography and Economies, 2008, 49 (1): 57-86.

[202] Yiu D., Makino S.. The Choice Between Joint Venture and Wholly Owned Subsidiary: An Institutional Perspective [J]. Organization Science, 2002, 13 (6): 667-683.

[203] Zaheer S.. The Liability of Foreignness [J]. Journal of International Management, 2002, 8 (3): 351-358.

[204] Zebreges H.. Can the Neoclassical Model Explain the Distribution of Foreign Direct Investment Across Developing Countries? [R]. Washington, DC, International Monetary Fund, 1998: 98-139.

[205] Zhang Y.. China's Emerging Global Business: Political Economy and In-

stitutional Investigation [M]. Basingstike: Palgrave Macmillan, 2003.

[206] Zukin S., DiMaggio P.. Structures of Capital: The Social Organisation of the Economy [M]. Cambridge: Cambridge University Press, 1990.

[207] Zaheer S.. Overcoming the Liability of Foreignness [J]. Academy of Management Journal, 1995, 38 (2): 341-363.

[208] 百度文库. 微观计量模型基于应用讲座 [EB/OL]. http://wenku.baidu.com.cn.

[209] 白永秀, 王颂吉. 丝绸之路经济带: 中国走向世界的战略走廊 [J]. 西北大学学报 (哲学社会科学版), 2014, 44 (4): 32-38.

[210] 陈涛. 中国公司向发达国家直接投资的战略动机及作用机理研究 [D]. 西安: 西南交通大学博士学位论文, 2008.

[211] 陈凤娣. 论民营企业对外直接投资 [D]. 福州: 福建师范大学硕士学位论文, 2004.

[212] 陈凤娣. 突破民营企业对外直接投资的制度约束 [J]. 发展经济, 2005 (12): 47-48.

[213] 陈思, 王方芳. 中国对外直接投资影响因素的实证分析——基于2007~2009年国际面板数据的考察 [J]. 商业经济与管理, 2011 (8): 43-50.

[214] 陈小文. 技术寻求型对外直接投资和中国企业的跨国经营 [J]. 南京财经大学学报, 2007 (1): 18-22.

[215] 程慧芳, 阮翔. 用引力模型分析中国对外直接投资的区位选择 [J]. 世界经济, 2004 (11): 23-30.

[216] 邓明. 制度距离、示范效应与中国OFDI的区位分布 [J]. 国际贸易问题, 2012 (2): 123-135.

[217] 高铁梅. 计量经济分析方法与建模: EViews应用及实例 (第二版) [M]. 北京: 清华大学出版社, 2009.

[218] 高晓梅. 海尔跨国经营模式及其对中小企业的启示 [J]. 发展论坛, 2003.

[219] 郭苏文, 黄汉民. 制度距离对我国外向FDI的影响——基于动态面板

模型的实证研究[J].国际经贸探索,2010(11):21-26.

[220] 何本芳,张祥.我国企业对外直接投资区位选择模型探索[J].财贸经济,2009(2):96-101.

[221] 贺书峰,郭羽诞.中国对外直接投资区位分析:政治因素重要吗?[J].上海经济研究,2009(3):3-10.

[222] 胡博,李凌.我国对外直接投资的区位选择——基于投资动机的视角[J].国际贸易问题,2008(12):96-102.

[223] 胡超.制度环境对不同产业外商直接投资的影响——基于美国海外直接投资的实证研究[J].云南财经大学学报,2011,28(5):11-19.

[224] 胡彦宇,吴之雄.中国企业海外并购影响因素研究——基于新制度经济学视角的经验分析[J].财经研究,2011(8):91-102.

[225] 互动百科.企业营商环境指标[EB/OL].http://www.hudong.com.

[226] 纪轲.基于引力模型的中国企业海外并购流向分析[D].杭州:浙江工业大学硕士学位论文,2011.

[227] 姜亚鹏.中国对外直接投资研究:制度影响与主体结构分析[D].成都:西南财经大学博士学位论文,2011.

[228] 李凝.中国跨国公司对外直接投资区位选择研究——制度距离的视角[M].北京:光明日报出版社,2014.

[229] 李凝,胡日东.转型期中国对外直接投资地域分布特征解析:基于制度的视角[J].经济地理,2011,160(6):910-916.

[230] 李军.我国对外直接合作情况特征分析及对策建议——基于2011~2014年数据统计分析的视角[J].中国商论,2015(6):28-30.

[231] 李磊,郑昭阳.议中国对外直接投资是否是资源寻求型[J].国际贸易问题,2012(2):146-157.

[232] 刘兵权.基于母国视角的中国服务业跨国公司发展理论探析[J].亚太经济,2006(1):25-30.

[233] 刘红忠.中国对外直接投资的实证研究及国际比较[M].上海:复旦大学出版社,2001.

[234] 刘晶，朱彩虹.制度距离与南方国家直接投资区位选择——跨国实证分析[J].投资研究，2012（10）：51-67.

[235] 卢进勇，闫实强.中国企业海外投资模式比较分析[J].国际经济合作，2005（3）.

[236] 鲁明泓.制度因素与国际直接投资区位分布：一项实证研究[J].经济研究，1999（7）：21-28.

[237] 罗群.海外直接投资动机对投资区位选择的影响综述——基于制度基础观的解释[J].管理现代化，2012（3）：15-16.

[238] 漆彤，聂晶晶.论中国双边投资协定的模式变迁[J].武大国际法评论，2013（1）：222-239.

[239] 祁春凌.中国对外直接投资：基于投资动因、制度因素以及政治经济学视角的分析[D].北京：对外经济贸易大学博士学位论文，2013.

[240] 潘镇.制度距离与外商直接投资——基于中国的经验研究[J].财贸经济，2006（6）：44-49.

[241] 裴长洪，樊瑛.中国企业对外直接投资的国家特定优势[J].中国工业经济，2010（7）：45-54.

[242] 商务部，国家统计局，国家外汇管理局.2003~2014年各年度中国对外直接投资统计公报[Z].

[243] 申加华.论中国对外直接投资的产业选择与区位战略[D].杭州：浙江大学硕士学位论文，2001.

[244] 史哲.对华反倾销调查的实证分析[D].天津：天津财经大学硕士学位论文，2010.

[245] 王方方.企业异质性条件下中国对外直接投资区位选择研究[D].广州：暨南大学博士学位论文，2012.

[246] 王娟，方良静.中国对外直接投资区位选择的影响因素[J].社会科学家，2011，173（9）：79-82.

[247] 汪洪涛.制度经济学：制度及制度变迁性质解释[M].上海：复旦大学出版社，2009.

[248] 汪秀琼. 制度环境对跨国公司跨区域市场进入模式的影响机制研究[D]. 广州：华南理工大学博士学位论文，2011.

[249] 王海军. 政治风险与中国企业对外直接投资——基于东道国与母国两个维度的实证分析[J]. 财贸研究，2012（1）：110-116.

[250] 王恕立. 对外直接投资动因、条件及效应研究[D]. 武汉：武汉理工大学博士学位论文，2003.

[251] 危俊. 国际主流政治风险评估机制经验借鉴[J]. 金融经济，2012（7）.

[252] 韦军亮，陈漓高. 政治风险对中国企业走出去的影响——基于面板数据模型的实证研究[J]. 浙江工商大学学报，2009（3）：53-61.

[253] 魏卿，姜立文. 双边投资协定的经济分析[J]. 河南大学学报，2005（6）：72-74.

[254] 项本武. 东道国特征与中国对外直接投资的实证研究[J]. 数量经济技术经济研究，2009（7）：33-46.

[255] 谢孟军. 目的国制度对中国出口和对外投资区位选择影响研究[D]. 济南：山东大学博士学位论文，2014.

[256] 谢孟军，郭艳茹. 语言交易成本对中国出口贸易的影响[J]. 现代财经（天津财经大学学报），2013（5）.

[257] 许和连，李丽华. 文化差异对中国对外直接投资区位选择的影响分析[J]. 统计与决策，2011，17（2）：32-40.

[258] 姚枝仲，李众敏. 中国对外直接投资的发展趋势与政策展望[J]. 国际经济评论，2011（7）：49-52.

[259] 阎大颖. 制度距离、国际经验与中国跨国公司海外并购的成败问题研究[J]. 南开经济研究，2011（5）.

[260] 阎大颖，洪俊杰，任兵. 中国跨国公司对外直接投资的决定因素——基于制度视角的经验分析[J]. 南开管理评论，2009，12（6）：135-142.

[261] 阎大颖，任兵，赵奇伟. 跨国并购抑或合资新建——基于制度视角的中国企业对外直接投资模式决策分析[J]. 山西财经大学学报，2010（12）：80-87.

[262] 易波，李玉洁. 双边投资协定和中国对外直接投资区位选择[J]. 统计

与决策，2012（4）：154-156.

[263] 殷华方，鲁明泓.文化距离和国际直接投资流向：S型曲线假说[J].南方经济，2011（1）：26-38.

[264] 于文婕.论双边投资协定投资定义条款之功能定位[J].学海，2012（5）：147-152.

[265] 张宏，王建.东道国区位因素与中国OFDI关系研究[J].中国工业经济，2009（6）：151-160.

[266] 张宏，王建.东道国政府治理与中国对外直接投资关系研究——基于东道国面板数据的实证分析[J].亚太经济，2011（1）：127-132.

[267] 张兵.中国制造业对外直接投资的动因、区位选择及绩效[D].天津：南开大学博士学位论文，2013.

[268] 张娟，刘钻石.中国对非洲直接投资与资源寻求战略[J].世界经济研究，2012（3）：75-80.

[269] 周建，肖淑，方玉刚.东道国制度还款对我国外向FDI的影响分析[J].经济与管理研究，2010（7）.

[270] 周长辉.中国战略管理学研究现状评估[J].管理世界，2004（5）：76-87.

[271] 张建红，周朝鸿.中国跨国公司走出去的制度障碍研究——以海外收购为例[J].经济研究，2010（6）：80-91.

[272] 张建红，卫新江，海柯·艾伯斯.决定中国企业海外收购成败的因素分析[J].管理世界，2010（3）：15-21.

[273] 张鲁青.双边投资协定对发展中国家吸引FDI的影响——基于面板数据的实证研究[J].财经科学，2009（9）：26-33.

[274] 张中元.东道国制度质量、双边投资协议与中国对外直接投资——基于面板门限回归模型（PTR）的实证分析[J].南方经济，2013（4）：49-61.

[275] 郑展鹏，刘海云.体制因素对我国对外直接投资影响的实证研究——基于省际面板的分析[J].经济学家，2012，6（3）：12-20.

[276] 宗方宇，路江涌，武常崎.双边投资协定、制度环境和企业对外直接

投资区位选择 [J]. 经济研究, 2012 (5): 71-82.

[277] 中国国际贸易促进委员会. 2009 中国企业走出去发展报告 [M]. 北京: 人民出版社, 2010.

[278] 国家发改委. 服务业发展"十二五"规划 [M]. 北京: 人民出版社, 2011.

[279] 国家发改委. 能源发展"十二五"规划 [M]. 北京: 人民出版社, 2011.

[280] 国家发改委. 制造业发展"十二五"规划 [M]. 北京: 人民出版社, 2011.

[281] 国家发改委. 中华人民共和国国民经济和社会发展第十二个五年规划纲要 [M]. 北京: 人民出版社, 2011.